The White Silence
and Other Stories

LES LANGUES MODERNES / BILINGUE

Série anglaise dirigée par Pierre Nordon

JACK LONDON

The White Silence
and Other Stories

Le Silence blanc
et autres nouvelles

Préface, traduction et notes de
Simone Chambon
Agrégée de l'Université

Enregistrement sur cassettes

Le Livre de Poche

Sommaire

Tableau des signes phonétiques

1. VOYELLES

iː	**leaf**	ɒ	**not**
ɪ	**sit**	ɔː	**ball**
e	**bed**	u	**book**
ə	**actor**	uː	**moon**
æ	**cat**	ʌ	**duck**
ɑː	**car**	ɜː	**bird**

Le signe : indique qu'une voyelle est **allongée**.

2. DIPHTONGUES

eɪ	**day**	aʊ	**now**
aɪ	**buy**	ɪə	**here**
ɔɪ	**boy**	eə	**there**
əʊ	**boat**	ʊə	**poor**

3. CONSONNES

- Les consonnes p, b, t, d, k, m, n, l, r, f, v, s, z, h, w conservent en tant que signes phonétiques leur valeur sonore habituelle.
- Autres signes utilisés :

g	**game**	θ	**thin**
ʃ	**ship**	ð	**then**
tʃ	**chain**	ʒ	**measure**
dʒ	**Jane**	j	**yes**
ŋ	**long**		

4. ACCENTUATION

' accent unique ou principal, comme dans **actor** [ˈæktə]

, accent secondaire, comme dans **supernatural** [ˌsuːpəˈnætʃrl]

Référence : Daniel JONES, **English Pronouncing Dictionary**,
14ᵉ édition revue par A.C. GIMSON (London, Dent, 1977).

PRÉFACE

L'aventure, comme l'or, n'est pas forcément là où on l'attend le plus. Lorsque, en 1898, il revient du Klondike à Oakland, sa ville natale de l'autre côté de la baie de San Francisco, Jack London ne ramène, dit-il, que le scorbut. A vingt-deux ans, il a connu l'usine, de nombreux métiers manuels, et surtout, une longue carrière de vagabondages : il s'est fait « pirate » de parcs à huîtres puis garde-côte, il a chassé le phoque jusqu'au Japon et pris la route avec les chômeurs de 1894 dans leur longue marche de la faim ; lorsqu'il se retrouve en prison dans l'État de New York, il entrevoit « la Fosse », « l'Abîme », ces bas-fonds de la société auxquels il se promet d'échapper à tout prix et qu'il ne cessera de dénoncer dans ses essais et des romans comme *Le Talon de fer*, politique-fiction devenu un classique de la littérature socialiste. Mais, parallèlement à des activités militantes et à ces vaines tentatives, il s'engage dans une aventure plus redoutable dont la précoce découverte du monde des livres à la bibliothèque publique lui a donné le goût : en autodidacte, il entreprend de faire en deux ans l'apprentissage harassant du métier d'écrivain, le seul qu'il juge susceptible de lui apporter le succès dont il rêve. Le jour, il étudie et parvient ainsi à entrer à l'université de Californie, la nuit, il lit tous les livres : Marx, Darwin, Spencer, des romans, et encore des grammaires et des traités sur le style, afin d'enjoliver les textes qu'il s'acharne à écrire et que les magazines s'obstinent à lui refuser. En 1897, découragé et à bout de ressources, il saisit l'occasion que lui offre la ruée vers l'or et s'embarque pour le Klondike, non sans emporter dans ses bagages *L'Origine des espèces*, *La Philosophie du style* de

Herbert Spencer, *Le Paradis perdu* de Milton et le premier livre du *Capital*. À son retour, il pense avoir évalué la vérité de théories hâtivement consommées à l'aune de la réalité cruelle du Grand Nord, se forgeant ainsi une « philosophie » dont il ne démordra plus. Il lui reste à vendre le produit de ce savoir et de son savoir-faire ; par un miracle de ténacité, il y réussit en 1899 avec la parution de sa première nouvelle du Klondike bientôt suivie d'une longue série dont la publication régulière lui permet de vivre de sa plume, en attendant la consécration avec *The Call of the Wild* en 1903 qui le rend célèbre du jour au lendemain.

C'est à cette période de formation, où s'élaborent et s'organisent — définitivement pourrait-on dire — les éléments composites du récit chez Jack London, qu'appartiennent ces nouvelles écrites entre 1899 et 1902, à l'exception de la dernière, postérieure de quatre ans. Selon un itinéraire qui suit le cours du Yukon, du Canada à la mer de Béring, elles proposent une saga de cette dernière frontière qui fascine un public urbain, enclin à l'interpréter comme l'ultime confrontation entre la sauvagerie et la civilisation, au moment où vient de s'achever ce que le futur président Theodore Roosevelt nomme en 1896 *La Conquête de l'Ouest (The Winning of the West)* dans un livre à succès qui donne le ton à toute une époque.

Le rôle de héros en revient aux Indiens représentés dans leur diversité : ceux du village proche de l'âge de pierre que retrouve Nam-Bok, ou de la communauté idyllique et pastorale que la Ligue des Vieillards tente de préserver de la destruction, Ruth, la squaw soumise et silencieuse, El-Soo la révoltée ou encore, ces « Indiens blancs » comme Klakee-Nah, victimes de leur tentative d'intégration. En même temps, l'omniprésence de l'homme blanc crée une situation basée sur la figure de l'affrontement aux variations multiples, dans un espace illimité et clos tout à la fois, comme séparé du reste du monde, où l'étranger arrogant venu de « l'Extérieur » sera anéanti par une blancheur plus mortifère que la sienne, tel Mason dans ''The White Silence''. La lutte qui met aux prises l'homme et le monde des choses exclut l'exaltation des vertus héroïques et les multiples péripéties généralement associées à l'aventure au profit de descriptions d'une minutieuse technicité, où l'insignifiant fait sens, où le détail acquiert une dimension quasi existentielle, sans rien perdre de sa substance matérielle, tels le lacet que l'on renoue, les raquettes et les mocassins, le kayak et le pistolet ou le tas de bois, exactement mesuré, que l'on trouve au détour du fleuve. Ainsi, plus que d'une série d'événements, l'intérêt naît du registre de ces récits, composés selon une pluralité de modes qui constitue leur véritable dynamique : celui de la tragédie, de la fable à la morale incertaine, de l'épopée et, avec ''Nam-Bok'', de la comédie presque à l'état pur excluant toute intervention du narrateur, exemple rare d'autant plus remarquable qu'on y assiste à la naissance d'un mythe ; toutefois, on peut déceler l'influence du roman (genre que London va pratiquer après 1902) dans ''The Wit of Porportuk'', histoire d'amour aux nombreux rebondissements entrecoupée de scènes tragi-comiques, bouffonnes ou dramatiques. Après cette diversité, les nouvelles se concluent de manière identique par le silence qui se referme sur les personnages (brièvement interrompu par des coups de fusil dans ''The Wisdom of the Trail''); sa tâche accomplie, le texte n'a plus rien à en dire et les abandonne à leur sort pour se clore sur une phrase qui renvoie au titre, signalant par cette circularité la fin d'une histoire qu'il n'en laisse pas moins inachevée. Toutefois, cet équilibre subtil entre ses différents éléments qui lui assure son unité et son efficacité en tant que récit se trouve sans cesse menacé par l'affleurement d'un discours sous-jacent marqué par la rhétorique de l'excès.

Ces nouvelles prétendent en effet intégrer une réflexion sur l'acculturation, l'ethnocide et le génocide à la lumière de la théorie de l'évolution et de la survivance des plus aptes. Le Peau-Rouge de fiction se révèle le plus souvent comme la représentation du sentiment d'attraction et de répulsion, de pitié et d'horreur que suscite l'Indien, le Double inquiétant sur lequel le Blanc projette la peur que lui inspirent ses propres pulsions et que risquent de libérer quelques pas dans la forêt ou sur la frontière, cette ligne imaginaire et sans cesse mouvante où s'interpénètrent sauvagerie et civilisation. Le couple Malemute Kid/Sitka Charley en est la version fin de siècle, où le diable des puritains a été supplanté par l'être primordial du fond des âges, le mythe de la Chute par le déterminisme biologique, selon le credo du darwinisme populaire ; donc, ce civilisé à l'état sauvage et ce sauvage civilisé, d'une intégrité égale, sont tous deux contraints de tuer, mais le premier le fait par amour, à la dernière extrêmité, le second pour rien, sans attendre un instant, et cette suprême ironie le rejette tout entier du côté de la « nature » où l'avait placé le narrateur omniscient dans le portrait qu'il en trace au début de l'histoire, « la pensée sauvage est lente à généraliser », avec l'aplomb imperturbable que donne le savoir pseudo-scientifique. Curieusement, en effet, le portrait est le lieu de prédilection de ce discours didactique : ainsi la femme blanche vue par l'Indien qui s'incline devant cette fragile créature appelée à perpétuer la race que représente si bien le jeune policier canadien, décrit cette fois par le narrateur, cette race anglo-saxonne appelée à dominer le monde en vertu du « pouvoir conféré par le sang et la tradition », autrement dit, la génétique et l'Histoire. Telle est la Loi inexorable qui anime la «fantasmagorie» du juge à la fin de "The League of the Old Men", et c'est à elle que le vieil Imber vient rendre hommage en se livrant à la justice des Blancs. London préférait cette nouvelle à toute autre, car il entendait dans le récit d'Imber «la plainte, la douleur et les larmes de millions d'hommes» et y trouvait résumée «toute l'immense tragédie de la rencontre entre l'Indien et l'homme blanc», opinion que l'on ne peut que partager; mais, comme le souligne judicieusement un critique, ce qu'il n'y voyait pas, c'était son habileté à concilier sa sympathie de socialiste pour les victimes et les déshérités avec sa croyance inébranlable en la supériorité de la race blanche en général et des Anglo-Saxons en particulier.

A bien des égards, le Grand Nord de Jack London ne possède ni plus ni moins de réalité que les lieux qu'il avait parcourus dans les livres, singulièrement ceux de Stevenson, Conrad ou Kipling, ses modèles. Il semble bien avoir parcouru également le Klondike et l'Alaska comme un livre d'images, tout désigné pour illustrer les préjugés qu'il apportait avec lui, mais aussi pour lui inspirer ces drames écologiques où des hommes de toutes races s'épuisent à inventer des pratiques minuscules et dérisoires pour se protéger de la lente pénétration du froid et de la faim; peut-être entendent-ils alors comme la rumeur confuse d'un temps au-delà même de l'enfance, où le besoin le plus rudimentaire s'exprimait par ce cri silencieux que le narrateur lit dans le regard des deux Indiens de "The Wisdom of the Trail" : "I! I! I want to exist!"

BIBLIOGRAPHIE SÉLECTIVE

The Son of the Wolf (1900), *Le Fils du loup* et *The God of his Fathers* (1901), sont ses deux premiers recueils de nouvelles du Grand Nord.

A Daughter of the Snows (1902), *La Fille des neiges*, son premier roman, situé à Dawson, est un échec.

Children of the Frost (1902), *Les Enfants du froid*.

The Call of the Wild (1903), *L'Appel de la forêt*.

The People of the Abyss (1903), *Le Peuple de l'abîme* (les bas-fonds de Londres).

The Sea Wolf (1904), *Le Loup des mers*.

War of the Classes (1905), essais sociologiques.

White Fang (1905), *Croc-Blanc*.

Before Adam (1907), *Avant Adam*, roman de la préhistoire, sa *Guerre du feu*.

The Road (1907), *Les Vagabonds du rail*.

The Iron Heel (1908), *Le Talon de fer*.

Martin Eden (1909), *Martin Eden*, roman autobiographique.

Lost Face (1910), *Construire un feu*, le recueil dont "The Wit of Porportuk" (écrit en 1906) est extrait.

Burning Daylight (1910), *Glorieuse Aurore* (roman).

Revolution (1910), essais.

John Barleycorn (1913), *Le Cabaret de la dernière chance*, récit autobiographique, dans lequel il raconte sa lutte contre l'alcool, prend position pour le vote des femmes, seules capables de vaincre l'alcoolisme.

Presque toute l'œuvre a été traduite en français, mais, en dehors des romans, de nombreux textes se retrouvent sous des titres divers.

THE WHITE SILENCE

LE SILENCE BLANC

"Carmen[1] won't last more than a couple of days." Mason spat out a chunk of ice and surveyed the poor animal ruefully, then put her foot in his mouth and proceeded to bite out the ice which clustered cruelly between the toes.

"I never saw a dog with a highfalutin'[2] name that ever was worth a rap," he said, as he concluded his task and shoved her aside. "They just fade away and die under the responsibility. Did ye ever see one go wrong with a sensible name like Cassiar, Siwash, or Husky? No, sir! Take a look at Shookum here, he's[3] ——"

Snap! The lean brute flashed up, the white teeth just missing Mason's throat.

"Ye will, will ye?" A shrewd clout behind the ear with the butt of the dog whip stretched the animal in the snow, quivering softly, a yellow slaver dripping from its fangs.

"As I was saying, just look at Shookum here—he's got the spirit. Bet ye he eats Carmen before the week's out."

"I'll bank another proposition against that," replied Malemute Kid, reversing the frozen bread placed before the fire to thaw. "We'll eat Shookum before the trip is over. What d'ye say, Ruth?"

The Indian woman settled the coffee with a piece of ice, glanced from Malemute Kid to her husband, then at the dogs, but vouchsafed[4] no reply.

---

1. **Carmen** : le rapprochement incongru entre le titre et cet incipit désigne clairement le thème de la nouvelle : les "Carmen" de l'espèce humaine ou animale sont condamnées d'avance dans le Grand Nord. Créatures exotiques, venues d'un ailleurs, ce "Sud" générique qui englobe le reste du monde, elles sont incapables de se conformer aux lois de l'adaptation, condition de leur survie.

2. **highfalutin'** : l'élision du "g" du participe présent est une des conventions du style parlé-écrit. Formé à partir du verbe **to flute** (*rendre un son de flûte aigu*), ce terme qualifie un style pompeux et grandiloquent, ou une personne aux prétentions injustifiées.

3. Contrairement à Carmen, les autres chiens sont des "indigènes" : **Cassiar** est une région de la Colombie britannique, **Siwash** une tribu indienne chez qui **Shookum** signifie *fort* (voir "The League of The Old Men") et **Husky** le *chien de traîneau* (probablement une déformation de **Eskimo**).

14

« Carmen ne tiendra pas le coup plus de deux ou trois jours. » Mason recracha un morceau de glace en considérant la pauvre bête d'un air lugubre ; puis, il lui prit le bout de la patte, l'introduisit dans sa bouche et continua d'extraire à coups de dent la glace qui s'était impitoyablement accumulée entre les doigts.

« J'ai jamais vu un chien avec un nom prétentieux comme ça qui vaille un clou », dit-il en repoussant l'animal, une fois l'opération terminée. « Ils perdent leurs forces, c'est tout, et ils crèvent sous le poids de la responsabilité. Est-ce que t'as jamais vu flancher un chien avec un nom normal comme Cassiar, Siwash ou Husky ? Pas de danger. Regarde un peu Skookum, en voilà un... »

Clac ! Rapide comme l'éclair la bête efflanquée bondit et ses crocs blancs manquèrent de peu la gorge de Mason.

« Ah ! C'est comme ça, hein ? » Adroitement, un coup de manche de fouet atteignit le chien derrière l'oreille et l'étendit, tout frémissant, sur la neige, la gueule dégoulinant d'une bave jaune.

« Je disais donc, regarde Skookum, lui il a quelque chose dans le ventre. Je te parie qu'il aura bouffé Carmen avant la fin de la semaine.

— Et moi, je vais te faire un autre pari », répondit Malemute Kid en retournant le pain devant le feu pour le faire dégeler. « On aura mangé Skookum avant la fin du voyage. Qu'est-ce que t'en dis, Ruth ? »

Occupée à faire déposer le café à l'aide d'un glaçon, l'Indienne jeta un bref coup d'œil à Malemute Kid, à son mari, puis sur les chiens sans se donner la peine de répondre.

---

4. **to vouchsafe** [vautʃʃseɪf] : *octroyer, condescendre à...* (style soutenu).

It was such a palpable truism that none was necessary. Two hundred miles[1] of unbroken trail in prospect, with a scant six days' grub[2] for themselves and none for the dogs, could admit no other alternative. The two men and the woman grouped about the fire and began their meagre meal. The dogs lay in their harness, for it was a midday halt, and watched each mouthful enviously.

"No more lunches after today," said Malemute Kid[3]. "And we've got to keep a close eye on the dogs—they're getting vicious. They'd just as soon[4] pull a fellow down as not, if they get a chance."

"And I was president of an Epworth[5] once, and taught in the Sunday school." Having irrelevantly delivered himself of this, Mason fell into a dreamy contemplation of his steaming moccasins, but was aroused by Ruth filling his cup. "Thank God, we've got slathers[6] of tea! I've seen it growing, down in Tennessee. What wouldn't I give for a hot corn pone[7] just now! Never mind, Ruth; you won't starve much longer, nor wear moccasins either."

The woman threw off her gloom at this, and in her eyes welled up a great love for her white lord—the first white man she had ever seen—the first man whom she had known to treat a woman as something better than a mere animal or beast of burden.

---

1. **one mile** = 1,609 km.
2. **grub :** food, especially basic or filling food. Langage familier ; le terme est communément employé par tous les personnages de la littérature du Grand Nord et des westerns.
3. **Malemute Kid :** comme d'autres personnages du recueil *Le Fils du loup* dont la nouvelle est tirée (*The Son of the Wolf*, Boston Houghton Mifflin, 1900), Malemute Kid reparaît dans la plupart des récits. Sorte de géant bienveillant et généreux, il arbitre les conflits et protège les faibles. Renommé pour sa sagesse et son hospitalité dans tout le Territoire, c'est un être d'exception dans la race des "Loups", terme par lequel les Indiens désignent l'homme blanc prédateur. Il doit son surnom à son amour pour les chiens ("malemute" = chien de traîneau domestiqué par la tribu Eskimo des Malamutes).

L'évidence de cette vérité rendait toute parole superflue. La perspective de trois cents kilomètres de piste non tracée, avec six jours de maigres provisions pour eux, sans rien pour les chiens, ne leur laissait pas d'autre choix. Rassemblés autour du feu, les deux hommes et la femme attaquèrent leur repas frugal. Toujours harnachés, car c'était la halte de midi, les chiens surveillaient chaque bouchée avec envie.

« Fini le déjeuner à partir d'aujourd'hui », dit Malemute Kid. « Et il faudra avoir les chiens à l'œil ; ils deviennent méchants. Ils abattraient leur homme comme rien si l'occasion se présentait.

— Dire qu'autrefois j'ai été président d'un club de jeunes et que j'ai enseigné le catéchisme. » Sur ces considérations hors de propos, Mason s'absorba dans la contemplation de la fumée qui s'élevait de ses mocassins et Ruth l'arracha à sa rêverie en remplissant sa tasse. « Dieu merci, il nous reste une grosse provision de thé ! Je le voyais pousser, là-bas, dans le Tennessee. Je donnerais n'importe quoi en ce moment pour un petit pain de maïs bien chaud ! T'en fais pas, Ruth ; t'en as plus pour longtemps à crever de faim ou à porter des mocassins. »

À ces mots, la tristesse de la femme s'envola et ses yeux s'emplirent d'un sentiment d'amour intense pour l'homme blanc qui était son seigneur et maître, le premier Blanc qu'elle ait jamais connu, le premier homme qu'elle ait jamais vu traiter une femme mieux qu'un simple animal ou une bête de somme.

---

4. **they'd just as soon...** : they would be quite willing to...

5. **an Epworth** : l'*Epworth Leage*, créée en 1889 par l'église méthodiste épiscopale, proposait aux jeunes gens une lecture de la Bible plus intellectuelle que spirituelle, d'un niveau supérieur à celui des Sunday Schools.

6. **slathers** : généralement pluriel, désigne une grande quantité.

7. **pone** : *petit pain* de forme ovale ; mot d'origine algonquine, couramment employé dans le sud des États-Unis.

"Yes, Ruth," continued her husband, having recourse to the macaronic[1] jargon in which it was alone possible for them to understand each other; "wait till we clean up[2] and pull for the Outside[3]. We'll take the White Man's canoe[4] and go to the Salt Water. Yes, bad water, rough water—great mountains dance up and down all the time. And so big, so far, so far away—you travel ten sleep, twenty sleep, forty sleep"—he graphically enumerated the days on his fingers—"all the time water, bad water. Then you come to great village, plenty people, just the same mosquitoes next summer. Wigwams oh, so high—ten, twenty pines. Hi-yu skookum!"

He pause impotently, cast an appealing glance at Malemute Kid, then laboriously placed the twenty pines, end on end, by sign language. Malemute Kid smiled with cheery cynicism; but Ruth's eyes were wide with wonder, and with pleasure; for she half believed he was joking, and such condescension pleased her poor woman's heart.

"And then you step into a—a box, and pouf! up you go." He tossed his empty cup in the air by way of illustration and, as he deftly caught it, cried: "And biff! down you come. Oh, great medecine men! You go Fort Yukon[5], I go Arctic City—twenty-five sleep—big string, all the time—I catch him string—I say, 'Hello, Ruth! How are ye?'—and you say, 'Is that my good husband?'—

---

1. **macaronic**: où se mêlent deux langues différentes.
2. **clean up**: *gagner* rapidement une somme d'argent importante; argot de joueur.
3. **the Outside**: terme consacré qui désigne le reste du monde, plus spécifiquement les États-Unis dans les textes américains.
4. **canoe**: traduit par *canot*, de préférence à "pirogue"; les deux mots sont d'origine caraïbe, mais le premier est utilisé au Canada, le second en Afrique ou en Océanie. Pour la même raison, "just the same mosquitoes next summer" (c'est-à-dire "as numerous as the mosquitoes will be next summer") est traduit par « pareil comme les moustiques », comme "mush!" par "marche!", par référence à *Maria Chapdelaine* de Louis Hémon. Aujourd'hui, nombre de lecteurs sont sensibles aux

« Oui, Ruth », poursuivit son mari dans ce sabir qui était la seule langue dans laquelle ils pouvaient se comprendre, « attends un peu qu'on ait ramassé notre fric et qu'on s'en aille là-bas, à l'Extérieur. On prendra le canot de l'Homme Blanc et on ira jusqu'à l'Eau Salée. Tu verras, eau très méchante, toujours agitée — grandes montagnes, montent, descendent, dansent tout le temps. Et si grande, si loin, là-bas, tout là-bas — tu voyages, tu dors dix nuits, vingt nuits, quarante nuits » — il comptait sur ses doigts pour appuyer sa démonstration —, « tout le temps de l'eau, de l'eau mauvaise. Alors, tu arrives à grand village, beaucoup de gens, pareil comme les moustiques cet été. Wigwams très très hauts — comme dix, vingt pins. Hi-yu skookum ! »

À court d'invention, il s'arrêta et jeta un regard suppliant à Malemute Kid, puis, laborieusement, il montra les vingt pins superposés dans le langage des signes. Malemute Kid se contenta de sourire gaiement d'un air sceptique, mais Ruth écarquillait les yeux d'émerveillement et de plaisir, car elle était tentée de croire qu'il plaisantait, et tant de condescendance ravissait le cœur de la pauvre femme.

« Et alors, tu rentres dans — dans une boîte, et hop ! tu montes. » En guise d'illustration, il jeta en l'air sa tasse vide qu'il rattrapa avec dextérité en s'écriant : « Et boum ! tu descends. Oh, grands sorciers ! Tu vas à Fort Yukon, et moi je vais à Arctic City — je dors vingt-cinq nuits avant d'arriver — grande ficelle, tout le temps — je l'attrape, la ficelle, et je dis : "Allô, Ruth ! Comment tu vas ?" — et toi, tu dis : "C'est toi, mon cher mari ?" »

connotations racistes de ce mimétisme ; c'est ainsi que le roman de Twain est censuré par les étudiants noirs dans la plupart des universités.

5. **Fort Yukon** : situé au confluent du Yukon et de la Porcupine River, sur le cercle polaire arctique ; comptoir commercial établi par la Hudson Bay Company en 1847.

—and I say, 'Yes'—and you say, 'No can bake good bread, no more soda'[1]—then I say, 'Look in cache, under flour; good-bye.' You look and catch plenty soda. All the time you Fort Yukon, me Arctic City. Hi-yu medicine man!"

Ruth smiled so ingenuously at the fairy story that both men burst into laughter. A row[2] among the dogs cut short the wonders of the Outside, and by the time the snarling[3] combatants were separated, she had lashed the sleds and all was ready for the trail.

"Mush! Baldy! Hi! Mush on[4]!" Mason worked his whip smartly and, as the dogs whined low in the traces, broke out the sled with the gee pole[5]. Ruth followed with the second team, leaving Malemute Kid, who had helped her start, to bring up the rear. Strong man, brute that he was, capable of felling[6] an ox at a blow, he could not bear to beat the poor animals, but humoured them as a dog driver rarely does—nay[7], almost wept with them in their misery.

"Come, mush on there, you poor sore-footed brutes!" he murmured, after several ineffectual attempts to start the load. But his patience was at last rewarded, and though whimpering with pain, they hastened to join their fellows.

No more conversation; the toil of the trail will not permit such extravagance.

---

1. **soda :** *bicarbonate de soude*, utilisé comme levure.

2. **row** [rau] : *dispute, tapage* ; ne pas confondre avec **a row** [rou] : *un rang*. Voir **a bow** [bau] : *un salut, une révérence* et **a bow** [bou] = *un arc, un archet, un nœud*.

3. **to snarl :** *gronder* d'une manière menaçante.

4. **mush on :** cri des conducteurs de traîneaux pour inciter les chiens à avancer, probablement d'origine canadienne, du français "moucher" : *aller vite* (comme vole une mouche). Il sera en 1909 l'occasion d'une polémique entre London et un journaliste canadien anglais qui l'accusera d'être un "Canada faker", c'est-à-dire de falsifier la réalité. Habitué à ce genre d'attaques (dont la plus célèbre est lancée par le président Theodore Roosevelt qui se pique d'être un grand naturaliste

— et je dis: "Oui" — et tu dis: "Pas possible de faire cuire bon pain, plus de levure" — alors je dis: "Va voir dans la cache, sous la farine, au revoir." Tu vas voir, et tu trouves plein de levure. Et tout le temps, toi à Fort Yukon, moi à Arctic City. Hi-yu, grand sorcier!» Ruth souriait d'un air si naïf en écoutant ce conte de fées que les deux hommes éclatèrent de rire. Une bagarre entre les chiens coupa court au récit des merveilles de l'Extérieur et, lorsque l'on eut séparé les combattants hargneux, elle avait déjà arrimé le chargement sur les traîneaux et tout était prêt pour prendre la piste.

«Marche! Baldy! Allez, en avant!» Mason mania le fouet avec énergie, puis, les chiens geignant doucement sous le harnais, il dégagea le traîneau à l'aide de la barre. Ruth suivait avec le deuxième attelage, laissant à Malemute Kid, qui l'avait aidé à se mettre en route, le soin de fermer la marche. Malgré ses forces, cet être fruste, capable d'assommer un bœuf d'un coup de poing, ne pouvait supporter de battre les malheureux animaux; il les traitait au contraire avec un ménagement peu commun chez les conducteurs de traîneaux, bien mieux, c'est tout juste s'il ne pleurait pas avec eux dans leur détresse.

«Allez, pauvres bêtes; vous avez mal aux pattes, mais il faut marcher», murmura-t-il, après plusieurs tentatives infructueuses pour faire démarrer le chargement. Mais sa patience finit par être récompensée et, tout en gémissant de douleur, les chiens se hâtèrent de rejoindre leurs compagnons.

C'en était fini des conversations; le rude labeur de la piste ne permet pas de telles fantaisies.

---

et avec qui il échange des lettres virulentes par l'intermédiaire du magazine *Collier's* lors de la parution de *Croc-Blanc*), London répond vertement que l'expression est attestée dans tout le Klondike.

5. **gee pole**: grande *perche* utilisée pour diriger le traîneau.

6. **felling**: ne pas confondre **to fell, felled, felled**: *abattre* et **to fall, fell, fallen**: *tomber*.

7. **nay**: *et même...*

And of all deadening labours, that of the Northland trail is the worst[1]. Happy is the man who can weather a day's travel[2] at the price of silence, and that on a beaten track.

And of all heartbreaking labours, that of breaking trail is the worst. At every step the great webbed shoe[3] sinks till the snow is level with the knee. Then up, straight up, the deviation of a fraction of an inch being a certain precursor of disaster, the snowshoe must be lifted till the surface is cleared; then forward, down, and the other foot is raised perpendicularly for the matter of half a yard. He who tries this for the first time, if haply he avoids bringing his shoes in dangerous propinquity and measures not his length[4] on the treacherous footing, will give up exhausted at the end of a hundred yards; he who can keep out of the way of the dogs for a whole day may well crawl into his sleeping bag with a clear conscience and a pride which passeth[5] all understanding; and he who travels twenty sleeps on the Long Trail is a man whom the gods may envy.

The afternoon wore on, and with the awe[6], born of the White Silence, the voiceless travellers bent to their work. Nature has many tricks wherewith she convinces man of his finity—the ceaseless flow of the tides, the fury of the storm, the shock of the earthquake, the long roll of heaven's artillery—

---

1. Le narrateur, jusqu'à présent discret, interrompt le récit par un long commentaire, selon un schéma récurrent dont London ne cessera d'affirmer la nécessité : le texte progresse, comme les personnages, du particulier au général, du quotidien à la tragédie. La description technique et minutieuse de la marche dans la neige s'élargit à la dimension de l'universel, la nature, la vie, la mort, en un discours qui s'efforce d'exprimer l'indicible au moyen de l'hyperbole.

2. **weather a day's travel** : l'emploi le plus fréquent de ce verbe se trouve dans l'expression **to weather a storm**, tournure littéraire signifiant *échapper à une tempête* ; d'où le sens figuré de *surmonter* (une épreuve).

3. **webbed shoe** : cette comparaison des *raquettes* **(snowshoes)** avec le pied palmé comme celui du canard renforce la similitude entre l'homme et l'animal.

Parmi les travaux les plus harassants, le plus dur est celui qu'exige la piste du Grand Nord. Heureux celui qui peut surmonter, au prix du silence, l'épreuve d'un jour de voyage sur une voie toute tracée. Mais parmi les tâches les plus exténuantes, celle d'ouvrir une piste est la pire de toutes. À chaque pas, la large chaussure en forme de palme s'enfonce dans la neige jusqu'à la hauteur du genou. Puis, bien à la verticale, car dévier d'une fraction de centimètre conduit inévitablement au désastre, il faut lever la raquette jusqu'à en dégager la surface ; ensuite, avancer le pied et le reposer tandis que l'autre se soulève perpendiculairement d'environ cinquante centimètres. Celui qui s'y essaie pour la première fois, à condition d'éviter de rapprocher dangereusement ses raquettes et de s'étaler de tout son long sur ce terrain insidieux, celui-là abandonnera, épuisé, après une centaine de mètres ; celui qui aura su se garer des chiens une journée entière aura bien mérité de se glisser dans son sac de couchage avec la conscience tranquille et une fierté difficile à concevoir ; quant à celui qui peut suivre la Longue Piste durant vingt jours et vingt nuits, voilà un homme que les dieux peuvent envier.

La journée avançait et, en proie à cette terreur solennelle qu'inspire le Silence Blanc, les voyageurs s'appliquaient à leur tâche sans une parole. La nature connaît bien des ruses pour persuader l'homme de sa finitude — le flux incessant des marées, la fureur de la tempête, la violence du tremblement de terre, le feu roulant de l'artillerie céleste —

---

4. **measures not his length** : mot à mot *mesurer sa longueur*, c'est-à-dire *tomber*.

5. **passeth** : forme archaïque de la troisième personne **passes**, préciosité de langage (comme la négation **measures not**) que London utilise volontiers lorsqu'il change de registre.

6. **awe** : la *terreur sacrée* qu'inspire le divin.

—but the most tremendous, the most stupefying of all, is the passive phase of the White Silence[1]. All movement ceases, the sky clears, the heavens are as brass[2]; the slightest whisper seems sacrilege, and man becomes timid, affrighted at the sound of his own voice. Sole speck of life journeying across the ghostly wastes of a dead world, he trembles at his audacity, realizes that his is a maggot's[3] life, nothing more. Strange thoughts arise unsummoned, and the mystery of all things strives for utterance. And the fear of death, of God, of the universe, comes over him—the hope of the Resurrection and the Life, the yearning for immortality, the vain striving of the imprisoned essence— it is then, if ever, man walks alone with God[4].

So wore the day away[5]. The river took a great bend, and Mason headed his team for the cutoff across the narrow neck of land. But the dogs balked at the high bank. Again and again, though Ruth and Malemute Kid were shoving on the sled, they slipped back. Then came the concerted effort. The miserable[6] creatures, weak from hunger, exerted their last strength. Up—up—the sled poised on the top of the bank; but the leader swung the string of dogs behind him to the right, fouling Mason's shoes[7]. The result was grievous.

---

1. **the White Silence** : image récurrente dans les nouvelles du Grand Nord ; le transfert de la couleur au son signale l'anéantissement de toute perception dans un "monde mort" où la blancheur est l'emblème du vide.

2. **brass** : le *cuivre jaune*, alors que **copper** est le *cuivre rouge*.

3. **maggot** : plus précisément un *asticot*, toujours associé à la pourriture.

4. Selon toute évidence, London, qui est un des rares écrivains américains à affirmer tranquillement un athéisme sans concession, se laisse ici entraîner par les excès de sa propre rhétorique et la nécessité de la démonstration. La fonction de ce passage singulier est également de marquer une pause avant la reprise du récit et l'irruption de l'événement dramatique.

5. **so wore the day away** : to wear, wore, worn : *porter* (un vêtement) ; avec des postpositions : **to wear out** : *user* (**I'm worn out** : *je suis épuisé*),

mais celle qui le plonge dans la stupeur et l'effroi le plus extrêmes est la phase passive du Silence Blanc. Tout mouvement s'arrête, les nuages se dissipent, les cieux semblent d'airain ; le plus léger murmure paraît un sacrilège, et l'homme perd son courage, terrorisé par le son de sa propre voix. Il va son chemin, seul atome de vie parmi les étendues désolées et fantomatiques d'un monde mort, son audace le fait trembler et il comprend que cette vie ne vaut pas plus que celle d'un ver de terre. D'étranges pensées lui viennent qu'il n'a pas sollicitées, et le mystère de toutes choses tente de parvenir à l'expression. La peur de la mort, de Dieu, de l'univers l'envahit — et encore, l'espoir de la Résurrection et de la Vie, le désir d'immortalité, la vanité des efforts de son essence pour échapper à sa prison — c'est alors, ou jamais, que l'homme marche avec Dieu dans sa solitude.

Ainsi la journée s'écoulait. Le fleuve décrivait une vaste courbe, et Mason dirigea son attelage vers un raccourci qui traversait une étroite langue de terre. Mais les chiens refusaient de franchir la berge escarpée. À maintes reprises, ils glissèrent le long de la pente malgré les efforts de Ruth et de Malemute Kid qui poussaient le traîneau. Puis tout le monde s'y mit et les malheureuses bêtes, épuisées par la faim, utilisèrent leurs dernières forces. Plus haut, toujours plus haut, le traîneau parvint à se maintenir en équilibre au sommet de la berge ; mais le chien de tête fit un écart vers la droite, entraînant ceux qui le suivaient et les courroies vinrent se prendre dans les raquettes de Mason. Il en résulta un désastre.

---

proche de **to wear away** : *s'user* en parlant des choses ; désigne ici le lent passage du temps ; l'inversion rend le retour du récit plus solennel.

6. **miserable** : non pas *misérable* (**wretched**), mais *malheureux*.

7. **fouling Mason's shoes** : to foul [faʊl] : *polluer* (cf. l'adj. **foul** : *infect, dégoûtant*), *emmêler, s'emmêler*.

Mason was whipped off his feet[1]; one of the dogs fell in the traces; and the sled toppled back, dragging everything to the bottom again.

Slash! the whip fell among the dogs savagely, especially upon the one which had fallen.

"Don't, Mason," entreated Malemute Kid; "the poor devil's on its last legs. Wait and we'll put my team on."

Mason deliberately withheld the whip till the last word had fallen, then out flashed the long lash, completely curling about the offending creature's body. Carmen—for it was Carmen— cowered in the snow, cried piteously, then rolled over on her side.

It was a tragic moment, a pitiful incident of the trail—a dying dog, two comrades in anger. Ruth glanced solicitously[2] from man to man. But Malemute Kid restrained himself, though there was a world of reproach in his eyes, and, bending over the dog, cut the traces. No word was spoken. The teams were double-spanned[3] and the difficulty overcome; the sleds were under way again[4], the dying dog dragging herself along in the rear. As long as an animal can travel, it is not shot, and this last chance is accorded it—the crawling into camp, if it can, in the hope of a moose being killed[5].

Already penitent for his angry action, but too stubborn to make amends, Mason toiled on at the head of the cavalcade, little dreaming that danger hovered in the air.

---

1. **was whipped off his feet**: de **to whip**: *fouetter*; employé avec des postpositions traduit la rapidité d'un mouvement (cf. **he whipped off his coat**: *il ôta vivement sa veste*), ce qui est essentiel dans cette brève succession d'événements et comme le souligne également l'inversion **out flashed the long lash**.

2. **solicitously**: *plein de sollicitude* et aussi *avec anxiété* ou *inquiétude*.

3. **the teams were double-spanned**: span désigne l'écart entre deux points dans l'espace ou le temps, **the span of a bridge, the span of life**; **to span**: *traverser, franchir un espace*, **the river was spanned by a bridge**.

4. **the sleds were under way again**: alors que **I am on my way**: *je m'en vais*, n'a pas de connotation particulière, **to be under way** est un terme de marine qui désigne le départ d'un bateau.

Mason perdit brusquement l'équilibre, l'un des chiens tomba dans les sangles, le traîneau bascula en arrière et, à sa suite, tous se retrouvèrent en bas.

Clac! Le fouet s'abattit sauvagement sur les chiens, s'acharnant sur celui qui était tombé.

«Arrête, Mason», dit Malemute Kid d'un ton suppliant; «le pauvre animal ne tient plus sur ses pattes. Attends un peu, on va se servir de mon attelage.»

À dessein, Mason retint le fouet jusqu'à la fin de la phrase, et alors, prompte comme l'éclair, la longue lanière vint s'enrouler autour du corps du coupable. Carmen — c'était encore Carmen — se recroquevilla dans la neige avec des cris déchirants, puis elle se coucha sur le flanc.

C'était un instant tragique, l'un de ces pitoyables incidents de la piste — l'agonie d'un chien, la colère de deux camarades. Avec inquiétude, le regard de Ruth allait de l'un à l'autre. Il y avait un monde de reproche dans les yeux de Malemute Kid, mais il se contint et se pencha sur la chienne pour couper les courroies. Personne ne dit mot. On doubla les attelages et, la difficulté vaincue, on se remit en route, la chienne moribonde se traînant à l'arrière. Tant qu'une bête peut avancer, on s'abstient de l'abattre pour lui laisser une dernière chance, celle de ramper jusqu'au campement dans l'espoir que l'on ait tué un élan.

Mason se repentait déjà d'avoir agi sous le coup de la colère mais, trop obstiné pour faire amende honorable, il poursuivait sa pénible tâche en tête de la cavalcade, loin d'imaginer le danger qui planait dans l'air.

---

5. Le code du Grand Nord s'applique à l'animal comme à l'homme, et celui qui enfreint la loi de la piste doit être puni; par sa cruauté et son acharnement gratuits, Mason a transgressé les règles indispensables à la survie du groupe.

The timber[1] clustered thick in the sheltered bottom, and through this they threaded their way. Fifty feet or more from the trail towered a lofty pine. For generations it had stood there, and for generations destiny had this one end in view[2]—perhaps the same had been decreed of Mason.

He stooped to fasten the loosened thong of his moccasin. The sleds came to a halt, and the dogs lay down in the snow without a whimper. The stillness was weird[3]; not a breath rustled the frost-encrusted forest; the cold and silence of outer space had chilled the heart and smote the trembling lips of nature. A sigh pulsed through the air— they did not seem to actually hear it, but rather felt it, like the premonition of movement in a motionless void. Then the great tree, burdened with its weight of years and snow, played its last part in the tragedy of life. He heard the warning crash and attempted to spring up but, almost erect, caught the blow squarely on the shoulder.

The sudden danger, the quick death—how often had Malemute Kid faced it! The pine needles were still quivering as he gave his commands and sprang into action. Nor did the Indian girl faint or raise her voice in idle wailing, as might many of her white sisters. At his order, she threw her weight on the end of a quickly extemporized handspike, easing the pressure and listening to her husband's groans,

---

1. **timber** ne prend jamais la marque du pluriel et désigne collectivement les grands arbres de la forêt américaine qui servent de bois de construction. **"Timber!"** est l'avertissement lancé par les bûcherons **(lumberjacks)** lors de la chute d'un arbre.

2. **destiny had this one end in view** : le narrateur souligne avec insistance que le récit fonctionne comme une tragédie dont on peut repérer les éléments : exposition rapide d'une situation extrême, permanence du danger, signes prémonitoires, d'abord sous la forme du discours, puis d'une succession d'événements aboutissant à la péripétie (la chute du traîneau) suivie de la crise qui mène au dénouement. L'intervention du destin à l'occasion d'un geste insignifiant (Mason se penche pour renouer son lacet) n'est pas gratuite, mais induite par l'erreur fatale du protagoniste que son excès d'assurance et son aveuglement conduiront à la mort.

Dans le creux abrité qu'ils traversaient, il leur fallait se frayer un chemin parmi des bouquets de grands arbres touffus. À une vingtaine de mètres de la piste s'élevait un pin majestueux. Il se trouvait là depuis des générations et, depuis des générations, le destin l'y avait mis dans un unique but — peut-être en avait-il décrété de même pour Mason.

Mason se baissa pour resserrer la lanière dénouée de son mocassin. Les traîneaux s'arrêtèrent et les chiens se couchèrent dans la neige sans un gémissement. Il régnait un calme surnaturel ; pas un souffle, pas un bruissement ne parvenaient de la forêt incrustée de givre ; le froid et le silence des espaces infinis avaient glacé le cœur de la nature et paralysaient ses lèvres tremblantes. Un soupir palpita dans l'air — ils ne semblèrent pas l'entendre véritablement, plutôt le sentir, comme un signe annonciateur de mouvement dans l'immobilité du vide. Puis le grand arbre, accablé sous le poids des ans et de la neige, joua son rôle ultime dans la tragédie de la vie. Mason perçut le craquement prémonitoire, il tenta de se relever d'un bond et y avait presque réussi, lorsque le coup l'atteignit de plein fouet à l'épaule.

Le danger soudain, la mort rapide, que de fois Malemute Kid les avait-il affrontés ! Les aiguilles de pin vibrant encore sous le choc, il donna des ordres et sauta sur ses pieds pour passer à l'action. De même, la jeune Indienne s'abstint de s'évanouir ou de pousser des lamentations superflues comme l'auraient sans doute fait beaucoup de ses pareilles de race blanche. Sur un ordre de lui, elle se mit à peser de toutes ses forces sur l'extrémité d'un levier improvisé à la hâte pour réduire la pression, tout en restant attentive aux gémissements de son mari,

---

3. **weird** [wɪəd] : *étrange* et *inquiétant*. **The weird sisters** : *les sorcières* de *Macbeth*.

while Malemute Kid attacked the tree with his axe. The steel rang merrily[1] as it bit into the frozen trunk, each stroke being accompanied by a forced, audible respiration, the "Huh!" "Huh!" of the woodsman.

At last the Kid laid the pitiable thing that was once a man in the snow. But worse than his comrade's pain was the dumb anguish in the woman's face, the blended look of hopeful, hopeless query[2]. Little was said; those of the Northland are early taught the futility of words and the inestimable value of deeds. With the temperature at sixty-five below zero[3], a man cannot lie[4] many minutes in the snow and live. So the sled lashings were cut, and the sufferer, rolled in furs, laid on a couch of boughs. Before him roared[5] a fire, built of the very wood which wrought the mishap[6]. Behind and partially over him was stretched the primitive fly—a piece of canvas, which caught the radiating heat and threw it back and down at him—a trick which men may know who study physics at the fount.

And men who have shared their bed with death know when the call is sounded. Mason was terribly crushed. The most cursory examination revealed it. His right arm, leg, and back were broken; his limbs were paralysed from the hips; and the likelihood of internal injuries was large. An occasional moan was his only sign of life.

---

1. **merrily** : ce son joyeux contraste avec l'horreur de la situation et sépare radicalement le monde des choses de celui des hommes.

2. **hopeful, hopeless query** : les sentiments de la femme sont évoqués de l'extérieur avec une grande économie de moyens (par l'antithèse : **hopeful/hopeless**) qui correspond à ce stoïcisme, partie intégrante du stéréotype de l'Indien.

3. **sixty-five below zero** : il s'agit de degrés Farenheit.

4. **a man cannot lie** : cf. plus haut "the Kid **laid** the pitiable thing". Ne pas confondre **to lay, laid, laid** : *poser*, *allonger*, v. transitif, et **to lie, lay, lain** : *être couché, être allongé* (alors que **to lie, lied, lied** : *mentir*).

5. **roared** : **to roar** : *rugir*, **a roaring lion, a roaring fire** : *un feu ronflant.*

tandis que Malemute Kid attaquait l'arbre avec sa hache. L'acier résonnait joyeusement en entaillant le tronc gelé, et chaque coup s'accompagnait d'une respiration forcée, le « Han ! Han ! » sonore du bûcheron.

Enfin, le Kid put étendre dans la neige cette chose pitoyable qui avait été un homme. Mais, pire que les souffrances de son camarade était l'angoisse muette qu'il lisait sur le visage de la femme, une interrogation où se mêlaient l'espoir et la désespérance. Peu de mots furent échangés ; ceux du Grand Nord apprennent très tôt la futilité de la parole et la valeur inestimable de l'action. Par une température de moins cinquante, un homme allongé dans la neige ne peut rester en vie bien longtemps. Ils coupèrent donc les sangles du traîneau, enveloppèrent le blessé de fourrures et le couchèrent sur un lit de branchages, devant un grand feu, fait de ce même bois qui avait causé l'accident. Derrière, l'abritant à demi, ils dressèrent un auvent rudimentaire avec un morceau de toile qui arrêtait la chaleur irradiée par le feu et la réverbérait vers le sol, directement sur lui — procédé bien connu de ceux qui ont étudié la physique à sa source même.

Les hommes qui ont partagé leur couche avec la mort reconnaissent l'instant où retentit son appel. Mason était atrocement broyé, comme le révéla l'examen le plus superficiel. Il avait la jambe et le bras droits, ainsi que la colonne vertébrale brisés, les membres paralysés depuis la hanche et souffrait très vraisemblablement de lésions internes. Il gémissait de temps en temps, sans donner d'autre signe de vie.

---

6. **which wrought the mishap :** style très littéraire et archaïsant souvent utilisé dans les moments dramatiques ; **wrought**, ancien part. passé de **to work** : *œuvrer, provoquer*, subsiste surtout dans **wrought iron** : *fer forgé* ; **mishap** (cf. **to happen**) : archaïque pour **misfortune**.

No hope; nothing to be done. The pitiless night crept slowly by—Ruth's portion, the despairing stoicism of her race, and Malemute Kid adding new lines to his face of bronze. In fact, Mason suffered least of all, for he spent his time in eastern Tennessee, in the Great Smoky Mountains, living over the scenes of his childhood. And most pathetic was the melody of his long-forgotten Southern vernarcular[1], as he raved of swimming holes and coon[2] hunts and watermelon raids. It was as Greek[3] to Ruth, but the Kid understood and felt—felt as only one can feel who has been shut out for years from all that civilization means.

Morning brought consciousness to the stricken man[4], and Malemute Kid bent closer to catch his whispers.

"You remember when we forgathered[5] on the Tanana[6], four years come next ice run[7]? I didn't care so much for her then. It was more like she was pretty, and there was a smack of excitement about it, I think. But d'ye know, I've come to think a heap of her. She's been a good wife to me, always at my shoulder in the pinch. And when it comes to trading, you know there isn't her equal! D'ye recollect the time she shot the Moosehorn Rapids[8] to pull you and me off that rock, the bullets whipping the water like hailstones?—and the time of the famine at Nuklukyeto?—

---

1. **vernacular :** native language or dialect as opposed to literary, cultured or foreign language.

2. **coon :** raccoon, *le raton laveur* ; dans le sud des États-Unis ce terme peut être une manière blessante de désigner les Noirs.

3. **as Greek :** il y a parfaite adéquation entre l'expression courante en anglais et la vision pastorale d'une Arcadie perdue qui apparaît à Mason avant la mort.

4. **the stricken man :** part. pas. rare de **to strike, struck, struck :** *frapper*, utilisé dans le sens de *blessé, éprouvé :* **a stricken land, he was grief-stricken.**

5. **we forgathered :** **to forgather** (ou **foregather**) : *se réunir, se rassembler* ; d'après le contexte d'autres nouvelles, il semble que ces hommes rudes qui ont la pudeur de leurs sentiments l'emploient comme une litote pour désigner le mariage.

Plus d'espoir, plus rien à faire. La nuit impitoyable progressait avec une lenteur sournoise — pour Ruth, une seule destinée, le stoïcisme désespéré de sa race, pour Malemute Kid, quelques rides de plus sur son visage buriné. À vrai dire, c'était Mason qui souffrait le moins, car il passait son temps dans les Smoky Mountains de l'est du Tennessee, occupé à revivre les scènes de son enfance. Il était infiniment pathétique d'entendre les accents sudistes mélodieux de sa langue natale depuis longtemps oubliée lorsque, dans son délire, il parlait des baignades dans les trous d'eau, des chasses aux ratons laveurs et des expéditions pour voler des pastèques. Pour Ruth, c'était comme du chinois, mais le Kid comprenait et partageait ce sentiment que seul peut éprouver celui qui a été privé pendant des années de tout ce que signifie la civilisation.

Au matin, le blessé reprit conscience et Malemute Kid se pencha davantage pour saisir ce qu'il murmurait.

« Tu te souviens, quand on s'est mariés sur le Tanana, ça fera quatre ans à la prochaine fonte des glaces ? Je ne tenais pas beaucoup à elle à l'époque. C'était plutôt qu'elle était jolie, et je crois que je trouvais ça comme qui dirait émoustillant. Mais j'ai fini par drôlement la respecter, tu sais. Elle a été une bonne femme pour moi, toujours prête à donner un coup de main en cas de besoin. Et pour ce qui est des affaires, y en a pas deux comme elle, tu vois. Tu te rappelles la fois où elle a traversé les rapides de Moosehorn pour venir nous chercher sur ce rocher, avec les balles qui fouettaient l'eau, dru comme des grêlons ? — et quand il y a eu la famine à Nuklukyeto ? —

---

6. **the Tanana** : principal affluent de la rive gauche du Yukon dont le confluent se trouve au centre de l'Alaska ; cf. "The wit of Porportuk".

7. **come next ice run** : it will be four years when the next ice run comes.

8. **she shot the rapids** : to **shoot, shot, shot** = *tirer* (une balle, une flèche) = *franchir les rapides comme une flèche*.

—or when she raced the ice run to bring the news? yes, she's been a good wife to me, better'n that other one. Didn't know I'd been there[1]? Never told you, eh? Well, I tried it once, down in the States. That's why I'm here. Been raised together, too. I came away to give her a chance for divorce. She got it.

"But that's got nothing to do with Ruth. I had thought of cleaning up and pulling for the Outside next year—her and I[2]—but it's too late. Don't send her back to her people, Kid. It's beastly hard for a woman to go back. Think of it!— nearly four years on our bacon and beans and flour and dried fruit, and then to go back to her fish and caribou. It's not good for her to have tried our ways, to come to know they're better'n[3] her people's, and then return to them. Take care of her, Kid—why don't you—but no, you always fought shy of them[4]—and you never told me why you came to this country. Be kind to her, and send her back to the States as soon as you can. But fix it so she can come back—liable to[5] get homesick, you know.

"And the youngster—it's drawn us closer, Kid. I only hope it is a boy. Think of it!—flesh of my flesh, Kid. He mustn't stop in this country. And if it's a girl, why, she can't. Sell my furs; they'll fetch at least five thousand, and I've got as much more with the company[6]. And handle my interests with yours. I think that bench claim[7] will show up.

---

1. **I'd been there:** Mason parle une langue populaire et imagée ; **there** ne renvoie pas à un lieu, mais à l'état de mariage.

2. **her and I:** on attendrait **her and me**, courant mais grammaticalement incorrect ou **she and I**, style plus écrit que parlé.

3. **better'n:** better than.

4. **fought shy of them:** littéralement : *tu as toujours lutté pour les éviter* (les femmes) ; de **to shy** : *reculer, se dérober* ; cf. **shy** : *timide*. Mason pense un instant que son ami pourrait épouser Ruth.

5. **liable to:** elle est *susceptible de* ressentir le mal du pays.

6. **with the company:** vraisemblablement the Alaska Commercial Company qui supplante sa rivale russe et s'assure le monopole du commerce de la fourrure après l'achat de l'Alaska en 1867.

ou quand elle a battu le dégel à la course pour nous prévenir ? Oui, elle a été une bonne femme pour moi, bien meilleure que l'autre. Tu savais pas que j'y étais déjà passé ? Je te l'avais jamais dit, hein ? Eh ben voilà, j'avais déjà tenté le coup aux États-Unis. C'est pour ça que je suis ici. Même qu'on avait été élevés ensemble. Je suis parti pour lui donner l'occasion de divorcer, et c'est ce qu'elle a fait.

» Mais ça n'a rien à voir avec Ruth. Ce que je voulais, c'était ramasser mon fric et qu'on parte pour l'Extérieur, elle et moi, mais c'est trop tard. Ne la renvoie pas dans sa tribu, Kid. C'est trop vache pour une femme de retourner là-bas. Tu vois un peu ! Presque quatre ans à manger comme nous, du lard, des haricots, de la farine et des fruits secs, et puis retourner à son poisson et à son caribou. C'est pas bon pour elle de repartir chez les siens maintenant qu'elle a tâté de notre façon de vivre et compris qu'elle vaut mieux que la leur. Occupe-toi d'elle, Kid — et pourquoi donc est-ce que tu... mais non, elles t'ont toujours fait fuir — et tu m'as jamais dit pourquoi t'étais venu dans ce pays. Sois gentil avec elle, et envoie-la aux États-Unis dès que tu pourras. Mais arrange-toi pour qu'elle puisse revenir — peut-être qu'elle aura le mal du pays, tu sais.

» Et le petit — ça nous a rapprochés, Kid. Tout ce que j'espère, c'est que ce sera un garçon. Imagine-toi ! La chair de ma chair ! Il ne faut pas qu'il reste longtemps dans ce pays. Et si c'est une fille, alors, pas question. Vends mes fourrures ; ça ira bien chercher au moins dans les cinq mille dollars, et j'en ai encore autant à la compagnie. Occupe-toi de mes intérêts avec les tiens. Je crois qu'on va tirer quelque chose de cette concession.

---

7. the bench claim : langage technique des chercheurs d'or ; une *concession* (claim) probablement située en *terrain d'alluvion* (bench) entre le cours d'eau et la colline. **Show up** : littéralement : *apparaître, devenir évident.*

See that he gets a good schooling; and, Kid, above all, don't let him come back. This country was not made for white men[1].

"I'm a gone man[2], Kid. Three or four sleeps at the best. You've got to go on. You must go on! Remember, it's my wife, it's my boy—O God! I hope it's a boy! You can't stay by me—and I charge you[3], a dying man, to pull on."

"Give me three days," pleaded Malemute Kid. "You may change for the better; something may turn up[4]."

"No."

"Just three days."

"You must pull on."

"Two days."

"It's my wife and my boy, Kid. You would not ask it."

"One day."

"No, no! I charge——"

"Only one day. We can shave it through[5] on the grub, and I might knock over a moose."

"No—all right; one day, but not a minute more. And, Kid, don't—don't leave me to face it alone. Just a shot[6], one pull on the trigger. You understand. Think of it! Think of it! Flesh of my flesh, and I'll never live to see him!

"Send Ruth here. I want to say good-bye and tell her that she must think of the boy and not wait till I'm dead.

---

1. Cette maxime maintes fois réitérée exprime certainement l'opinion de l'auteur, mais dans la bouche de Mason, elle acquiert une valeur à la fois pathétique et ironique, non seulement parce qu'il apprend la leçon trop tard, mais aussi parce que cette généralisation l'exempte de toute autocritique ; la présence de Malemute Kid devrait lui montrer qu'elle ne possède pas une valeur universelle, mais ce n'est qu'à la fin et, de façon significative à propos de Carmen, qu'il acceptera de reconnaître ses erreurs.

2. **I'm a gone man** : euphémisme ; cf. **he is dead and gone.**

3. **I charge you** = I order you ; cf. aussi : **to charge somebody with murder** : *accuser...*, **how much do you charge for this room?** : *combien prenez-vous... ?*

4. **may turn up** = may happen.

Veille à ce qu'il reçoive une bonne instruction ; et Kid, surtout, ne le laisse pas revenir ici. Ce pays n'a jamais été fait pour les Blancs.

» Je suis fichu, Kid. Trois ou quatre fois le temps de dormir, au maximum. Mais il faut continuer. Vous devez continuer ! N'oublie pas, c'est ma femme, c'est mon fils ; mon Dieu ! J'espère que c'est un garçon ! Vous ne pouvez pas rester ici, près de moi — je vais mourir, et je t'ordonne de partir.

— Donne-moi trois jours », le supplia Malemute Kid. « Tu peux aller mieux ; il peut se passer quelque chose.

— Non.

— Trois jours, pas plus.

— Il faut continuer.

— Deux jours.

— C'est ma femme, c'est mon fils, Kid. Toi, tu ne demanderais pas ça.

— Un seul jour.

— Non, non ! Je t'ordonne...

— Rien qu'un jour. En se rationnant, on peut s'en sortir, et puis, je tuerai peut-être un élan.

— Non... bon, d'accord ; un jour, mais pas une minute de plus. Et, Kid, ne me laisse pas — ne me laisse pas tout seul pour affronter ça. Juste un seul coup de fusil, tu n'as qu'à appuyer sur la détente. Tu comprends, dis, réfléchis bien ! La chair de ma chair, et j'aurai même pas vécu assez vieux pour le voir !

» Demande à Ruth de venir ici. Je veux lui faire mes adieux et lui dire qu'elle doit penser à notre fils et ne pas attendre que je sois mort.

---

5. **We can shave it through** : to shave : *raser* ; **to have a close (or a narrow) shave** : *l'échapper belle* ; **through** dénote l'idée de passer au travers, en rognant au plus juste **(shave)** sur la nourriture.

6. **just a shot** : situation classique dans les récits de guerre et le western, préparée par l'énoncé de la loi concernant les bêtes qu'on laisse vivre tant qu'elles peuvent se traîner.

She might refuse to go with you if I didn't. Good-bye, old man; good-bye.

"Kid! I say—a—sink a hole above the pup[1], next to the slide[2]. I panned out[3] forty cents on my shovel there.

"And, Kid!" He stooped lower to catch the last faint words, the dying man's surrender of his pride. "I'm sorry—for—you know—Carmen."

Leaving the girl crying softly over her man, Malemute Kid slipped into his parka and snowshoes, tucked his rifle under his arm, and crept away into the forest. He was no tyro[4] in the stern sorrows of the Northland, but never had he faced so stiff a problem as this. In the abstract, it was a plain, mathematical proposition—three possible lives as against one doomed[5] one. But now he hesitated. For five years, shoulder to shoulder, on the rivers and trails, in the camp and mines, facing death by field and flood and famine, had they knitted the bonds[6] of their comradeship. So close was the tie that he had often been conscious of a vague jealousy of Ruth, from the first time she had come between. And now it must be severed[7] by his own hand.

Though he prayed for a moose, just one moose, all game seemed to have deserted the land, and nightfall found the exhausted man crawling into camp, light-handed, heavy-hearted.

---

1. **the pup**: dans le langage des chercheurs d'or, désigne un *petit cours d'eau* à prospecter.

2. **the slide**: cf. **to slide, slid, slid**: *glisser*.

3. **I panned out** (de **pan**: *casserole*): *laver le sable* aurifère à la batée, c'est-à-dire un instrument de forme conique utilisé à la manière d'une casserole.

4. **tyro**: du latin **tiro**: *jeune recrue*, désigne un *débutant* dans un domaine quelconque.

5. **doomed**: cf. **doom**: *le destin*. **Doomsday**: *le Jour du Jugement Dernier*. Le code implicite du Grand Nord et la logique jouent ici le rôle du destin matérialisé par le grand arbre qui a écrasé Mason ; le dilemme relance le suspense et opère un changement de point de vue : Malemute Kid demeure le protagoniste jusqu'à la conclusion.

Elle pourrait bien refuser de partir avec toi si je ne lui parle pas. Adieu, mon vieux ; adieu.

» Kid, dis voir... un... creuse un trou au-dessus du ruisseau, près de l'éboulis. J'en ai bien extrait pour quarante *cents* sur ma pelle, là-bas.

» Et, Kid ! » Malemute se pencha davantage pour saisir les derniers mots à peine audibles par lesquels le mourant abdiquait son orgueil. « Je m'excuse pour — tu sais — Carmen. »

Laissant la jeune femme pleurer sans bruit son mari, Malemute Kid enfila sa parka, mit ses raquettes, cala sa carabine sous son bras et s'enfonça furtivement dans la forêt. Ce n'était pas un novice, il avait souvent enduré les cruelles souffrances du Grand Nord, mais jamais il ne s'était trouvé devant un problème aussi ardu. Dans l'abstrait, il s'agissait d'une simple proposition mathématique — soit, trois vies possibles contre une, condamnée sans rémission. Mais à présent, il hésitait. Cinq années durant, au coude à coude, sur les fleuves et les pistes, dans les camps et les mines, affrontant la mort sur le terrain, en temps d'inondation et de famine, ils avaient tissé les liens de leur camaraderie. Et ils étaient si étroitement unis qu'il avait souvent eu conscience d'un vague sentiment de jalousie de la part de Ruth dès l'instant où elle était venue se mettre entre eux deux. Et à présent, c'était cela qu'il lui fallait trancher de sa propre main.

Il avait beau prier pour que paraisse un élan, rien qu'un seul, tout gibier semblait avoir disparu de la région, et, à la nuit tombante, épuisé de fatigue, il se traîna jusqu'au campement, les mains vides et le cœur lourd.

---

6. **knitted the bonds** : to knit : *tricoter ;* **bonds** (cf. **to bind, bound, bound** : *lier*) : *liens* (**to be in bondage** : *être en esclavage*), autres sens : *bons, titres, obligations.*

7. **severed** : to sever [ˈsevər], alors que l'adj. **severe** = *sévère* se prononce [sɪˈvɪər]. Le motif de l'amitié virile où la femme n'a pas sa place est récurrent dans le roman américain.

An uproar from the dogs and shrill cries from Ruth hastened him.

Bursting into[1] the camp, he saw the girl in the midst of the snarling pack, laying about[2] her with an axe. The dogs had broken the iron rule of their masters and were rushing the grub[3]. He joined the issue with his rifle reversed, and the hoary[4] game of natural selection was played out with all the ruthlessness of its primeval[5] environment. Rifle and axe went up and down, hit or missed with monotonous regularity; lithe[6] bodies flashed, with wild eyes and dripping fangs; and man and beast fought for supremacy to the bitterest conclusion. Then the beaten brutes crept to the edge of the firelight, licking their wounds, voicing their misery to the stars.

The whole stock of dried salmon had been devoured, and perhaps five pounds of floor remained to tide them over[7] two hundred miles of wilderness. Ruth returned to her husband, while Malemute Kid cut up the warm body of one of the dogs, the skull of which had been crushed by the axe. Every portion was carefully put away, save the hide and offal, which were cast to his fellows of the moment before.

Morning brought fresh trouble. The animals were turning on each other. Carmen, who still clung to her slender thread of life, was downed by the pack.

---

1. **bursting into**: de **to burst, burst, burst**: *éclater*, dénote tout mouvement violent, la nature du mouvement étant exprimée par la postposition ; cf. **he burst out of the room.**

2. **to lay about**: *distribuer des coups dans toutes les directions, frapper au hasard.*

3. **rushing the grub**: employé transitivement, **to rush** désigne toujours *l'attaque*, contrairement à **he rushed to her**: *il se précipita vers elle.*

4. **hoary**: a plus souvent le sens de *blanchi, chenu, vénérable* et qualifie généralement les cheveux ou la tête.

5. **primeval**: un de ces mots que London affectionne et qui renvoient à l'état primordial de la nature, à un temps situé en dehors de l'Histoire.

6. **lithe**: *souple et ondulant.*

Le vacarme mené par les chiens et les cris perçants de Ruth l'obligèrent à presser le pas.

Lorsqu'il fit irruption dans le campement, il vit la jeune femme au milieu de la meute grondante se défendre à grands coups de hache contre les chiens. Ils avaient secoué le joug implacable de leurs maîtres et se ruaient sur les provisions. Il se mit de la partie en saisissant sa carabine par le canon, et le jeu séculaire de la sélection naturelle se déroula dans toute la férocité du milieu primitif de ses origines. La carabine et la hache se levaient et retombaient, atteignaient ou manquaient leur cible avec une monotone régularité ; les corps agiles s'élançaient, vifs comme l'éclair, les yeux fous et la gueule écumante ; avec âpreté, l'homme et la bête menèrent cette lutte pour la suprématie jusqu'à son ultime conclusion. À la fin, les animaux vaincus retournèrent en rampant près du feu, léchant leurs blessures et faisant retentir leur souffrance jusqu'aux étoiles.

Toute la provision de saumon séché avait été dévorée, et il ne leur restait guère plus de cinq livres de farine pour tenir le coup pendant trois cents kilomètres de solitudes sauvages. Ruth revint auprès de son mari tandis que Malemute Kid dépeçait le corps encore chaud d'un des chiens dont la hache avait fracassé le crâne. Tous les morceaux en furent soigneusement conservés, à l'exception de la peau et des viscères qui furent jetés en pâture à ceux qui étaient encore ses compagnons un instant auparavant.

Avec le matin surgirent de nouvelles difficultés. Les chiens se battaient entre eux. Ils se jetèrent sur Carmen qui se cramponnait au mince fil de vie qu'elle conservait encore.

---

7. **to tide them over** : cf. **tide** : *la marée* ; **over** signale la distance à franchir, comme emporté par la marée ; se traduit souvent par *dépanner* (quelqu'un).

The lash fell among them unheeded[1]. They cringed and cried under the blows, but refused to scatter till the last wretched bit had disappeared—bones, hide, hair, everything[2].

Malemute Kid went about his work, listening to Mason, who was back in Tennessee, delivering tangled discourses and wild exhortations to his brethren[3] of other days.

Taking advantage of neighbouring pines, he worked rapidly, and Ruth watched him make a cache similar to those sometimes used by hunters to preserve their meat from the wolverines[4] and dogs. One after the other, he bent the tops of two small pines towards each other and nearly to the ground, making them fast[5] with thongs of moose-hide. Then he beat the dogs into submission, and harnessed them to two of the sleds, loading the same with everything but the furs which enveloped Mason. These he wrapped and lashed tightly about him, fastening either end of the robes[6] to the bent pines. A single stroke of his hunting knife would release them and send the body high in the air.

Ruth had received her husband's last wishes and made no struggle. Poor girl, she had learned the lesson of obedience well. From a child, she had bowed, and seen all women bow, to the lords of creation, and it did not seem in the nature of things for woman to resist.

---

1. **unheeded** = **ignored, unnoticed** : *qui passe inaperçu*.

2. La scène cruelle et violente de la mort des chiens permet de créer une atmosphère d'horreur qui ira s'amplifiant jusqu'à la fin ; la minutie du détail sert également à faire l'économie de la description de la mort de Mason qui n'est que suggérée et laissée à l'imagination du lecteur dans la toute dernière phrase.

3. **brethren** : ancien pluriel de **brother** (cf. **child, children**) toujours utilisé avec une connotation religieuse dans la Bible ou les sermons.

4. **wolverine** : *wolverine* ou *glouton*, mammifère carnivore de taille moyenne ressemblant à un petit ours bas sur pattes, surnommé « le fléau du trappeur ».

5. **making them fast** : de **to fasten** : *attacher solidement* ; ne pas

42

Ils ne sentaient même plus le fouet. Ils s'aplatissaient sous les coups en hurlant, mais ils refusèrent de se disperser avant d'avoir fait disparaître les pitoyables restes jusqu'au dernier — les os, la peau, les poils, tout y passa.

Malemute Kid s'affairait tout en écoutant Mason qui se croyait revenu dans le Tennessee et adressait des discours incohérents et des exhortations délirantes à ses très chers frères des jours d'autrefois.

Mettant à profit la proximité des pins, il avançait rapidement en besogne sous l'œil de Ruth qui l'observait tandis qu'il fabriquait une cache semblable à celles qu'utilisent parfois les chasseurs pour protéger leur gibier des gloutons et des chiens. L'un après l'autre, il fit plier deux jeunes pins dont il amena les extrémités presque jusqu'à terre pour les rassembler en les attachant solidement à l'aide de deux lanières de peau d'élan. Puis, il battit les chiens jusqu'à ce qu'ils acceptent le harnais et les attela à deux des traîneaux où il mit tout le chargement, à l'exception des fourrures qui enveloppaient Mason. Il l'y emmaillota en les entourant de courroies étroitement serrées et les fixa à chaque bout aux deux pins qu'il avait courbés. Un seul coup de son couteau de chasse suffirait pour libérer les arbres qui entraîneraient le corps vers le haut en se redressant.

Ruth, qui avait reçu les dernières volontés de son mari, ne tenta pas de s'y opposer. La pauvre fille avait été parfaitement dressée à obéir. Depuis l'enfance, elle s'était inclinée devant les seigneurs et maîtres de la création, elle avait vu toutes les femmes en faire autant, et toute résistance de leur part semblait donc contraire à la nature des choses.

---

confondre avec **fast** : *rapide*, ou **to fast** : *jeûner* (que l'on retrouve dans **breakfast**).

6. **robe** : *vêtement long,* par opposition à **dress** ; peut désigner une robe d'intérieur ou un vêtement de cérémonie.

The Kid permitted her one outburst of grief, as she kissed her husband—her own people had no such custom—then led her to the foremost sled and helped her into her snowshoes. Blindly, instinctively, she took the gee pole and whip, and "mushed" the dogs out on the trail[1]. Then he returned to Mason, who had fallen into a coma, and long after she was out of sight crouched by the fire, waiting, hoping, praying for his comrade to die.

It is not pleasant to be alone with painful thoughts in the White Silence. The silence of gloom is merciful, shrouding[2] one as with protection and breathing a thousand tangible sympathies; but the bright White Silence, clear and cold, under steely skies, is pitiless.

An hour passed—two hours—but the man would not die[3]. At high noon the sun, without raising its rim above the southern horizon, threw a suggestion of fire athwart the heavens, then quickly drew it back. Malemute Kid roused and dragged himself to his comrade's side. He cast one glance about him. The White Silence seemed to sneer[4], and a great fear came upon him. There was a sharp report; Mason swung into his aerial sepulchre, and Malemute Kid lashed the dogs into a wild gallop as he fled across the snow.

---

1. Noter que la passivité de Ruth (personnage muet, qui a perdu jusqu'à son nom) n'est pas due à sa condition de femme, mais à un conditionnement d'ordre culturel ; "the lords of creation" est ce qu'elle pense et non l'opinion de London qui se posait volontiers en champion de "The New Woman". Que cette image conventionnelle de l'Indienne corresponde à la réalité est une autre question.

2. **shrouding** : cf. **shroud** : *linceul.*

3. **would not die** : l'auxiliaire de mode renvoie ici à la volonté du sujet.

4. **seemed to sneer** : cette ultime personnification du monde naturel, le soleil, archer céleste, puis le Silence Blanc démoniaque, achève de faire basculer le texte dans le fantastique, processus amorcé dès l'évocation de "the ghostly wastes of a dead world" (p. 24). La dernière séquence montre la fragilité et l'arbitraire de la notion de "réalisme", car elle confère rétrospectivement à la scène de dévoration (la mort de

Le Kid l'autorisa à laisser éclater son chagrin une seule fois lorsqu'elle alla embrasser son mari — selon une coutume inconnue de son peuple —, puis il l'amena jusqu'au traîneau de tête et l'aida à mettre ses raquettes. À l'aveuglette, instinctivement, elle saisit la barre et le fouet, puis donna aux chiens l'ordre de « marcher » pour reprendre la piste. Alors, Malemute Kid revint auprès de Mason qui était tombé dans le coma, et, longtemps après qu'elle eut disparu, il demeura accroupi près du feu à espérer et à attendre la mort de son camarade qu'il appelait de ses prières.

Il n'est guère plaisant de se retrouver seul dans le Silence Blanc, en proie à de pénibles pensées. Le silence des ténèbres est miséricordieux, il vous ensevelit comme pour vous protéger et manifeste sa sympathie par mille souffles palpables ; mais le Silence Blanc, clair et froid, qui étincelle sous un ciel d'acier, est impitoyable.

Une heure passa, puis deux, et l'homme refusait toujours de mourir. En plein midi, et sans élever son limbe au-dessus de l'horizon vers le sud, le soleil parut vouloir lancer un trait de feu à travers les cieux, mais le reprit tout aussitôt.

Malemute Kid sortit de sa torpeur et se traîna jusqu'à son camarade. Il jeta un coup d'œil autour de lui. Le Silence Blanc sembla ricaner et une terreur profonde s'empara de tout son être. Il y eut le claquement sec d'une détonation ; Mason fut emporté dans son sépulcre aérien et, à grands coups de fouet, Malemute Kid lança les chiens dans un galop éperdu en s'enfuyant à travers la neige.

Carmen) toute sa valeur allégorique plus sûrement que les discours explicatifs du narrateur : toutes les étapes de l'horreur doivent être franchies pour contraindre Malemute Kid à tuer son ami et l'amener au bord de la folie (comme le suggère l'adjectif **wild**, à la fois *sauvage* et *égaré*). Le texte ne peut que s'achever, ou plutôt s'interrompre, sur la fuite, dont tout laisse à penser qu'elle est sans issue.

THE WISDOM OF THE TRAIL

LA SAGESSE DE LA PISTE

Sitka Charley[1] had achieved the impossible. Other Indians might have known as much of the wisdom of the trail as he did; but he alone knew the white man's wisdom, the honour of the trail, and the law. But these things had not come to him in a day. The aboriginal mind is slow to generalize, and many facts, repeated often, are required to compass[2] an understanding. Sitka Charley, from boyhood, had been thrown continually with white men, and as a man[3] he had elected to cast his fortunes with them, expatriating himself, once and for all, from his own people. Even then, respecting, almost venerating their power, and pondering over it, he had yet to divine its secret essence— the honour[4] and the law. And it was only by the cumulative evidence of years that he had finally come to understand. Being an alien[5], when he did know[6], he knew it better than the white man himself; being an Indian, he had achieved the impossible.

And of these things had been bred[7] a certain contempt for his own people—a contempt which he had made it a custom to conceal, but which now burst forth in a polyglot whirlwind[8] of curses upon the heads of Kah-Chucte and Gowhee. They cringed before him like a brace[9] of snarling wolf dogs, too cowardly to spring, too wolfish to cover their fangs. They were not handsome creatures. Neither was Sitka Charley. All three were frightful-looking.

---

1. Originaire de Sitka dans l'île de Baranof, face à la côte sud-est de l'Alaska (aujourd'hui parc national), Sitka Charley reparaît, comme Malemute Kid, dans d'autres récits. Bien qu'étant un "white Indian", une image inversée de Malemute Kid, il demeure énigmatique jusqu'à la fin. Dans son roman *Adventures in the Alaskan Skin Trade* [Simon & Schuster, 1985] (*Aventures dans le commerce des peaux en Alaska*, Seuil, 1986), John Hawkes en fait un personnage à la fois mythique et dérisoire.

2. **to compass**: to encompass: *faire le tour de, englober*; cf. **compass**: *boussole*.

3. **as a man**: *en tant qu'homme*; **as** n'introduit pas une comparaison mais une qualité.

4. **the honour**: présence de l'article en raison de la spécificité: l'honneur tel que le comprennent les Blancs.

Sitka Charley avait accompli l'impossible. D'autres Indiens en savaient peut-être plus long que lui sur la sagesse de la piste; mais lui seul connaissait la sagesse de l'homme blanc, l'honneur de la piste et la loi. Cela ne s'était pas fait en un jour. La pensée sauvage est lente à généraliser, et il lui faut de nombreux faits, souvent répétés, pour parvenir à une compréhension globale. Dès l'enfance, Sitka Charley s'était constamment trouvé en contact avec des Blancs et, devenu un homme, il avait décidé de lier son sort au leur, se coupant de son propre peuple par un exil volontaire et définitif. Même alors, il avait beau respecter, voire vénérer leur pouvoir et y réfléchir, il lui restait encore à en pénétrer l'essence secrète — l'honneur et la loi. Et seule l'accumulation de preuves tangibles au cours des années avait fini par lui permettre de comprendre. En sa qualité d'étranger, il en possédait, au terme de cet apprentissage, un savoir supérieur à celui de l'homme blanc lui-même. En sa qualité d'Indien, il avait accompli l'impossible.

Il en était résulté un certain mépris pour son propre peuple, mépris qu'il s'appliquait d'ordinaire à dissimuler, mais qui éclatait à présent dans la tempête d'injures polyglottes qu'il déversait sur la tête de Kah-Chucte et de Gowhee. Ils rampaient devant lui en grondant comme une paire de chiens-loups, trop lâches pour lui sauter à la gorge, trop féroces pour dissimuler leurs crocs. Ces deux individus n'étaient pas beaux à voir, et Sitka Charley pas davantage. Tous les trois offraient un spectacle horrible.

5. **alien**: *étranger*, ici = qui vient d'ailleurs et appartient à une autre culture; à distinguer de **stranger** = que l'on ne connaît pas et de **foreigner** = qui vit dans un pays étranger; cf. **foreign-born**.

6. **did know**: forme d'insistance = *quand il savait pour de bon*.

7. **bred**: de **to breed, bred, bred**: *élever*; cf. **well(ill)-bred**, et plus loin **a new breed of woman**: *une race*; et dans "The Wit of Porportuk" **halfbreed** = *métisse*.

8. **whirlwind**: littéralement, *tourbillon*.

9. **a brace of** = **a pair of**.

There was no flesh to their faces; their cheekbones were massed[1] with hideous scabs which had cracked and frozen alternately under the intense frost[2]; while their eyes burned luridly[3] with the light which is born of desperation and hunger. Men so situated, beyond the pale[4] of the honour and the law, are not to be trusted[5]. Sitka Charley knew this; and this was why he had forced them to abandon their rifles with the rest of the camp outfit ten days before. His rifle and Captain Eppingwell's were the only ones that remained.

"Come, get a fire started," he commanded, drawing out the precious matchbox with its attendant strips of dry birchbark.

The two Indians fell sullenly to the task of gathering dead branches and underwood. They were weak and paused often, catching themselves, in the act of stooping, with giddy motions, or staggering to the centre of operations with their knees shaking like castanets. After each trip they rested for a moment, as though sick and deadly weary. At times their eyes took on the patient stoicism of dumb suffering[6]; and again the ego seemed almost bursting forth with its wild cry, "I, I, I want to exist!"—the dominant note of the whole living universe.

A light breath of air blew from the south, nipping[7] the exposed portions of their bodies and driving the frost[8], in needles of fire, through fur and flesh to the bones.

---

1. to mass = to form a mass.

2. frost: *gel*; cf. to freeze, froze, frozen; frozen food: *surgelé*.

3. luridly: adj. lurid, selon le contexte = *couleur pâle et livide*, ou *d'un rouge sombre et sanglant*, ou encore, *effrayant, sinistre*: a lurid tale, lurid details.

4. beyond the pale of: littéralement, *pieu*; to be beyond the pale of society: *hors limites = au banc de la société*.

5. are not to be (trusted): projette dans l'avenir une impossibilité, a une valeur de prévision; cf. plus loin: those who were to huddle.

6. dumb suffering: cf. deaf [def] and dumb [dʌm]: *sourd-muet*; a également le sens de *stupide*: don't be so dumb !

Dans leurs visages décharnés, aux pommettes recouvertes d'affreuses croûtes, tour à tour crevassées puis reformées sous l'effet du froid glacial, leurs yeux brûlaient de cette lueur sanglante née du désespoir et de la faim. Lorsque des hommes se trouvent dans une situation semblable, où la loi et l'honneur n'ont plus cours, il est impossible de leur faire confiance. Sitka Charley le savait, c'est pourquoi il les avait forcés à abandonner leurs carabines au campement avec le reste du matériel, dix jours plus tôt. Seuls, lui-même et le capitaine Eppingwell avaient conservé les leurs.

« Allez, allumez du feu », ordonna-t-il en sortant la précieuse boîte d'allumettes où se trouvaient aussi des bandes d'écorce de bouleau bien sèche.

De mauvaise grâce, les deux Indiens se mirent en devoir de ramasser des branches mortes et des brindilles. Très affaiblis, ils s'interrompaient souvent pour garder leur équilibre, et ils étaient pris de vertige lorsqu'ils se penchaient ou lorsqu'ils revenaient en trébuchant vers le centre des opérations, leurs genoux s'entrechoquant comme des castagnettes. Après chaque voyage, ils se reposaient un moment, comme s'ils étaient malades et à moitié morts d'épuisement. Parfois leurs yeux prenaient cette expression de résignation stoïque des souffrances muettes, bientôt suivie de l'affirmation d'un moi apparemment prêt à éclater dans un cri forcené : « Je veux vivre, vivre, vivre ! » qui est la note dominante de tout l'univers vivant.

Venu du sud, un souffle d'air léger vint les pincer dans les parties exposées de leur corps, faisant pénétrer jusqu'à l'os le froid glacial qui traversait comme des aiguilles enflammées les fourrures et les chairs.

---

7. **to nip** : *mordre* ou *pincer* légèrement ; se dit des animaux ou du froid, comme dans **nipped in the bud** : littéralement *gelé en bouton = tué dans l'œuf.*

8. **driving the frost** : sens *d'enfoncer* ; cf. **to drive a nail.**

So, when the fire had grown lusty and thawed a damp circle in the snow about it, Sitka Charley forced his reluctant comrades to lend a hand in pitching a fly. It was a primitive affair, merely a blanket stretched parallel with the fire and to windward of it[1], at an angle of perhaps forty-five degrees. This shut out the chill wind and threw the heat backward and down upon those who were to huddle in its shelter. Then a layer[2] of green spruce boughs[3] was spread, that their bodies might not come[4] in contact with the snow. When this task was completed, Kah-Chucte and Gowhee proceeded to take care of their feet. Their icebound[5] moccasins were sadly worn by much travel, and the sharp ice of the river jams[6] had cut them to rags[7]. Their Siwash socks were similarly conditioned, and when these had been thawed and removed, the dead-white tips of the toes, in the various stages of mortification, told their simple tale of the trail.

Leaving the two to the drying of their footgear[8], Sitka Charley turned back over the course he had come. He, too, had a mighty longing to sit by the fire and tend his complaining flesh, but the honour and the law forbade[9]. He toiled painfully over the frozen field, each step a protest, every muscle in revolt. Several times, where the open water between the jams had recently crusted, he was forced to miserably accelerate his movements as the fragile footing[10] swayed and threatened beneath him.

---

1. **to windward of** : le suffixe **—ward** indique la direction comme dans **westward, eastward, forward, backward, onward**, etc.

2. **layer** : de **to lay, laid, laid**.

3. **boughs** [bauz] : **main branches of a tree**.

4. **that their bodies might not come** = **so that their bodies...** L'auxiliaire de mode **might** utilisé dans les consécutives marque une éventualité de l'ordre de l'incertain ; il ne se traduit pas en français où le mode subjonctif remplit cette fonction.

5. **icebound** : *liés* = *emprisonnés* par la glace ; cf. **spellbound**.

6. **river jams** : le barrage formé par l'accumulation, *l'encombrement* (**jam**) des blocs de glace.

7. **rags** : *chiffons, haillons*.

C'est pourquoi, lorsque le feu eut pris assez de vigueur pour faire fondre la neige en un cercle humide autour de lui, Sitka Charley contraignit ses compagnons récalcitrants à l'aider à monter un auvent. C'était une protection rudimentaire, faite d'une simple couverture tendue parallèlement au feu contre le vent à un angle d'environ quarante-cinq degrés. Elle interceptait le vent glacial et rabattait la chaleur sur ceux qui s'y abriteraient, serrés les uns contre les autres. Puis ils étalèrent une couche de branches d'épicéa vert afin d'éviter aux corps le contact de la neige. Cette tâche menée à bien, Kah-Chucte et Gowhee eurent le loisir de s'occuper de leurs pieds. Leurs mocassins couverts de glace étaient en piteux état après cette longue randonnée, les arêtes de glace tranchantes des embâcles sur la rivière les avaient réduits en lambeaux. Il en était de même de leurs chaussettes siwash, et lorsqu'ils les eurent fait dégeler pour les ôter, la blancheur livide à l'extrémité de leurs orteils, parvenus à différents stades de la nécrose, contait l'histoire de la piste avec une simplicité éloquente. Les laissant occupés à faire sécher leur attirail, Sitka Charley parcourut le même chemin en sens inverse. Lui aussi ressentait le désir impérieux de rester assis près du feu pour soigner sa chair dolente, mais l'honneur et la loi le lui interdisaient. Péniblement, il poursuivait sa marche épuisante sur le sol gelé, protestant à chaque pas de tous ses muscles rebelles. Plusieurs fois, là où l'eau restée libre entre les embâcles avait reformé une croûte, il était forcé pour son malheur d'accélérer le mouvement, lorsque ce point d'appui fragile vacillait et menaçait de céder sous lui.

---

8. **footgear : gear :** *équipement, matériel* ; souvent en composition : **kitchen gear, painting gear**, etc. ; autre sens : *embrayage* ; cf. **neutral gear**, *être au point mort* ; **to change (G.B.), to shift (U.S.) gear** : *changer de vitesse*.

9. **forbade : to forbid, forbade, forbidden**.

10. **footing :** cf. **to lose one's footing :** *perdre pied*.

In such places death was quick and easy; but it was not his desire to endure[1] no more.

His deepening anxiety vanished as two Indians dragged into view round a bend in the river. They staggered and panted like men under heavy burdens; yet the packs on their backs were a matter of but a few pounds. He questioned them eagerly[2], and their replies seemed to relieve him. He hurried on. Next came two white men, supporting between them a woman. They also behaved as though[3] drunken, and their limbs shook with weakness. But the woman leaned lightly upon them, choosing to carry herself forward with her own strength. At the sight of her a flash of joy cast its fleeting light across Sitka Charley's face. He cherished a very great regard[4] for Mrs. Eppingwell. He had seen many white women, but this was the first to travel the trail with him. When Captain Eppingwell proposed the hazardous undertaking and made him an offer for his services, he had shaken his head gravely; for it was an unknown journey through the dismal vastnesses of the Northland, and he knew it to be of the kind that try[5] to the uttermost the souls of men. But when he learned that the captain's wife was to accompany them, he had refused flatly to have anything further to do with it. Had it been[6] a woman of his own race he would have harboured[7] no objections;

---

1. **to endure** : employé intransitivement, exprime l'idée de durée, de résistance au temps et à l'adversité (un des mots clés de Faulkner). A ce stade, la situation est clairement posée : l'affrontement entre un homme seul, à la volonté d'autant plus inflexible que chèrement acquise au prix de son identité, et la nature dans son état le plus extrême. La représentation par une voix quasi anonyme du dénuement absolu du monde du froid et de la faim qui torturent les corps pour les faire "parler" contraste avec le ton conventionnel et moralisateur des portraits.

2. l'adj. **eager** (subs. **eagerness**) exprime un désir ardent = *avide, impatient, passionné*.

3. **as though** [ðou] = **as if**; **drunken** : ancien part. pas. de **to drink, drank, drunk**, ton·soutenu.

En des endroits semblables, la mort était rapide et facile; mais il refusait d'abandonner cette épreuve d'endurance.

Son angoisse grandissante s'évanouit à la vue de deux Indiens qui apparurent en se traînant à un détour de la rivière. Ils chancelaient et haletaient comme des hommes accablés par un lourd fardeau; pourtant, leur paquetage ne pesait guère plus de quelques livres. Il les interrogea avec insistance, et leurs réponses semblèrent le soulager. Il poursuivit rapidement son chemin. Apparurent ensuite deux Blancs qui soutenaient une femme. Eux aussi avaient une démarche d'hommes ivres, et leurs membres tremblaient de faiblesse. Mais la femme s'appuyait légèrement sur eux, préférant compter sur ses propres forces pour avancer. Dès qu'il la vit, un éclair de joie fugitif illumina le visage de Sitka Charley. Il entretenait un sentiment d'immense respect pour Mme Eppingwell. Il avait vu beaucoup de femmes blanches, mais celle-ci était la première qui eût jamais pris la piste avec lui. Lorsque le capitaine Eppingwell lui avait proposé cette entreprise périlleuse et lui avait fait une offre d'engagement, il avait secoué la tête avec gravité; car c'était un voyage vers l'inconnu à travers l'immensité désolée des Terres du Nord, qu'il savait représenter l'épreuve suprême pour l'âme d'un homme.

Mais lorsqu'il apprit que la femme du capitaine devait les accompagner, il avait catégoriquement refusé de poursuivre l'affaire plus avant. S'il s'était agi d'une femme de sa propre race, il n'y aurait vu aucune objection;

---

4. **regard** : plus formel que **respect** ; s'emploie dans les formules de politesse : **give my kindest regards to your parents** ; **to regard = to consider** : **he regarded him as his brother**.

5. **to try** : sens de *faire subir une épreuve* ; **trial** : *procès, épreuve*.

6. **had it been = if it had been**. Cf. les nombreuses inversions d'auxiliaires dans les textes.

7. **harboured no objection** : littéralement *abriter* ; **harbour** : *le port* ; **to harbour suspicions** : *nourrir des soupçons*.

but these women of the Southland—no, no, they were too soft, too tender, for such enterprises.

Sitka Charley did not know this kind of woman. Five minutes before, he did not even dream of taking charge of the expedition; but when she came to him with her wonderful smile and her straight clean English[1], and talked to the point[2], without pleading or persuading, he had incontinently yielded. Had there been a softness and appeal to mercy in the eyes, a tremble to the voice, a taking advantage of sex, he would have stiffened to steel; instead her clear-searching eyes and clear-ringing voice, her utter frankness and tacit assumption of equality, had robbed him of his reason. He felt, then, that this was a new breed of woman[3]; and ere they had been trail mates for many days he knew why the sons of such women mastered the land and the sea, and why the sons of his own womankind could not prevail[4] against them. *Tender and soft!* Day after day he watched her, muscle-weary, exhausted, indomitable, and the words beat in upon him in a perennial refrain. *Tender and soft!* He knew her feet had been born to easy paths and sunny lands, strangers to the moccasined pain of the North, unkissed by the chill lips of the frost, and he watched and marvelled at them twinkling[5] ever through the weary day.

---

1. **straight clean English:** le récit se situe dans la vallée du Stuart (ou Stewart), affluent de la rive droite du Yukon, en territoire canadien. Mrs Eppingworth possède une distinction et un sang-froid très britanniques, son accent **"clean"** est un hommage rendu au King's English.

2. **to the point ≠ beside the point:** *hors du sujet;* cf. aussi **to make a point**: *faire une remarque;* **what's the point of (in) trying?** *à quoi bon essayer?*

3. **a new breed of woman:** voici le portrait de la **New Woman** du début du siècle selon Jack London; sa principale qualité: être le parfait compagnon/la parfaite compagne de l'homme: **mate** (cf. **to mate:** *s'accoupler*) était le surnom affectueux que donnait London à sa femme Charmian. A noter: c'est elle, en tant que reproductrice, qui assure à la

mais ces femmes venues des terres du Sud — non, non, elles étaient trop fragiles, trop vulnérables pour ce genre d'aventure.

Sitka Charley ne connaissait pas cette sorte de femme. Cinq minutes auparavant, il ne songeait même pas à prendre la responsabilité de l'expédition; mais lorsqu'elle était venue le trouver avec son merveilleux sourire, son anglais net et précis, et était allée droit au but, sans essayer de le supplier ou de le convaincre, il avait cédé sur-le-champ. Si elle lui avait fait les yeux doux pour l'attendrir, avec des trémolos dans la voix pour jouer de sa féminité, il lui aurait opposé une résistance inflexible; tout au contraire, la limpidité de son regard inquisiteur, le timbre de sa voix claire, sa totale franchise et l'affirmation tacite de son égalité lui avaient ôté tout esprit critique. Il avait alors senti qu'il avait affaire à une nouvelle race de femme; et, même avant de partager avec elle pendant des jours la camaraderie de la piste, il avait compris pourquoi les fils de femmes de cette trempe avaient conquis la maîtrise de la terre et des mers, et pourquoi les fils des femmes de sa propre race ne seraient jamais les plus forts. *Fragile et vulnérable!* Jour après jour, il l'avait observée, il avait vu la lassitude de ses muscles, son épuisement, son caractère indomptable, et ces mots rythmaient ses pensées, tel un refrain obsédant. *Fragile et vulnérable!* Il savait que, depuis toujours, ses pieds étaient accoutumés aux chemins aisés des pays du soleil, ignorant la torture des mocassins infligée par le Grand Nord et les baisers du froid aux lèvres glacées, et il les observait, s'émerveillant de leur agilité inlassable au long des jours épuisants.

---

race anglo-saxonne sa domination impitoyable mais légitime, thème central de "The League of the Old Men".

4. **to prevail**: *l'emporter sur;* **to prevail over somebody.**

5. **twinkling**: to twinkle: *scintiller,* indique également un mouvement rapide et fugitif. Dans cet environnement les pieds jouent un rôle essentiel à la survie, ils sont ici de véritables personnages.

She had always a smile and a word of cheer, from which not even the meanest packer was excluded. As the way grew darker[1] she seemed to stiffen and gather greater strength, and when Kah-Chucte and Gowhee, who had bragged that they knew every landmark of the way as a child did the skin bails[2] of the tepee, acknowledged that they knew not where they were, it was she who raised a forgiving voice amid the curses[3] of the men. She had sung to them that night till they felt the weariness fall from them and were ready to face the future with fresh hope. And when the food failed[4] and each scant stint was measured jealously, she it was who rebelled against the machinations of her husband and Sitka Charley, and demanded[5] and received a share neither greater nor less than that of the others.

Sitka Charley was proud to know this woman. A new richness, a greater breadth[6], had come into his life with her presence. Hitherto[7] he had been his own mentor, had turned to right or left at no man's beck[8]; he had moulded himself according to his own dictates, nourished[9] his manhood regardless of all save his own opinion. For the first time he had felt a call from without[10] for the best that was in him. Just a glance of appreciation from the clear-searching eyes, a word of thanks from the clear-ringing voice, just a slight wreathing of the lips in the wonderful smile, and he walked with the gods for hours to come.

---

1. **as the way grew darker**: probablement en raison de la forêt et de la lumière arctique.

2. **bail**: à l'origine la *muraille extérieure* d'un château féodal; cf. **Old Bailey**: cour d'assises de Londres; aussi la paroi séparant les box d'une écurie; sens plus fréquent: *caution*; cf. **to free a prisoner on bail**: *libérer un prisonnier sous caution*.

3. **the curses**: **to curse**: *maudire, jurer*.

4. **the food failed** = when there was hardly any food left; **to fail**: *échouer*, **he's a failure**: *c'est un raté*; **power failure**: *panne d'électricité*.

5. **to demand**: *exiger* et non demander.

6. **breadth**: littéralement *largeur*, adj. **broad**; cf. **long/length, deep/depth, high/height**.

Elle avait toujours un sourire et un mot d'encouragement pour tout le monde, y compris le plus humble porteur. À mesure que le chemin devenait plus incertain, elle semblait s'endurcir et se fortifier et, lorsque Kah-Chucte et Gowhee, qui s'étaient vantés de connaître chaque repère du chemin comme un enfant les parois de cuir du tepee, reconnurent qu'ils ignoraient où ils se trouvaient, ce fut sa voix qui s'éleva pour réclamer la clémence, au milieu des injures proférées par les hommes. Cette nuit-là, elle leur avait chanté des chansons jusqu'à ce qu'ils se sentent délivrés de leur lassitude et prêts à affronter l'avenir avec une confiance nouvelle. Et lorsque les vivres vinrent à manquer et que l'on dut mesurer jalousement chaque maigre ration, ce fut encore elle qui protesta contre les manœuvres de son mari et de Sitka Charley pour exiger de recevoir une portion strictement égale à celle des autres.

Sitka Charley était fier de connaître cette femme. Sa vie s'était enrichie et avait pris une autre dimension à son contact. Jusqu'alors, il n'avait eu d'autre mentor que lui-même, il avait poursuivi son chemin, à droite ou à gauche, sans recevoir d'ordres de personne ; il s'était formé tout seul selon ses propres préceptes et avait nourri son idéal viril, indifférent à toute autre opinion que la sienne. Pour la première fois il avait perçu un appel venu de l'extérieur au meilleur de lui-même. Il suffisait d'un regard approbateur de ces yeux limpides et inquisiteurs, d'un mot de remerciement prononcé de cette voix au timbre clair, d'un mouvement des lèvres esquissant ce merveilleux sourire, pour qu'il se sente l'égal des dieux, des heures durant.

---

7. **hitherto** = so far.

8. **at no man's beck : to be at someone's beck and call**, *être à l'entière et immédiate disposition de qqn* (**to beckon**, *faire un signe de la main*).

9. **nourished** : sens figuré. **To feed, fed, fed** est utilisé au sens propre.

10. **from without** : ici adverbe de lieu ≠ **within** : *à l'intérieur*, sens propre et figuré, comme dans **do it within one hour.**

It was a new stimulant to his manhood; for the first time he thrilled[1] with a conscious pride in his wisdom of the trail; and between the twain[2] they ever lifted the sinking hearts[3] of their comrades.

The faces of the two men and the woman brightened as they saw him, for after all he was the staff[4] they leaned upon. But Sitka Charley, rigid as was his wont[5], concealing pain and pleasure impartially beneath an iron exterior, asked them the welfare of the rest[6], told the distance to the fire, and continued on the back-trip. Next he met a single Indian, unburdened, limping, lips compressed, and eyes set with the pain[7] of a foot in which the quick fought a losing battle with the dead[8]. All possible care had been taken of him, but in the last extremity the weak and unfortunate must perish, and Sitka Charley deemed his days to be few. The man could not keep up for long, so he gave him rough cheering words. After that came two more Indians, to whom he had allotted the task of helping along Joe, the third white man of the party. They had deserted him. Sitka Charley saw at a glance the lurking[9] spring in their bodies, and knew they had at last cast off his mastery. So he was not taken unawares when he ordered them back in quest of their abandoned charge, and saw the gleam of the hunting knives that they drew from the sheaths.

---

1. **he thrilled**: dénote le frisson causé par la peur ou le plaisir; cf. **thriller, he was thrilled**: *il était aux anges*.

2. **the twain** = **the two of them**; cf. **twins**: *les jumeaux*.

3. **sinking hearts**: to sink, sank, sunk, littéralement *sombrer*.

4. **the staff**: *la crosse* de l'évêque ou *le bâton* du pèlerin; ici au figuré comme dans **a staff for my old age**: *mon bâton de vieillesse*; autre sens: *le personnel*.

5. **as was his wont**: recherché pour **as was his habit** (or **his custom**).

6. **the welfare of the rest**: littéralement *le bien-être*; **the Welfare State**: *l'État-Providence*; **to be on welfare**: *vivre d'allocations*.

7. **eyes set with pain**: set est ici employé comme adj.: *fixé, immuable*; **a set price, a set book**: *un livre au programme*; **a set piece**: *un morceau conventionnel* (en littérature ou en musique).

8. **the quick and the dead**: connotation biblique: *les "vifs" et les*

Sa virilité s'en trouvait stimulée d'une manière nouvelle ; pour la première fois, il se rendait compte qu'il se sentait heureux et fier de posséder la sagesse de la piste ; et, à eux deux, ils ranimaient sans cesse le courage défaillant de leurs compagnons.

Le visage des deux hommes et de la femme s'éclairèrent à sa vue, car après tout, il représentait le soutien qui leur était nécessaire. Mais Sitka Charley, avec sa raideur habituelle et l'apparence inflexible sous laquelle il dissimulait avec impartialité la douleur comme le plaisir, leur demanda dans quel état se trouvaient les autres, leur indiqua la distance qui les séparait du feu de camp et poursuivit sa marche à rebours. Il rencontra d'abord un Indien isolé qui ne portait rien et boitait bas, les lèvres serrées et le regard fixe, en raison des souffrances que lui causait son pied où la vie livrait à la mort une bataille perdue d'avance. On avait fait l'impossible pour le soigner, mais, à la dernière extrémité, les faibles et les malchanceux sont condamnés à périr, et Sitka Charley estima que la fin était proche. L'homme ne pourrait plus résister encore longtemps, et il se contenta de lui adresser quelques paroles bourrues de réconfort. Vinrent ensuite deux autres Indiens à qui il avait assigné la tâche d'aider Joe, le troisième Blanc de l'expédition, à avancer. Ils l'avaient abandonné. D'un coup d'œil, Sitka Charley perçut la souplesse que recelait leur corps et se rendit compte qu'ils en étaient arrivés à rejeter son autorité. Il était donc sur ses gardes lorsque, leur ayant donné l'ordre de retourner chercher l'homme en détresse dont ils avaient la charge, il vit luire les couteaux de chasse qu'ils avaient tirés de leurs fourreaux.

---

morts ; les adj. employés comme noms ne prennent pas la marque du pluriel (cf. **the weak and unfortunate**) ; cependant, les Américains disent **the Whites, the Blacks, the Reds.**

9. **lurking** : littéralement *qui rôdait* ; **spring** : *ressort.*

A pitiful spectacle, three weak men lifting their puny[1] strength in the face of the mighty vastness; but the two recoiled under the fierce rifle blows of the one and returned like beaten dogs to the leash. Two hours later, with Joe reeling between them and Sitka Charley bringing up the rear[2], they came to the fire, where the remainder of the expedition crouched in the shelter of the fly.

"A few words, my comrades, before we sleep," Sitka Charley said after they had devoured[3] their slim rations of unleavened bread. He was speaking to the Indians in their own tongue, having already given the import[4] to the whites.

"A few words[5], my comrades, for your own good, that ye[6] may yet perchance live. I shall give you the law; on his own head be the death of him that breaks it. We have passed the Hills of Silence, and we now travel the head reaches[7] of the Stuart. It may be one sleep, it may be several, it may be many sleeps, but in time we shall come among the men of the Yukon, who have much grub. It were well that[8] we look to the law. Today Kah-Chucte and Gowhee, whom I commanded to break trail, forgot they were men, and like frightened children ran away. True, they forgot; so let us forget. But hereafter let them remember. If it should happen[9] they do not..." He touched his rifle carelessly, grimly. "Tomorrow they shall carry the flour and see that the white man Joe lies not down by the trail.

---

1. **puny**: *chétif.*

2. **bringing up the rear**: langage militaire.

3 **devoured** [dɪ'vauəʳd], **unleavened** ['ʌn'levnd] **bread**: *le pain dur*, nourriture de base dans le Grand Nord.

4. **the import**: *information.*

5. Le discours adressé aux Indiens utilise le ton noble et grandiloquent, censé imiter la rhétorique des chefs de tribu, d'où une série d'archaïsmes et d'auxiliaires de mode par lesquels celui qui parle exerce une pression sur ses interlocuteurs.

6. **ye**: archaïque = **you**; **may perchance** = renforcement de l'improbabilité.

C'était un spectacle pitoyable que la faiblesse de ces trois hommes brandissant leur force dérisoire face à la puissance de l'immensité ; mais, sous les coups de crosse acharnés de l'un, les deux autres reculèrent et reprirent la laisse comme des chiens battus. Deux heures plus tard, encadrant Joe qui titubait et Sitka Charley fermant la marche, ils arrivaient au feu de camp, où les autres membres de l'expédition étaient recroquevillés à l'abri de l'auvent.

« Compagnons, juste quelques mots avant de dormir », dit Sitka Charley, une fois dévorées les maigres rations de pain sans levain. C'était aux Indiens qu'il s'adressait dans leur propre langue, ayant informé les Blancs en premier. « Compagnons, quelques mots dans votre propre intérêt, si vous voulez avoir encore une chance de vivre. Je vais vous dire ce qu'ordonne la loi, et, que la mort de qui lui désobéit tombe sur sa propre tête. Nous avons dépassé les Collines du Silence, et à présent, nous suivons le cours supérieur du Stuart. Il nous faudra peut-être encore une nuit de sommeil, peut-être plusieurs, peut-être beaucoup, mais nous finirons bien par rejoindre les hommes du Yukon, qui ont beaucoup à manger. Il serait bon d'observer la loi. Aujourd'hui, Kah-Chucte et Gowhee, à qui j'avais donné l'ordre d'ouvrir la piste, ont oublié qu'ils étaient des hommes, et, comme des enfants effrayés, ils ont pris la fuite. C'est vrai qu'ils ont oublié, alors oublions aussi. Mais qu'ils s'en souviennent désormais. Sinon... » Négligemment, mais d'un air sombre, il toucha sa carabine. « Demain, je veux qu'ils se chargent de la farine et qu'ils veillent à empêcher Joe, l'homme blanc, de se coucher au bord de la piste.

---

7. **reaches** : partie en ligne droite d'une rivière entre deux courbes.

8. **it were well that...** : (litt.) = **it would be well if...**, mais avec une nuance de commandement.

9. **if it should happen...** : **should,** en renforçant la nuance d'éventualité, met en relief la menace ; cf. **should so much**... page suivante, avec l'inversion qui rend le ton plus solennel.

The cups of flour are counted; should so much as an ounce[1] be wanting[2] at nightfall... Do ye understand? Today there were others that forgot. Moose Head and Three Salmon left the white man Joe to lie[3] in the snow. Let them forget no more. With the light of day shall they go forth[4] and break trail. Ye have heard the law. Look well[5], lest ye break it."

Sitka Charley found it beyond him to keep the line close up. From Moose Head and Three Salmon, who broke trail in advance, to Kah-Chucte, Gowhee, and Joe, it straggled out over a mile. Each staggered, fell or rested as he saw fit. The line of march was a progression through a chain of irregular halts. Each drew upon the last remnant of his strength and stumbled onward till it was expended, but in some miraculous way there was always another last remnant. Each time a man fell it was with the firm belief that he would rise no more; yet he did rise, and again, and again. The flesh yielded, the will conquered; but each triumph was a tragedy. The Indian with the frozen foot, no longer erect, crawled forward on hand and knee. He rarely rested, for he knew the penalty exacted by the frost. Even Mrs. Eppingwell's lips were at last set in a stony smile, and her eyes, seeing, saw not. Often she stopped, pressing a mittened hand to her heart, gasping and dizzy.

Joe, the white man, had passed beyond the stage of suffering.

---

1. **an ounce** = 28,35 g.

2. **be wanting**: to want: *vouloir*; aussi *avoir besoin de, manquer de...*

3. **left the white man to lie**: (to leave, left, left): *l'ont laissé étendu*. Ne pas confondre avec 1) **to lie down**: *se coucher*; cf. **see that the white man Joe lies not down**; 2) **to let, let, let**; cf. **they let him lie**: *ils lui ont permis de rester couché*; **to let** sert aussi d'auxiliaire de l'impératif à la 3e pers. du sing. comme dans **let them forget no more**.

4. **Shall they go forth**: forme emphatique avec inversion de l'auxiliaire. **Shall,** auxiliaire de mode, utilisé à la 3e personne (cf. **they shall carry**, page précédente), indique la volonté que le locuteur exerce sur ses auditeurs; peu fréquent, il se trouve dans les règlements, les instructions officielles et la Bible. A la 1re personne **(I shall give you, we**

Les mesures de farine ont été comptées ; s'il venait à en manquer le soir, ne serait-ce qu'une once... Vous avez bien compris ? Aujourd'hui, il y en a eu d'autres qui ont oublié. Tête d'Élan et Trois Saumons ont laissé Joe, l'homme blanc, allongé dans la neige. Qu'ils n'oublient plus. Au point du jour, ils partiront les premiers pour ouvrir la piste. Vous avez entendu la loi. Prenez garde à ne pas lui désobéir. »

Sitka Charley se trouvait devant la tâche impossible de garder tout le monde groupé. Entre Tête d'Élan et Trois Saumons qui ouvraient la piste et Kah-Chucte, Gowhee et Joe, la petite troupe s'étirait sur plus d'un kilomètre. En titubant, chacun tombait ou se reposait à sa convenance. À la file, ils progressaient en une succession de haltes irrégulières. Chacun faisait appel aux dernières forces qui lui restaient et avançait en trébuchant jusqu'à l'épuisement, mais, par une sorte de miracle, il lui restait toujours une ultime réserve. Chaque fois qu'un homme tombait, c'était avec la conviction qu'il ne se relèverait plus, et pourtant, il y parvenait encore et toujours. La carcasse n'en pouvait plus, la volonté l'emportait ; mais chaque victoire était une tragédie. L'Indien au pied gelé, incapable de se tenir debout, avançait en rampant à quatre pattes. Il s'arrêtait rarement, car il connaissait le verdict du froid. Même les lèvres de Mme Eppingwell avaient fini par se figer en un sourire pétrifié et ses yeux regardaient sans voir. Souvent, elle s'arrêtait et portait à son cœur sa main protégée par une moufle, en suffoquant, prise de vertige.

Joe, le Blanc, était parvenu au-delà de toute souffrance.

shall come among the men of the Yukon) il exprime une simple visée et sert d'auxiliaire du futur.

5. **look well :** *veillez à,* comme **look to the law** et **see that the white man...** Ce passage sur la loi est peut-être un écho du *Livre de la jungle* de Kipling, envers qui London reconnaît sa dette.

He no longer begged to be let alone, prayed to die; but was soothed and content under the anodyne of delirium. Kah-Chucte and Gowhee dragged him on roughly, venting upon him[1] many a savage glance or blow. To them it was the acme of injustice. Their hearts were bitter with hate, heavy with fear. Why should they[2] cumber their strength with his weakness? To do so meant death; not do do so—and they remembered the law of Sitka Charley, and the rifle.

Joe fell with greater frequency as the daylight waned, and so hard was he to raise that they dropped farther and farther behind. Sometimes all three pitched into the snow, so weak had the Indians become. Yet on their backs was life, and strength, and warmth. Within the flour sacks were all the potentialities of existence. They could not but think[3] of this, and it was not strange, that which came to pass. They had fallen by the side of a great timber jam where a thousand cords[4] of firewood waited the match[5]. Near by was an air hole through the ice. Kah-Chucte looked on the wood and the water, as did Gowhee; then they looked on each other. Never a word was spoken. Gowhee struck a fire; Kah-Chucte filled a tin cup with water and heated it; Joe babbled of things in another land, in a tongue they did not understand. They mixed flour with the warm water till it was a thin paste, and of this they drank many cups.

---

1. **venting upon him** : to give vent to : *laisser libre cours à.*
2. **why should they...** : prétérit de **shall** qui n'est pas employé comme passé mais comme une modalité, indiquant l'opinion du locuteur sur le degré de certitude de ce qu'il énonce. Comme **shall** il indique une pression exercée de l'extérieur et a valeur de conditionnel; on peut gloser : pourquoi quelqu'un les obligerait-il à... ? Cette forme intermédiaire entre le style direct **(why should we cumber ourselves...?)** et le style indirect **(they asked themselves why they should...)** rend incertaine l'identité du locuteur, mais il est probable qu'il s'agit des deux Indiens. Si le narrateur prenait la question à son compte, cela signifierait qu'il leur donne raison, tempérant ainsi ses déclarations péremptoires sur la "sauvagerie", la "civilisation" et la nécessité absolue de la "sagesse de la piste".

Il avait cessé de supplier qu'on le laisse tranquille et d'appeler la mort de ses prières; il était au contraire apaisé et content sous l'effet anesthésiant du délire. Kah-Chucte et Gowhee le traînaient brutalement pour le faire avancer, et leurs sentiments s'exprimaient dans la férocité de leurs regards et des coups qu'ils lui donnaient. Leur situation leur semblait le comble de l'injustice. Dans leur cœur se mêlaient l'amertume de la haine et le poids de la peur. Pourquoi leur force devrait-elle s'encombrer de sa faiblesse? Le faire, c'était mourir, ne pas le faire... alors, ils se souvenaient de la loi de Sitka Charley et de la carabine.

À mesure que le jour diminuait, Joe tombait plus fréquemment, et il était si difficile de le soulever qu'ils se laissaient de plus en plus distancer. Parfois, ils culbutaient tous trois tête la première dans la neige, tant les Indiens étaient affaiblis. Pourtant, sur leur dos se trouvaient la vie, la force, la chaleur. Les sacs de farine renfermaient tout le potentiel de vie. Ils ne pouvaient s'empêcher d'y penser. Comment donc s'étonner de ce qu'il advint? Ils étaient tombés près d'un grand embâcle de troncs d'arbres où un millier de cordes de bois à brûler n'attendaient qu'une allumette. Tout à côté, il y avait un trou d'air dans la glace. Kah-Chucte considéra le bois et l'eau, Gowhee en fit autant; puis ils se regardèrent. Ils n'échangèrent pas un mot. Gowhee alluma du feu, Kah-Chucte remplit d'eau une tasse de fer-blanc et la fit chauffer; avec incohérence, Joe parlait de choses d'un autre pays, dans une langue qu'ils ne comprenaient pas. Ils mélangèrent la farine et l'eau chaude pour obtenir une pâte fluide dont ils burent de nombreuses tasses.

---

3. **they could not but think** = they could not help thinking.
4. **a cord**: en mesure anglaise, un peu plus de 3 stères.
5. **waited the match**: s'emploie sans **for** lorsqu'on attend un signal, un ordre, son tour, une occasion; cf. **to wait one's time**.

They did not offer any to Joe; but he did not mind. He did not mind anything, not even his moccasins, which scorched[1] and smoked among the coals.

A crystal mist of snow fell about them, softly, caressingly, wrapping them in clinging[2] robes of white. And their feet would have yet trod[3] many trails had not destiny brushed the clouds aside and cleared the air. Nay, ten minutes' delay[4] would have been salvation. Sitka Charley, looking back, saw the pillared smoke of their fire, and guessed. And he looked ahead at those who were faithful, and at Mrs. Eppingwell[5].

"So, my good comrades, ye have again forgotten that you were men? Good! Very good. There will be fewer bellies[6] to feed."

Sitka Charley retied the flour as he spoke, strapping the pack to the one on his own back. He kicked Joe till the pain broke through the poor devil's bliss and brought him doddering to his feet. Then he shoved him out upon the trail and started him on his way. The two Indians attempted to slip off.

"Hold, Gowhee! And thou, too, Kah-Chucte! Hath the flour given such strength to thy legs that they may outrun the swift-winged lead? Think not to cheat the law. Be men for the last time, and be content that ye die full-stomached. Come, step up, back to the timber, shoulder to shoulder. Come[7]!"

---

1. **scorched**: to **scorch**: *brûler superficiellement*; **scorched earth policy**: *politique de la terre brûlée.*
2. **clinging**: de **to cling, clung, clung**: *s'accrocher à...*
3. **trod**: de **to tread, trod, trodden**: *marcher,* souvent pesamment.
4. **ten minutes' delay**: cas possessif suivi d'une expression de temps ou de distance; cf. **a hard day's work, a five miles' walk**. La signification de cette remarque du narrateur n'apparaît qu'à la fin.
5. Ironiquement, cette femme en tous points admirable est l'élément déterminant qui emporte la décision de Sitka Charley.
6. **bellies**: mot considéré comme vulgaire et choquant, dont l'emploi

Ils n'en offrirent pas à Joe, mais peu lui importait. Tout lui était indifférent, même ses mocassins roussis qui fumaient au milieu des braises.

Autour d'eux, une neige vaporeuse et cristalline se mit à tomber, douce et caressante, elle s'attachait à eux, les enveloppant d'une tunique blanche. Et leurs pieds auraient encore parcouru de nombreuses pistes, si le destin n'avait dissipé les nuages et dégagé le ciel. Mieux encore, dix minutes de répit auraient suffi à les sauver. En se retournant, Sitka Charley aperçut la colonne de fumée qui s'élevait de leur feu et comprit. Alors, il regarda la petite troupe de fidèles devant lui, puis Mme Eppingwell.

« Ainsi, mes braves compagnons, vous avez encore oublié que vous étiez des hommes ? Bien, fort bien. Cela va faire moins de ventres à nourrir. »

Tout en parlant, Sitka Charley renouait le sac de farine, puis il l'attacha à celui qu'il portait sur le dos. À force de coups de pied, il arracha par la douleur le malheureux Joe à sa béatitude et le força à se remettre sur ses jambes flageolantes. En le bousculant, il l'obligea à reprendre la piste et à se remettre en marche. Les Indiens tentèrent de s'esquiver.

« Arrête, Gowhee ! Et toi aussi, Kah-Chucte ! La farine a-t-elle donc si bien fortifié vos jambes qu'elles peuvent courir plus vite que le plomb aux ailes rapides ? N'espérez pas tromper la loi. Montrez-vous des hommes pour la dernière fois, et estimez-vous heureux de mourir le ventre plein. Allez, approchez-vous, et retournez au tas de bois, l'un à côté de l'autre. Allons-y ! »

---

est à proscrire, surtout dans un texte littéraire, à l'époque où écrit London.

7. Ici encore les tournures archaïsantes ont pour fonction de mimer le langage des "primitifs" : **thou** pron. sujet, 2e personne du sing. ; **thee** forme du complément ; **hath** = **has;** cf. **hast, shouldst** (page suivante) = anciennes terminaisons de la 2e personne du sing.

The two men obeyed, quietly, without fear; for it is the future which presses upon the man[1], not the present.

"Thou, Gowhee, hast a wife and children and a deerskin lodge[2] in the Chipewyan. What is thy will in the matter?"

"Give thou her of the goods which are mine by the word of the captain—the blankets, the beads, the tobacco, the box which makes strange sounds after the manner of the white men. Say that I did die on the trail, but say not how."

"And thou, Kah-Chucte, who hast nor wife nor child?"

"Mine is a sister, the wife of the factor[3] at Koshim. He beats her, and she is not happy. Give thou her the goods which are mine by the contract, and tell her it were well she go back to her own people. Shouldst thou meet the man, and be so minded, it were a good deed that he should die. He beats her, and she is afraid."

"Are ye content to die by the law?"

"We are."

"Then good-bye, my good comrades. May ye sit by the well-filled pot, in warm lodges, ere the day is done."

As he spoke he raised his rifle, and many echoes broke the silence. Hardly had they died away when other rifles spoke in the distance. Sitka Charley started. There had been more than one shot, yet there was but one other rifle in the party. He gave a fleeting glance at the men who lay so quietly, smiled viciously[4] at the wisdom of the trail, and hurried on to meet the men of the Yukon.

---

1. **the man : man** et **woman** ne sont jamais précédés de l'article défini lorsqu'ils ont une valeur générique ; peut-être introduit-il ici une nuance familière, comme le ferait **your man**.

2. **a lodge : a dwelling cabin, hut or tent of North American Indians; the Chipewyan :** tribu indienne de la vallée du Mackenzie ; ils contruisent des abris de forme conique (d'où le mot **tepee** précédemment employé improprement, puisqu'il désigne les habitations des Indiens des Grandes Plaines) en écorce de bouleau et non en peau de daim, mais London ne s'embarrasse guère de tels détails.

3. **factor :** *employé de la factorerie* (cf. "The Wit of Porportuk").

Tous deux obéirent calmement et sans peur, car c'est le poids de l'avenir qui pèse sur l'homme et non le présent.

« Toi, Gowhee, tu as une femme et des enfants, et une tente en peaux de daim dans le Chipewyan. Quelles sont, pour elle, tes dernières volontés ?

— Donne-lui la part que le capitaine m'a promise et qui me revient — les couvertures, les perles, le tabac et la boîte qui fait des sons étranges à la manière des hommes blancs. Dis-lui que je suis mort sur la piste, mais ne dis pas comment.

— Et toi, Kah-Chucte, toi qui n'as ni femme ni enfants ?

— Moi, j'ai une sœur qui a épousé l'agent de la Compagnie à Koshim. Il la bat et elle n'est pas heureuse. Donne-lui ce qui me revient d'après le contrat et dis-lui qu'il serait bon qu'elle retourne parmi son peuple. S'il t'arrivait de rencontrer cet homme, et si tu y étais disposé, il serait juste qu'il meure. Il la bat et elle a peur.

— Acceptez-vous de mourir selon la loi ?

— Oui.

— Adieu donc, mes braves compagnons. Puissiez-vous vous trouver auprès d'une marmite bien pleine, bien au chaud sous la tente, avant la fin du jour. »

À ces mots, il leva sa carabine, et de nombreux échos rompirent le silence. À peine s'étaient-ils éteints que d'autres carabines leur répondirent dans le lointain. Sitka Charley tressaillit. On avait entendu plus d'un coup, et le reste du groupe ne possédait qu'une autre carabine. Il jeta un bref coup d'œil sur les deux hommes couchés si paisiblement, eut un sourire mauvais en pensant à la sagesse de la piste et partit en toute hâte à la rencontre des hommes du Yukon.

---

4. **viciously**: *méchamment*; **vicious** a rarement le sens originel de **addicted to vice**: *vicieux* (depraved, perverse, debased). Cette fin cruelle qui prend le lecteur par surprise, autant que le personnage, jette rétrospectivement le doute sur la valeur des principes énoncés au début, et le sourire de Sitka Charley demeure indéchiffrable.

NAM-BOK THE UNVERACIOUS

NAM-BOK LE MENTEUR

"A bidarka[1], is it not so? Look! a bidarka, and one man who drives clumsily with a paddle!"

Old Bask-Wah-Wan rose to her knees, trembling with weakness and eagerness, and gazed out[2] over the sea.

"Nam-Bok was ever clumsy at the paddle," she maundered reminiscently, shading the sun from her eyes and staring across the silver-spilled[3] water. "Nam-Bok was ever clumsy. I remember..."

But the women and children laughed loudly, and there was a gentle mockery in their laughter, and her voice dwindled[4] till her lips moved without sound.

Koogah lifted his grizzled[5] head from his bone-carving[6] and followed the path of her eyes. Except when wide yaws[7] took it off its course, a bidarka was heading in for[8] the beach. Its occupant was paddling with more strength than dexterity, and made his approach along the zig-zag line of most resistance. Koogah's head dropped to his work[9] again, and on the ivory tusk between his knees he scratched the dorsal fin of a fish the like of which never swam in the sea.

"It is doubtless the man from the next village," he said finally, "come to consult me about the markings of things on bone. And the man is a clumsy man. He will never know how."

---

1. **bidarka** : mot russe qui désigne un kayak, souvenir de la colonisation russe de 1741 à 1867, date à laquelle les États-Unis achètent l'Alaska pour la somme de 7 200 000 dollars.

2. **to gaze** : un de ces nombreux verbes qui expriment l'intensité du regard, plus spécifiquement un regard fixe ; **out** indique la direction, **over** l'étendue.

3. **silver-spilled** : la lumière joue sur l'eau et la parsème d'éclaboussures : **to spill water** : *renverser de l'eau par mégarde*.

4. **dwindled** : **to dwindle** : *diminuer peu à peu, rapetisser*.

5. **grizzled** : *devenu gris*, a donné son surnom au grizzly.

6. **to carve** : *tailler, sculpter* ; **to carve up** : *découper* ; **a carving knife**.

7. **yaw** : *déviation*, terme de marine : **to swerve off its course** = **to yaw** pour un bateau.

« Est-ce que ça ne serait pas une bidarka ? Regardez !
Une bidarka, et un seul homme qui pagaie maladroite-
ment ! »

La vieille Bask-Wah-Wan se redressa sur les genoux,
toute tremblante de faiblesse et d'impatience pour regarder vers le large avec obstination.

« Nam-Bok n'a jamais su se servir d'une pagaie »,
marmonna-t-elle, perdue dans ses souvenirs, la main levée
pour se protéger du soleil, les yeux fixés sur l'eau aux
reflets argentés. « Oui, Nam-Bok a toujours été maladroit,
je me rappelle bien... »

Mais lorsque les femmes et les enfants éclatèrent d'un
rire bruyant, empreint d'une moquerie affectueuse, sa voix
s'éteignit, et seules ses lèvres continuaient à remuer sans
qu'un son en sortît.

Occupé à sculpter un os, Koogah leva sa tête grison-
nante pour suivre son regard. Malgré les embardées qui la
faisaient dévier, une bidarka se dirigeait vers la plage. À
bord, l'homme pagayait avec plus d'énergie que de
dextérité et se rapprochait en zigzaguant, selon une
direction où la mer offrait une résistance maximale.
Koogah baissa la tête pour reprendre son ouvrage et
graver sur la défense d'ivoire maintenue entre ses genoux
la nageoire dorsale d'un poisson d'une espèce inconnue
dans la mer. Il finit par dire :

« C'est probablement l'homme du village voisin qui
vient me demander conseil pour tracer des lignes sur les os.
Mais cet homme-là est un maladroit. Il ne saura jamais s'y
prendre.

---

8. **was heading in for** : *mettait le cap sur...*
9. **dropped to his work** : indique un mouvement brusque, **to drop:**
laisser tomber ; cf. **drop in to see me:** *passez donc me voir* ; **a dropout** se
dit d'un élève ou d'un étudiant qui abandonne ses études.

"It is Nam-Bok," old Bask-Wah-Wan repeated. "Should I not know my son?" she demanded shrilly. "I say, and I say again, it is Nam-Bok."

"And so thou hast said these many summers," one of the women chided softly. "Ever when the ice passed out of the sea hast thou sat and watched through the long day, saying at each chance canoe[1], 'This is Nam-Bok.' Nam-Bok is dead, O Bask-Wah-Wan, and the dead do not come back. It cannot be that the dead come back."

"Nam-Bok!" the old woman cried, so loud and clear that the whole village was startled and looked at her.

She struggled to her feet[2] and tottered down the sand. She stumbled over a baby lying in the sun, and the mother hushed its crying and hurled harsh words after the old woman, who took no notice. The children ran down the beach in advance of her, and as the man in the bidarka drew closer, nearly capsizing with one of his ill-directed strokes, the women followed. Koogah dropped his walrus tusk and went also, leaning heavily upon his staff, and after him loitered[3] the men in twos and threes.

The bidarka turned broadside[4] and the ripple[5] of surf threatened to swamp[6] it, only a naked boy ran into the water and pulled the bow[7] high up on the sand. The man stood up and sent a questing glance along the line of villagers.

---

1. **each chance canoe**: chance peut être substantif, adjectif ou verbe ; il indique *l'occasion, le hasard* et non *la chance* (luck), by chance: *par hasard* ; if you chance to see him : *si vous avez l'occasion de le voir*.

2. **she struggled to her feet**: l'une de ces formes verbales, très nombreuses dans le texte, où la préposition indique la nature de l'action et le verbe la façon de l'accomplir ; to struggle : *lutter* ; ces tournures nécessitent l'emploi d'un verbe et d'un complément de manière en français.

3. **to loiter**: *flâner, traîner.*

4. **broadside**: *le flanc d'un bateau.*

5. **ripple**: *rides* légères à la surface de l'eau.

— C'est Nam-Bok », répéta la vieille Bask-Wah-Wan. « Ne serais-je donc pas capable de reconnaître mon propre fils ? » insista-t-elle d'une voix criarde. « Je vous dis et je vous répète que c'est Nam-Bok.

— Et c'est ce que tu dis depuis tous ces étés », dit doucement une femme pour tenter de la raisonner. « Toujours, lorsque la mer se déprend de la glace, tu restes assise là, aux aguets, durant les longues journées, et chaque fois que vient à passer un kayak, tu dis : "Voilà Nam-Bok." Nam-Bok est mort, ô Bask-Wah-Wan, et les morts ne reviennent pas. Cela ne se peut.

— Nam-Bok ! » s'écria la vieille femme avec tant de force et de conviction que tout le village en fut saisi et que tous les regards convergèrent sur elle.

Avec peine, elle se remit sur ses pieds et avança sur le sable d'un pas vacillant. Elle trébucha sur un bébé allongé au soleil et, tout en essayant de le calmer, la mère lança des insultes à la vieille qui n'y prêta aucune attention. Les enfants se mirent à courir devant elle sur la plage, bientôt suivis par les femmes lorsque l'homme dans la bidarka se rapprocha et faillit la faire chavirer d'un coup de pagaie mal dirigé. Koogah laissa tomber sa défense de morse et se joignit à eux en s'appuyant lourdement sur son bâton ; par groupes de deux ou trois, les hommes fermaient la marche d'un pas nonchalant.

En virant, la bidarka prit les lames par le travers et le ressac l'aurait submergée si un garçon ne s'était précipité, tout nu, dans l'eau, pour la soulever par l'avant et la tirer sur le sable. L'homme se leva et considéra d'un regard inquisiteur les habitants du village rangés devant lui.

6. **to swamp** = to sink; *a swamp: un marécage.*
7. **bow** [bau]: *la proue.*

A rainbow sweater, dirty and the worse for wear[1], clung loosely to his broad shoulders, and a red cotton handkerchief was knotted in sailor fashion about his throat. A fisherman's tam-o'-shanter on his close-clipped head, and dungaree trousers and heavy brogans[2], completed his outfit.

But he was none the less a striking personage to these simple fisherfolk[3] of the great Yukon Delta, who, all their lives, had stared out on Bering Sea and in that time seen but two white men—the census[4] enumerator and a lost Jesuit priest. They were a poor people, with neither gold in the ground nor valuable furs in hand, so the whites had passed them afar. Also, the Yukon, through the thousands[5] of years, had shoaled[6] that portion of the sea with the detritus of Alaska till vessels grounded[7] out of sight of land. So the sodden coast, with its long inside reaches and huge mud-land archipelagoes, was avoided by the ships of men, and the fisherfolk knew not that such things were.

Koogah, the Bone-Scratcher, retreated backward in sudden haste, tripping over his staff and falling to the ground. "Nam-Bok!" he cried, as he scrambled wildly for footing. "Nam-Bok, who was blown off to sea, come back!"

The men and women shrank away[8], and the children scuttled off between their legs. Only Opee-Kwan was brave, as befitted the head man of the village.

---

1. **rainbow**: *arc-en-ciel*. **Worse for wear**: littéralement *rendu pire à force d'être porté* (cf. **to wear, wore worn**).

2. **Tam o'Shanter**: héros éponyme d'un poème de Robert Burns (1789), poète national écossais. **Dungaree** (mot hindou): *bleu de travail*, généralement en **blue denim** ("de Nîmes"), le tissu des jeans. **Brogan** (mot d'origine gaëlique): souliers portés en Irlande et en Écosse.

3. **fisherfolk**: à l'origine, **folk** [fouk] désigne un groupe de tribus qui forment une nation; sans équivalent exact en français, ce terme connote un groupe homogène dépositaire d'une longue tradition culturelle; cf. **folklore**: *le savoir d'un peuple*; au pl. **folks**: *les gens*; **my folks** = **my family**. Dans ce paysage de toundra, la pêche est l'unique ressource.

Sur ses larges épaules flottait un tricot multicolore dont l'usure augmentait la saleté et, autour du cou, il portait un foulard de coton rouge noué à la manière des matelots. Un béret écossais posé sur ses cheveux coupés ras, un pantalon de coton grossier et de lourdes chaussures lacées complétaient son accoutrement.

Il n'en représentait pas moins un personnage remarquable aux yeux de ce peuple de simples pêcheurs du grand delta du Yukon qui, avec la mer de Bering pour tout horizon, n'avaient jamais vu que deux Blancs de toute leur vie : le fonctionnaire du recensement et un prêtre jésuite égaré. Comme ils étaient pauvres et ne possédaient ni or dans le sol ni fourrures de prix en réserve, les Blancs étaient toujours passés au large. En outre, le Yukon avait comblé cette partie de la mer avec les détritus de l'Alaska au cours des millénaires jusqu'à ce que les navires échoués ne puissent apercevoir la terre. Ainsi, cette côte spongieuse, avec ses longues et profondes échancrures et ses immenses archipels de vase, éloignait les hommes et leurs navires dont ces simples pêcheurs ignoraient jusqu'à l'existence.

Soudain, Koogah, le gratteur d'os, battit en retraite avec tant de précipitation qu'il se prit les pieds dans son bâton et se retrouva par terre. « Nam-Bok ! » cria-t-il en se débattant désespérément pour se relever, « Nam-Bok, celui que le vent avait emporté au large, le voilà, il est revenu ! » Les hommes et les femmes reculèrent avec appréhension et les enfants détalèrent entre leurs jambes. Seul Opee-Kwan fit preuve de bravoure comme il sied à un chef de village.

---

4. **census** : à partir du moment où les États-Unis ont acquis l'Alaska. Depuis 1790, le recensement a lieu tous les dix ans.

5. **thousands of years** (subst.), mais **a thousand years** (adj.).

6. **shoal** : *banc de poissons, banc de sable.*

7. **Grounded**: de **to ground**; ne pas confondre avec **to grind, ground, ground**: *moudre.*

8. **shrank away** : **to shrink, shrank, shrunk**; littéralement *rétrécir.*

He strode forward[1] and gazed long and earnestly[2] at the newcomer.

"It *is* Nam-Bok," he said at last, and at the conviction in his voice the women wailed apprehensively and drew farther away.

The lips of the stranger moved indecisively, and his brown throat writhed and wrestled[3] with unspoken words.

"La la, it is Nam-Bok," Bask-Wah-Wan croaked, peering up[4] into his face. "Ever did I say Nam-Bok would come back."

"Ay, it is Nam-Bok come back." This time it was Nam-Bok himself who spoke, putting a leg over the side of the bidarka and standing with one foot afloat and one ashore[5]. Again his throat writhed and wrestled as he grappled[6] after forgotten words. And when the words came forth they were strange of sound and a spluttering of the lips accompanied the gutturals. "Greetings, O brothers," he said, "brothers of old time before I went away with the offshore wind."

He stepped out with both feet on the sand, and Opee-Kwan waved him back[7].

"Thou art dead, Nam-Bok," he said.

Nam-Bok laughed. "I am fat."

"Dead man are not fat," Opee-Kwan confessed. "Thou hast fared well, but it is strange. No man may mate with the off-shore wind and come back on the heels of the years[8]."

---

1. **strode forward**: de **to stride, strode, stridden**: *marcher à grandes enjambées* (pour montrer son courage).

2. **earnestly**: adj. **earnest**: à la fois *sérieux* et *fervent*; cf. **I'm speaking in earnest**: *je parle sérieusement*.

3. **writhed and wrestled**: **to writhe** [raɪð]: *se tordre* à la manière des serpents; **to wrestle**: *lutter*; ces expressions allitératives sont fréquentes; cf. **to toil and moil**: *suer sang et eau*; **to forget and forgive**: *oublier et pardonner*.

Il fit un grand pas en avant et considéra le nouveau venu intensément pendant un long moment.

« C'est bien Nam-Bok », dit-il enfin ; à son accent convaincu, les femmes saisies de crainte poussèrent des lamentations et reculèrent encore plus loin.

L'étranger remua les lèvres indistinctement sans parvenir à articuler le moindre mot et sa gorge bronzée se contractait sous l'effort.

« Là, là, c'est Nam-Bok », croassa Bask-Wah-Wan en le dévisageant avec insistance. « Je l'avais toujours dit que Nam-Bok reviendrait.

— Oui, c'est bien Nam-Bok qui est revenu. » Cette fois, Nam-Bok lui-même avait pris la parole en enjambant la bidarka et il demeura un pied par terre et l'autre dans le bateau. Encore une fois, ses efforts pour retrouver les mots oubliés contractèrent sa gorge et, lorsque enfin ils parvinrent à sortir, ils rendaient un son étrange et sa bouche lançait des postillons en prononçant les gutturales. « Salut, O mes frères, mes frères des jours d'autrefois, avant que je ne parte avec le vent de terre. »

Il sortit du bateau et posa les deux pieds sur le sable, mais Opee-Kwan lui fit signe de s'écarter.

« Tu es mort, Nam-Bok », dit-il.

Nam-Bok se mit à rire. « Je suis gros et gras. »

Opee-Kwan dut en convenir : « Les morts n'engraissent pas. Tu as bien profité, mais c'est cela qui est étrange. Nul ne peut voyager de compagnie avec le vent de terre et revenir après de si longues années.

---

4. **peering up : to peer up :** *regarder avec attention, curiosité* ou *d'un air dubitatif* ; **up** indique qu'elle doit lever les yeux.

5. **ashore** : *sur le rivage* (**to come ashore:** *accoster*) ; le contraire de **off-shore**.

6. **to grapple :** littéralement *saisir avec un grapin*, d'où *se battre pour accomplir* quelque chose ; cf. **to grapple with difficulties.**

7. **waved him back :** cf. **she waved him goodbye.**

8. **on the heels of the years :** littéralement *sur les talons des années.*

"I have come back," Nam-Bok answered simply.

"Mayhap[1] thou art[2] a shadow, then, a passing shadow of the Nam-Bok that was. Shadows come back."

"I am hungry. Shadows do not eat."

But Opee-Kwan doubted, and brushed his hand across his brow in sore[3] puzzlement. Nam-Bok was likewise puzzled, and as he looked up and down the line found no welcome in the eyes of the fisherfolk. The men and women whispered together. The children stole[4] timidly back among their elders[5], and bristling dogs fawned[6] up to him and sniffed suspiciously.

"I bore thee[7], Nam-Bok, and I gave thee suck when thou wast little," Bask-Wah-Wan whimpered, drawing closer; "and shadow though thou be, or no shadow, I will give thee to eat now."

Nam-Bok made to come[8] to her, but a growl of fear and menace warned him back. He said something in a strange tongue which sounded like "Goddam," and added, "No shadow am I, but a man."

"Who may know concerning the things of mystery?" Opee-Kwan demanded, half of himself and half of his tribespeople. "We are, and in a breath we are not. If the man may become shadow, may not the shadow become man? Nam-Bok was, but is not.

---

1. **mayhap**: forme archaïque de **maybe** = **may** + **happen**.

2. **art**: ancienne terminaison de la 2ᵉ personne du sing. de **to be**; cf. plus bas **thou wast** = prétérit.

3. **sore**: *douloureux,* physiquement et moralement; cf. **to have a sore throat**: *avoir mal à la gorge*; **I feel sore all over**: *j'ai des courbatures*; aussi, *contrarié, vexé*: **he felt sore about her remark, she feels sore with him**.

4. **stole back**: to steal, stole, stolen: *voler;* **he stole into the room**: *il entra à la dérobée* (comme un voleur).

5. **elders**: comparatif de **old** lorsqu'il s'agit de deux personnes, ou de deux groupes; **my elder brother**: *mon frère aîné* (de deux), mais **my older brother**: *l'aîné de plusieurs*; **the elders**: *les anciens,* les membres les plus âgés d'un groupe.

6. **to fawn**: s'emploie pour les chiens et dénote le plaisir: **the dog**

— Moi, je suis revenu », se contenta de répondre Nam-Bok.

« Alors, tu es peut-être une ombre, l'ombre fugitive de celui qui fut Nam-Bok. Les ombres reviennent.

— J'ai faim. Les ombres ne mangent pas. »

Mais Opee-Kwan n'était pas convaincu et, plongé dans une pénible perplexité, il se passa la main sur le front. Nam-Bok, également embarrassé, parcourut des yeux la rangée des pêcheurs mais il ne put lire aucun signe de bienvenue dans leur regard. Les hommes et les femmes chuchotaient entre eux. Avec précaution, les enfants apeurés rejoignirent leurs aînés et les chiens, le poil hérissé, s'approchèrent de lui en rampant pour le renifler avec méfiance.

« Je t'ai porté, Nam-Bok, et je t'ai nourri de mon lait quand tu étais petit », pleurnicha Bask-Wah-Wan en venant vers lui ; « à présent, que tu sois ou non une ombre, je vais te donner à manger. »

Nam-Bok fit un mouvement vers elle, mais un grondement de crainte et de menace l'obligea à reculer. Dans une langue étrangère, il dit quelque chose qui ressemblait à « Bon Dieu », et ajouta : « Je ne suis pas une ombre, mais un homme.

— Qui peut s'autoriser à connaître ces choses mystérieuses ? » Cette question d'Opee-Kwan s'adressait en partie à lui-même, en partie aux membres de sa tribu. « Nous sommes, et le temps d'un souffle, nous ne sommes plus. Si l'homme peut devenir une ombre, l'ombre ne peut-elle se faire homme ? Nam-Bok a été, mais il n'est plus.

---

fawned on his master: *lui fit fête* ; avec excès (**the dog fawned before him**: *il s'aplatit*) connote la servilité, la flatterie et s'emploie aussi pour les personnes.

7. **I bore thee : to bear, bore, borne,** d'où **to be born**: *être né*.

8. **made to come = to act as if he wanted to come**: *ébaucher une action*.

This we know, but we do not know if this be Nam-Bok or the shadow of Nam-Bok."

Nam-Bok cleared his throat[1] and made answer. "In the old time long ago, thy father's father, Opee-Kwan, went away and came back on the heels of the years. Nor was a place by the fire denied him. It is said..." He paused significantly, and they hung on his utterance[2]. "It is said," he repeated, driving his point home[3] with deliberation[4], "that Sipsip, his *klooch*, bore him two sons after he came back."

"But he had no doings with the off-shore wind," Opee-Kwan retorted. "He went away into the heart of the land, and it is in the nature of things that a man may go[5] on and on into the land."

"And likewise the sea. But that is neither here not there. It is said... that thy father's father told strange tales of the things he saw."

"Ay, strange tales he told."

"I, too, have strange tales to tell," Nam-Bok stated[6] insidiously. And, as they wavered, "And presents like-wise."

He pulled from the bidarka a shawl, marvellous of texture and colour, and flung[7] it about his mother's shoulders. The women voiced a collective sigh of admiration, and old Bask-Wah-Wan ruffled[8] the gay material and patted it and crooned in childish joy.

---

1. Passé le stade des simples croyances, par quoi ce peuple de pêcheurs ne se distingue pas des autres, vient l'épreuve redoutable de la logique ; Nam-Bok évite de répondre directement à la question et révèle son embarras en se raclant la gorge.

2. **utterance** : de **to utter**: *énoncer, prononcer des paroles.*

3. **driving the point home** : *insister pour mener l'argument jusqu'à sa conclusion.*

4. **with deliberation** = **deliberately**: *avec une lenteur étudiée* ; aussi, *délibérément.*

5. **that a man may go...** : *puisse s'il le désire* ; le subjonctif français suffit à rendre l'hypothétique, et **may** ne se traduit pas.

Cela, nous le savons, mais nous ne savons pas si nous avons affaire à Nam-Bok ou à son ombre. »

Nam-Bok s'éclaircit la voix avant de répondre. « Autrefois, il y a bien longtemps, le père de ton père, Opee-Kwan, s'en alla, puis s'en revint après de longues années. Et personne ne lui refusa une place auprès du feu. On raconte... » Il fit une pause lourde de sens, tout le monde était suspendu à ses lèvres. « On raconte », reprit-il lentement pour renforcer sa démonstration, « on raconte que Sipsip, sa *klooch*, lui donna deux fils après son retour.

— Mais il n'avait eu aucun rapport avec le vent de terre », répliqua Opee-Kwan. « Il était parti vers le cœur du pays, et c'est dans la nature des choses qu'un homme pénétre aussi loin qu'il veut à l'intérieur des terres.

— Il en est de même sur mer. Mais là n'est pas la question. On dit... que le père de ton père ramena d'étranges récits des choses qu'il avait vues.

— En effet, il a raconté des histoires étranges.

— Moi aussi, j'ai d'étranges histoires à rapporter », déclara Nam-Bok d'une voix insidieuse ; et, comme ils hésitaient : « Et des présents aussi. » Il tira de la bidarka un châle d'une étoffe et d'une couleur merveilleuses et le jeta sur les épaules de sa mère. Le chœur des femmes s'éleva en un soupir d'admiration et la vieille Bask-Wah-Wan froissa le tissu éclatant et le caressa avec des petits roucoulements de plaisir, comme une enfant.

---

6. **insidiously** montre bien les arrière-pensées de Nam-Bok ; il compte séduire ces âmes "primitives" par son savoir et l'étalage de ses richesses.

7. **to fling, flung, flung** ; le châle, objet incongru sous ces climats, rappelle peut-être les origines espagnoles de la Californie, (de toute évidence le pays merveilleux qu'il a visité) ou le commerce avec l'Inde.

8. **to ruffle** : exactement, *ébouriffer* (les cheveux, les plumes d'un oiseau).

"He has tales to tell," Koogah muttered. "And presents," a woman seconded.

And Opee-Kwan knew that his people were eager, and further, he was aware[1] himself of an itching curiosity concerning those untold tales. "The fishing has been good," he said judiciously, "and we have oil in plenty. So come, Nam-Bok, let us feast[2]."

Two of the men hoisted[3] the bidarka on their shoulders and carried it up to the fire. Nam-Bok walked by the side of Opee-Kwan, and the villagers followed after, save those of the women who lingered a moment to lay caressing fingers on the shawl.

There was little talk[4] while the feast went on, though many and curious were the glances stolen at the son of Bask-Wah-Wan. This embarrassed him—not because he was modest of spirit, however, but for the fact that the stench[5] of the seal-oil had robbed him of his appetite, and that he keenly desired to conceal his feelings on the subject.

"Eat; thou art hungry," Opee-Kwan commanded, and Nam-Bok shut both his eyes and shoved[6] his fist into the big pot of putrid fish.

"La la, be not ashamed. The seal were[7] many this year, and strong men are ever hungry." And Bask-Wah-Wan sopped[8] a particularly offensive chunk of salmon into the oil and passed it fondly and dripping to her son.

---

1. **to be aware of** = to be conscious ≠ **unaware**; adv. **unawares**: he was taken unawares : *il a été pris au dépourvu*.

2. **feast** : *festin, fête* ; **to feast**: *banqueter, festoyer* ; **to feast on**: *se délecter de...* Chez ce peuple où la nourriture est l'élément de base des pratiques culturelles, y compris les pratiques religieuses, il est nécessaire que la première épreuve ne soit pas l'affrontement verbal, mais les manières de table. Le silence de Nam-Bok et le soin qu'il prend de dissimuler son dégoût contrastent avec l'acharnement pédagogique dont il va bientôt faire preuve.

3. **hoisted** : to hoist : *hisser* ; cf. **to hoist the flag.**

4. **little talk** : pour ainsi dire aucune parole, alors que **a little** indique une quantité non négligeable ; cf. **few** et **a few** (suivis d'un pluriel).

« Il a des histoires à raconter », marmonna Koogah. « Et des présents », ajouta une femme.

Alors, Opee-Kwan dut reconnaître que son peuple brûlait d'impatience, bien plus, que lui-même se sentait démangé par la curiosité de découvrir ces histoires inouïes. « La pêche a été bonne », dit-il avec à-propos, « et nous avons de l'huile en abondance. Alors, viens, Nam-Bok, nous allons faire un grand festin. »

Deux hommes soulevèrent la bidarka sur leurs épaules et l'emportèrent près du feu. Nam-Bok marchait à côté d'Opee-Kwan, suivi de tout le village à l'exception de quelques femmes qui s'attardèrent un moment pour palper le châle avec amour. Peu de paroles furent échangées tant que dura le repas, mais de nombreux curieux regardaient le fils de Bask-Wah-Wan à la dérobée. Il en éprouvait une gêne qui n'était pas due à la timidité, mais à la puanteur de l'huile de phoque qui lui avait coupé l'appétit et au vif désir de ne rien laisser paraître de ce qu'il ressentait.

« Mange donc, tu dois avoir faim », ordonna Opee-Kwan, et, en fermant les yeux, Nam-Bok enfonça le poing dans la grande marmite remplie de poisson en décomposition.

« Là, là, ne te gêne pas. Les phoques ont été nombreux cette année, et les hommes forts ont toujours faim. » Et Bask-Wah-Wan trempa dans l'huile un gros morceau de saumon, particulièrement nauséabond et, avec tendresse, elle le passa tout dégoulinant à son fils.

---

5. **stench** : cf. **to stink, stank, stunk** : *puer*.

6. **shoved** : **to shove** : *pousser, enfoncer*, indique un mouvement rapide et brutal (cf. "The Wisdom of the Trail" : **he shoved him out upon the trail**) ; **stop shoving me** : *arrêtez de me bousculer*.

7. **the seal were** : **seal** a ici une valeur collective.

8. **sopped** : (annonce **dripping** : *couler goutte à goutte*) ; cf. **I'm sopping wet** : *je suis trempé jusqu'aux os*.

In despair, when premonitory symptoms warned him that his stomach was not so strong as of old, he filled his pipe and struck up a smoke[1]. The people fed on noisily and watched. Few of them could boast of intimate acquaintance with the precious weed, though now and again small quantities and abominable qualities were obtained in trade from the Eskimos to the northward[2]. Koogah, sitting next to him, indicated that he was not averse to taking a draw, and between two mouthfuls, with the oil thick on his lips, sucked away[3] at the amber stem. And thereupon Nam-Bok held his stomach with a shaky hand and declined the proffered return. Koogah could keep the pipe, he said, for he had intended so to honour him from the first[4]. And the people licked their fingers and approved of[5] his liberality

Opee-Kwan rose to his feet. "And now, O Nam-Bok, the feast is ended, and we would[6] listen concerning the strange things you have seen."

The fisherfolk applauded with their hands and gathering about them their work, prepared to listen. The men were busy fashioning spears and carving on ivory, while the women scraped the fat from the hides of the hair seal and made them pliable or sewed muclucs[7] with threads of sinew. Nam-Bok's eyes roved over the scene, but there was not the charm about it that his recollection had warranted[8] him to expect.

---

1. **struck up a smoke** = he struck a match to have a smoke; cf. **Gowhee struck a fire**, in "The Wisdom..."; *weed*: *mauvaise herbe*, la marijuana dans l'argot de la drogue; désignait le tabac non traité au XVIIIe siècle, souvent utilisé comme hallucinogène (cf. *Robinson Crusoe*).

2. **the Eskimos to the northward**: le tabac de Circassie provenait des échanges entre tribus eskimo de part et d'autre de détroit de Béring. Diverses populations eskimo occupent toute la côte de la mer de Béring, et il existe aussi quelques groupes indiens dans le delta, mais le texte demeure confus quant à l'origine de ces pêcheurs : ainsi, Koogah mentionne des arbres utilisés pour la construction des bateaux, pratique inconnue dans ces pays de toundra, et Bask-Wah-Wahn emmène Nam-

En désespoir de cause, lorsqu'il fut averti par des symptômes prémonitoires que son estomac n'était plus aussi solide qu'autrefois, il bourra sa pipe et l'alluma. Les autres continuaient à faire ripaille bruyamment tout en l'observant. Peu d'entre eux pouvaient se vanter de posséder une connaissance intime de l'herbe précieuse, malgré quelques échanges avec les Eskimos du Nord qui leur en fournissaient à l'occasion de petites quantités d'une qualité abominable. Assis à côté de lui, Koogah laissa entendre qu'il ne voyait pas d'objection à en tirer une bouffée, et entre deux bouchées, il se mit à sucer énergiquement le tuyau d'ambre de ses lèvres barbouillées d'huile. Ce que voyant, Nam-Bok se tint l'estomac d'une main mal assurée et refusa la pipe que l'autre lui tendait. Koogah, dit-il, pouvait la garder, son intention première ayant été de l'honorer par ce geste. Et tous se léchèrent les doigts en approuvant sa libéralité.

Opee-Kwan se leva. « Et à présent, Ô Nam-Bok, le festin est terminé, et nous aimerions t'entendre raconter les choses étranges que tu as vues. »

Les pêcheurs battirent des mains et se préparèrent à écouter en rassemblant leur ouvrage autour d'eux. Les hommes s'occupaient à façonner des lances et à graver l'ivoire, tandis que les femmes raclaient la graisse des peaux de phoque à fourrure et les assouplissaient ou utilisaient les tendons pour coudre des muclucs. Nam-Bok parcourait la scène du regard, mais il n'y trouvait pas le charme que son souvenir lui avait laissé espérer.

Bok dormir dans son igloo, habitat qui n'existe pas chez les Eskimo de l'Alaska.

3. **sucked away** : la postposition indique l'ardeur qu'y met Koogah.
4. **from the first : from the beginning, from the start.**
5. noter la construction de **approved** *of*.
6. **would** : a ici son sens plein de *vouloir*.
7. **muclucs** : *mocassins*.
8. **to warrant** : *garantir*.

During the years of his wandering he had looked forward[1] to just this scene, and now that it had come he was disappointed. It was a bare and meagre life, he deemed[2], and not to be compared to the one to which he had become used. Still[3], he would open their eyes a bit, and his own eyes sparkled at the thought.

"Brothers," he began, with the smug[4] complacency of a man about to relate the big things he has done, "it was late summer of many summers back, with much such weather as this promises to be, when I went away. You all remember the day, when[5] the gulls flew low, and the wind blew strong from the land, and I could not hold my bidarka against it. I tied the covering[6] of the bidarka about me so that no water could get in, and all of the night I fought with the storm. And in the morning there was no land— only the sea—and the off-shore wind held me close in its arms and bore me along. Three such nights whitened into dawn and showed me no land, and the off-shore wind would not let me go.

"And when the fourth day came, I was as a madman. I could not dip my paddle for want of food; and my head went round and round, what of the thirst that was upon me. But the sea was no longer angry, and the soft south wind was blowing, and as I looked about me I saw a sight that made me think I was indeed mad."

---

1. **to look forward to** : littéralement *regarder vers l'avant*, c'est-à-dire anticiper l'avenir avec plaisir, *attendre avec impatience de* ; constr. : **I'm looking forward to** *seeing* **you;** cf. **to be (to become) used to...**: *avoir l'habitude de* : **he is used to gett***ing* **up early;** ne pas confondre avec : **when he was younger he used to get up early,** forme d'habitude rendue par l'imparfait français : *il se levait de bonne heure.*

2. **to deem** = to consider.

3. **still** : adv. : *néanmoins, quand même.* Autres sens : adv. = *encore*, **are you still here?** ; adj. : *tranquille, immobile,* **sit still, everything was still;** subst. : **stillness;** verbe : **to still** = *calmer.*

4. **smug** = **self-satisfied;** dénote le contentement de celui qui pense en savoir plus long que les autres.

Au cours de ses années d'errance, c'était ce moment précis qu'il avait attendu, et maintenant qu'il était arrivé, il se sentait frustré. Il n'y voyait plus qu'une vie de privations et de dénuement, sans comparaison possible avec celle dont il avait pris l'habitude. Néanmoins, il allait tenter de leur ouvrir un peu les yeux, et ses propres yeux brillèrent à cette idée.

Il commença donc avec l'air avantageux et complaisant de l'homme qui va raconter ses exploits : « Frères, ce fut à la fin de la saison, il y a bien des étés, que je partis, et le temps ressemblait beaucoup à ce qu'il nous promet aujourd'hui. Vous vous souvenez tous de ce jour où les mouettes volaient bas et où le vent de terre soufflait si fort que je ne pouvais maintenir ma bidarka contre lui. J'ai donc resserré les peaux autour de ma taille pour empêcher l'eau d'embarquer et pendant toute la nuit, j'ai lutté contre la tempête. Au matin, la terre avait disparu — il n'y avait plus que la mer — et le vent de terre me tenait serré dans ses bras et m'emportait toujours plus loin. Trois fois, la blancheur de l'aube succéda à la nuit sans que j'aperçoive la terre, et le vent refusait toujours de me lâcher.

» Et lorsque vint le quatrième jour, j'étais comme fou. Le manque de nourriture m'empêchait de manier la pagaie, ma tête ne cessait de tourner, une soif terrible me terrassait. Cependant le courroux de la mer s'était apaisé, le doux vent du sud s'était mis à souffler et, en regardant autour de moi, je vis un spectacle qui me fit croire que j'étais vraiment devenu fou. »

---

5. noter **the day** *when* (toujours employé dans les expressions de temps).

6. **covering** : la couverture de peau qui protège le rameur de l'eau glacée : au nombre des inventions remarquables des Eskimo ainsi que l'art de confectionner des vêtements adaptés au froid, l'utilisation des chiens comme bêtes de trait et le traîneau.

Nam-Bok paused to pick away a sliver[1] of salmon lodged between his teeth, and the men and women, with idle hands and heads craned[2] forward, waited.

"It was a canoe, a big canoe. If all the canoes I have ever seen were made into one canoe, it would not be so large."

There were exclamations of doubt, and Koogah, whose years were many, shook his head.

"If each bidarka were[3] as a grain of sand," Nam-Bok defiantly continued, "and if there were as many bidarkas as there be grains of sand in this beach, still would they not make so big a canoe as this I saw on the morning of the fourth day[4]. It was a very big canoe, and it was called a *schooner*. I saw this thing of wonder, this great schooner, coming after me, and on it I saw men——"

"Hold[5], O Nam-Bok!" Opee-Kwan broke in[6]. "What manner of men were they?—big men?"

"Nay, mere men like you and me."

"Did the big canoe come fast?"

"Ay[7]."

"The sides were tall, the men short." Opee-Kwan stated the premises with conviction. "And did these men dip with long paddles?"

Nam-Bok grinned[8]. "There were no paddles," he said.

Mouths remained open, and a long silence dropped down. Opee-Kwan borrowed Koggah's pipe for a couple of contemplative sucks.

---

1. **sliver** ['slɪvər] : **a long slender piece cut off or torn off.**
2. **to crane** : *tendre le cou* comme une *grue* (**crane**) qui, comme en français, désigne l'oiseau et la machine.
3. **if each bidarka were** : encore un prétérit qui ne renvoie pas à du passé mais possède une valeur modale — hypothétique ; **if I** (he) **were** = forme grammaticalement correcte, bien que le langage parlé utilise couramment **was**.
4. traduites en termes concrets, les mesures deviennent l'expression d'un infini impossible à concevoir. Comme beaucoup d'aventuriers, Nam-Bok se plaît à en rajouter.
5. **to hold** : *tenir* et aussi *retenir* ; cf. **do you hold something back from me?** : *me caches-tu quelque chose ?*

Nam-Bok s'arrêta et se cura les dents pour en déloger un fragment de saumon ; les hommes et les femmes, les mains inoccupées et le cou tendu, attendaient la suite.

» C'était un canot, un énorme canot. Si tous ceux qu'il m'a été donné de voir n'en faisaient qu'un seul, il ne serait jamais aussi grand que celui-là. »

Des exclamations d'incrédulité s'élevèrent, et Koogah, qui comptait de nombreuses années, secoua la tête.

« Si chaque bidarka était un grain de sable », poursuivit Nam-Bok d'un ton provocant, « et s'il y avait autant de bidarkas que de grains de sable sur cette plage, elles ne parviendraient toujours pas à faire un canot aussi grand que celui que j'ai vu le matin du quatrième jour. Il était immense et on l'appelait une goélette. Et alors, j'ai vu cette chose étonnante, cette grande goélette, s'avancer vers moi, et dedans j'ai vu des hommes...

— Arrête, Ô Nam-Bok ! » interrompit Opee-Kwan. « Quelle espèce d'hommes était-ce donc ? — des hommes très grands ?

— Non, des hommes ordinaires, comme toi et moi.

— Et le grand canot, il allait vite ?

— Oui, très.

— Ses flancs étaient élevés et les hommes de petite taille. » Opee-Kwan posa ces prémisses avec assurance. « Ils ramaient donc avec de longues pagaies ? »

Nam-Bok sourit de toutes ses dents. « Il n'y avait pas de pagaies », dit-il.

Un long silence tomba sur l'assistance demeurée bouche bée. Opee-Kwan emprunta la pipe de Koogah et tira deux ou trois bouffées d'un air contemplatif.

---

6. **to break, broke, broken** : *briser, rompre, interrompre* ; aussi *s'échapper* : **the prisoner broke free**.

7. **ay et nay** : formes vieillies pour **yes** et **no**.

8. **to grin** : *faire un large sourire* ou *une grimace* : **he grinned with pain**.

One of the younger women giggled nervously and drew upon herself angry eyes.

"There were no paddles?" Opee-Kwan asked softly, returning the pipe.

"The south wind was behind," Nam-Bok explained.

"But the wind-drift¹ is slow."

"The schooner had wings—thus." He sketched² a diagram of masts and sails in the sand, and the men crowded around and studied it. The wind was blowing briskly, and for more graphic³ elucidation he seized the corners of his mother's shawl and spread them out till it bellied⁴ like a sail. Bask-Wah-Wan scolded⁵ and struggled, but was blown down the beach for a score of⁶ feet and left breathless and stranded⁷ in a heap of driftwood. The men uttered sage grunts of comprehension, but Koogah suddenly tossed back his hoary head.

"Ho! Ho!" he laughed. "A foolish thing, this big canoe! A most foolish thing! The plaything of the wind! Wheresoever the wind goes, it goes too. No man who journeys therein⁸ may name the landing beach, for always he goes with the wind, and the wind goes everywhere, but no man knows where."

"It is so," Opee-Kwan supplemented gravely. "With the wind the going is easy, but against the wind a man striveth⁹ hard; and for that¹⁰ they had no paddles these men on the big canoe did not strive at all."

---

1. **wind-drift** : lorsque l'on n'utilise pas la pagaie et que le kayak est poussé par le vent ; **to drift** : *dériver*, propre et figuré ; **drifter** : *un instable* ; cf. paragraphe suivant : **driftwood** : *le bois amené sur la plage par la mer* ; plus loin : **the clouds drifted by them** ; à la fin : **the bidarka drifted swiftly from her.**

2. **to sketch** : *tracer à grands traits, esquisser* ; cf. **sketchy** : *sommaire, incomplet* : **his knowledge of painting is very sketchy.**

3. **graphic** : *clair, vivant, qui fait preuve d'imagination* : **a graphic demonstration.**

4. **it bellied** = **became as round as a belly.** Se dit d'un bateau et ne possède pas la connotation vulgaire du substantif (cf. "The Wisdom of the Trail").

94

L'une des jeunes femmes fut prise d'un fou rire nerveux, ce qui lui attira des regards furibonds.

« Il n'y avait pas de pagaies ? » demanda Opee-Kwan d'une voix douce en rendant la pipe à Koogah.

« Le vent du sud était derrière », expliqua Nam-Bok.

« Mais qui marche au vent va lentement.

— La goélette avait des ailes — comme ça. » Il traça sur le sable une figure représentant des mâts et des voiles et les hommes se pressèrent autour pour l'examiner avec attention. Il soufflait un vent vif et, pour mieux illustrer ses explications, il saisit le châle de sa mère par les quatre coins et le tendit jusqu'à ce qu'il se gonfle comme une voile. Bask-Wah-Wan se débattit en maugréant mais, poussée par le vent, elle parcourut une vingtaine de mètres sur la plage avant d'échouer, hors d'haleine, sur un tas de bois rejeté par la mer. Les hommes émirent quelques grognements avisés signifiant qu'ils avaient compris, mais Koogah rejeta soudain sa tête chenue en arrière et se mit à rire.

« Ho ! Ho ! Complètement stupide, ce grand canot ! tout à fait idiot ! Il est le jouet des vents ! Il ne sait que voguer au gré du vent. Le voyageur qui le prend ne peut dire sur quelle grève il abordera, car toujours il ira où le vent l'entraîne, et le vent va en tous lieux, mais nul ne sait où.

— Cela est juste, » ajouta gravement Opee-Kwan. « Marcher au vent est facile, mais contre le vent, un homme doit faire bien des efforts ; et pour la raison qu'ils n'avaient pas de pagaie, ces hommes-là en étaient bien incapables.

---

5. **to scold** : *gronder*.
6. **a score of** : désigne une somme de 20.
7. **stranded** : cf. **strand** = littéraire pour **shore** : *le rivage*.
8. **therein** = **inside** (arch.).
9. **to strive** [straɪv] **strove, striven** [strɪvn] = to try hard.
10. **for that** = **because** (style soutenu).

"Small need to strive," Nam-Bok cried angrily. "The schooner went likewise against the wind."

"And what said you[1] made the sch-sch-schooner go?" Koogah asked, tripping craftily[2] over the strange word.

"The wind", was the impatient response.

"Then the wind made the sch-sch-schooner go against the wind." Old Koogah dropped an open leer[3] to Opee-Kwan, and, the laughter growing around him, continued: "The wind blows from the south and blows the schooner south. The wind blows against the wind. The wind blows one way and the other at the same time. It is very simple. We understand, Nam-Bok. We clearly understand."

"Thou art a fool[4]!"

"Truth falls from thy[5] lips," Koogah answered meekly. "I was over-long[6] in understanding, and the thing was simple."

But Nam-Bok's face was dark, and he said rapid words which they had never heard before. Bone-scratching and skin-scraping were resumed[7], but he shut his lips tightly on the tongue that could not be believed.

"This sch-sch-schooner," Koogah imperturbably asked; "it was made of a big tree?"

"It was made of many trees," Nam-Bok snapped shortly. "It was very big."

---

1. **what said you** = what did you say, ton soutenu.

2. **craftily** : cf. adj. **crafty** : *habile, rusé* (et **cunning** plus loin) ; **craft** : *art, métier* ; **craftsman** : *artisan*.

3. **to leer** = to cast a sidelong glance, knowing, malicious or immodest : *lorgner*.

4. **fool** : *idiot* (*fou*, uniquement dans le sens de *bouffon*) ; adj. : **foolish** (cf. plus haut). Nam-Bok, qui n'a pas intégré la culture blanche comme Sitka Charley (ou El-Soo dans "The Wit of Porportuk"), rencontre deux difficultés insurmontables : expliquer les mystères de la technologie et affronter la logique implacable de Koogah qui le prend au dépourvu. Incapable de faire l'éducation de son peuple comme il l'espérait, il en est réduit plusieurs fois à capituler en les insultant.

5. **thy** : adj. poss. 2ᵉ pers. du sing. (arch.).

— Il n'y avait guère d'efforts à faire », s'écria Nam-Bok avec colère. « La goélette marchait aussi contre le vent.

— Et comment as-tu dit que la go... go... goélette avançait ? » demanda Koogah en trébuchant avec ruse sur le mot étranger.

« Avec le vent », répondit l'autre avec impatience.

« Alors, c'est le vent qui poussait la go... go... goélette contre le vent. » Ouvertement, le vieux Koogah jeta un coup d'œil complice à Opee-Kwan et, comme les rires augmentaient autour de lui, il poursuivit : « Le vent vient du sud et pousse la goélette vers le sud. Le vent souffle contre le vent. Le vent souffle de deux côtés à la fois. Voilà qui est fort simple. Nous avons compris, Nam-Bok. Nous avons parfaitement compris.

— Tu n'es qu'un imbécile !

— La vérité sort de ta bouche », répondit Koogah humblement. « J'ai mis très longtemps à comprendre, alors que la chose était toute simple. »

Mais Nam-Bok avait l'air sombre, et il prononça à toute allure des mots qu'ils n'avaient jamais entendus auparavant. Les uns se remirent à gratter les os, les autres à racler les peaux, mais il gardait la bouche obstinément close sur sa langue inutile qu'on refusait de croire.

« Cette go... go... goélette », demanda Koogah imperturbable, « on l'avait faite avec un gros arbre ?

— Avec un grand nombre d'arbres », répondit brièvement Nam-Bok d'un ton cassant. « Elle était très grande. »

---

6. **over-long** : over préfixe dénote l'excès ; cf. **overdue, overfed; the steak is overdone**: *trop cuit*.

7. **to resume** : *reprendre* (une tâche, un discours) ; *résumer* : **to summarize, to sum up**.

He lapsed into sullen silence again, and Opee-Kwan nudged Koogah[1], who shook his head with slow amazement[2] and murmured, "It is very strange."

Nam-Bok took the bait[3]. "That is nothing," he said aridly; "you should see the *steamer*. As the grain of sand is to the bidarka, as the bidarka is to the schooner, so the schooner is to the steamer. Further, the steamer is made of iron. It is all iron."

"Nay, nay, Nam-Bok," cried the head man; "how can that be? Always iron goes to the bottom. For behold[4], I received an iron knife in trade from the head man of the next village, and yesterday the iron knife slipped from my fingers and went down, down, into the sea. To all things there be[5] law. Never was there one thing outside the law. This we know. And, moreover, we know that things of a kind have the one law, and that all iron has the one law. So unsay thy words, Nam-Bok, that we may yet honour thee."

"It is so," Nam-Bok persisted. "The steamer is all iron and does not sink."

"Nay, nay; this cannot be."

"With my own eyes I saw it."

"It is not in the nature of things."

"But tell me, Nam-Bok," Koogah interrupted, for fear the tale would go no farther, "tell me the manner of these men[6] in finding their way across the sea when there is no land by which to steer[7]."

---

1. Il faut que l'histoire continue en raison du plaisir qu'ils prennent à cet affrontement verbal, mais aussi pour mener l'enquête jusqu'à son terme et faire la preuve que Nam-Bok est bien revenu du pays des ombres.

2. **amazement : maze** : *labyrinthe* ; **to be amazed:** *être stupéfait* (comme perdu dans un labyrinthe).

3. **bait** : *appât* ; **to bait:** *appâter*, aussi *tourmenter* un animal ; cf. **bear-baiting:** *combat d'ours et de chiens*, populaire dans l'Angleterre du XVIIIᵉ siècle.

4. **behold :** *voyez ! tenez !* de **to behold, held, held:** *avoir, apercevoir* (style soutenu).

Il retomba dans un silence maussade, et Opee-Kwan donna un coup de coude à Koogah qui hocha lentement la tête d'un air stupéfait et murmura : « C'est très étrange. »

Nam-Bok mordit à l'hameçon. « Cela n'est rien », dit-il d'un air dégagé ; « vous auriez dû voir *le vapeur*. La goélette est au vapeur ce que la bidarka est à la goélette et ce que le grain de sable est à la bidarka. En outre, le vapeur est en fer. Il est tout en fer.

— Voyons, voyons, Nam-Bok », s'écria le chef ; « comment cela se peut-il ? Le fer tombe toujours au fond. En effet, écoutez-moi bien, en faisant échange avec le chef du village voisin, j'ai reçu un couteau en fer ; hier, il m'a échappé des mains, et il s'est enfoncé, enfoncé toujours plus bas dans la mer. Il est une loi pour toute chose. Nulle chose n'a jamais existé en dehors de la loi. Nous savons cela. De plus, nous savons que pour les choses de la même espèce, il n'est qu'une seule loi et que toute chose en fer n'a qu'une seule loi. Alors, retire tes paroles, Nam-Bok, si tu veux que nous te conservions notre estime.

— Il en est comme je l'ai dit », s'obstina Nam-Bok. « Le vapeur est tout en fer, mais il ne coule pas.

— Non, non, cela ne se peut pas.

— Je l'ai vu de mes propres yeux.

— Ce n'est pas dans la nature des choses.

— Mais, dis-moi, Nam-Bok », interrompit Koogah, de crainte que l'histoire ne s'arrête là, « dis-moi de quelle façon ces hommes trouvent leur route sur la mer quand la terre n'est pas là pour les guider.

---

5. **be** (arch.) = **is**: récurrent dans le texte, il rend le discours plus solennel. La loi qui régit cette société garantit l'ordre et l'équilibre entre les hommes et le monde naturel ; elle n'est pas moins inflexible que celle des Blancs et ne souffre pas l'exception.

6. **the manner of these men = how these men could find their way.**

7. **to steer** : *gouverner* ; **steering wheel** : *gouvernail*.

"The sun points out[1] the path."

"But how?"

"At midday the head man of the schooner takes a thing through which his eye looks at the sun, and then he makes the sun climb down[2] out of the sky to the edge of the earth."

"Now this be evil[3] medicine!" cried Opee-Kwan, aghast[4] at the sacrilege. The men held up their hands in horror, and the women moaned. "This be evil medicine. It is not good to misdirect the great sun which drives away the night and gives us the seal, the salmon, and warm weather."

"What if it be evil medicine?" Nam-Bok demanded truculently[5]. "I, too, have looked through the thing at the sun and made the sun climb down out of the sky."

Those who were nearest drew away from him hurriedly, and a woman covered the face of a child at her breast so that his eye might not fall upon it.

"But on the morning of the fourth day, O Nam-Bok," Koogah suggested; "on the morning of the fourth day when the sch—sch-schooner came after thee?"

"I had little strength left[6] in me and could not run away. So I was taken on board and water was poured down my throat and good food given me. Twice, my brothers, you have seen a white man. These men were all white and as many as I have fingers and toes[7]. And when I saw they were full of kindness, I took heart, and I resolved to bring away with me report of all that I saw.

---

1. **to point out** : *désigner du doigt, attirer l'attention sur*, cf. I **would like to point out that...**

2. **climb** [klaɪm] **down** : cf. **to climb up** : *monter, escalader* ; **down** désigne le mouvement inverse. Cette vision poétique du sextan va entraîner Nam-Bok dans une discussion confuse et inextricable.

3. **evil** : adj. ; cf. subst. **evil** : *le (principe du) mal* comme dans **good and evil** ; **the Evil One** : *le Malin*.

4. **aghast at** = **horrified** (like sb. who has seen a ghost).

5. **truculently** : adj. **truculent** ['trʌkjulənt] : *brutal, agressif* (et non

— Le soleil leur montre le chemin.

— Mais, comment ?

— Au milieu du jour, le chef de la goélette prend un objet à travers lequel ses yeux regardent le soleil, puis il fait sortir le soleil du ciel pour l'amener jusqu'au bord de la terre.

— Voilà une mauvaise médecine ! » s'écria Opee-Kwan atterré par ce sacrilège. Les hommes levèrent les mains en signe d'horreur et les femmes se mirent à gémir. « C'est une mauvaise médecine. Il n'est pas bien de détourner de sa course le grand soleil qui chasse la nuit et nous donne le phoque, le saumon et la chaleur.

— Et après ? » rétorqua Nam-Bok avec agressivité. « Moi aussi j'ai regardé le soleil à travers cette chose et je l'ai fait descendre pour sortir du ciel. »

Ses plus proches voisins s'écartèrent de lui précipitamment et une femme couvrit le visage de l'enfant qu'elle nourrissait afin de le protéger de son regard.

« Mais le matin du quatrième jour, Ô Nam-Bok », suggéra Koogah ; « parle-nous du matin du quatrième jour où la go... go... goélette s'est avancée vers toi.

— Il ne me restait guère de forces et je n'ai pas pu me sauver. Alors, on m'a pris à bord, on m'a versé de l'eau dans la gorge et on m'a donné de bonnes choses à manger. Par deux fois, mes frères, vous avez vu un homme blanc. Eh bien, ces hommes étaient tous blancs et il y en avait autant que j'ai de doigts aux mains et aux pieds. En voyant leurs bonnes intentions, j'ai repris courage et j'ai décidé de revenir pour raconter tout ce que j'aurais vu.

---

truculent). Comme beaucoup de ces mots sosies (les "faux amis"), a gardé en anglais son sens étymologique : du latin truculentus : *farouche, cruel*.

6. **had little strength left** : noter la construction de to **leave, left, left** dans ce sens ; cf. **the only money I have left** : *le seul argent qui me reste* ; ne pas confondre avec : **I have left my money on the table** : *j'ai laissé mon argent*...

7. **toes** : *orteils* ; **to walk on tiptoe** : *marcher sur la pointe des pieds*.

And they taught me the work they did, and gave me good food and a place to sleep.

"And day after day we went over the sea, and each day the head man drew the sun down out of the sky and made it tell where we were. And when the waves were kind, we hunted the fur seal[1] and I marvelled much, for always did they fling the meat and the fat away and save only the skin."

Opee-Kwan's mouth was twitching violently, and he was about to make denunciation of such waste[2] when Koogah kicked him to be still.

"After a weary time, when the sun was gone and the bite of the frost come into the air, the head man pointed the nose of the schooner south. South and east we travelled[3] for days upon days, with never the land in sight, and we were near to the village from which hailed[4] the men——"

"How did they know they were near?" Opee-Kwan, unable to contain himself longer demanded. "There was no land to see." Nam-Bok glowered on him wrathfully[5]. "Did I not say the head man brought the sun down out of the sky?"

Koogah interposed, and Nam-Bok went on.

"As I say, when we were near to that village a great storm blew up, and in the night we were helpless and knew not where we were——""Thou hast just said the head man knew——"

---

1. **seal**: terme générique, désigne les *phoques* **(earless seal)** et les *otaries* **(eared seal);** le poil laineux des otaries a une grande valeur commerciale, contrairement aux *lions de mer* (cf. plus loin **sealion**) qui n'en possèdent pas et dont la population reste importante ; par contre, l'extermination des otaries (ainsi que des loutres de mer) commence avec l'installation des Russes dans les îles Aléoutiennes en 1746 et va de pair avec le génocide des Aléoutes.

2. **waste**: cf. **nuclear waste**: *déchets atomiques* ; verbe : **to waste;** cf. **I'm wasting my time, my money;** adj. : *désolé, désert ; The Waste Land*, poème de T. S. Eliot.

3. c'est-à-dire vers la côte est, située sur le golfe de l'Alaska le long

Ils m'ont appris à travailler comme eux, ils m'ont bien nourri et m'ont donné un endroit pour dormir.

» Jour après jour, nous avons parcouru la mer, et tous les jours, le chef faisait descendre le soleil qui sortait du ciel, et il lui faisait dire où nous nous trouvions. Et lorsque les vagues étaient clémentes, nous chassions le phoque à fourrure, et j'étais fort étonné de voir qu'ils jetaient toujours la viande et la graisse pour ne garder que la peau. »

Les lèvres d'Opee-Kwan étaient agitées d'un mouvement convulsif et il s'apprêtait à s'indigner d'un tel gâchis lorsque Koogah l'arrêta d'un coup de pied.

« Après des jours épuisants, lorsque le soleil eut disparu et que la morsure du gel se fit sentir dans l'air, le chef pointa le nez de la goélette vers le sud. Pendant des jours et des jours, nous avons poursuivi notre route vers le sud sans jamais apercevoir la terre, et nous approchions du village d'où venaient ces hommes...

— Comment savaient-ils qu'ils en approchaient ? » demanda Opee-Kwan, incapable de se contenir davantage. « Il n'y avait pas de terre en vue. »

Nam-Bok le foudroya d'un regard furibond. « N'ai-je pas déjà dit que le chef faisait descendre et sortir le soleil du ciel ? »

Koogah s'interposa, et Nam-Bok poursuivit son récit.

« Comme je le disais, alors que nous approchions de ce village, une violente tempête éclata et, dans la nuit, nous étions désemparés et incapables de savoir où nous nous trouvions.

— Mais tu viens de dire que le chef savait...

---

du Pacifique (étroite bande montagneuse à la frontière de la Colombie britannique), vraisemblablement en direction de la Californie.

4. **to hail** : ici terme de marine : *être en provenance de...*

5. **wrath** [rɔ : θ] : connote souvent la colère divine ; **wroth** (adj.) (cf. "The League...") au lieu de **wrathful**, ne se rencontre plus que dans la Bible ou comme effet de style.

"Oh, peace, Opee-Kwan! Thou art a fool and cannot understand. As I say, we were helpless[1] in the night, when I heard above the roar of the storm, the sound of the sea on the beach. And next we struck[2] with a mighty crash and I was in the water, swimming. It was a rock-bound[3] coast, with one patch[4] of beach in many miles, and the law was that I should dig[5] my hands into the sand and draw myself clear of the surf. The other men must[6] have pounded against the rocks, for none of them came ashore but the head man, and him I knew only by the ring on his finger.

"When day came, there being nothing of the schooner, I turned my face to the land and journeyed into it that I might get food and look upon the faces of the people. And when I came to a house I was taken in and given to eat[7], for I had learned their speech, and the white men are ever kindly[8]. And it was a house bigger than all the houses built by us and our fathers before us."

"It was a mighty house," Koogah said, masking his unbelief with wonder[9].

"And many trees went into the making of such a house," Opee-Kwan added, taking the cue[10].

"That is nothing." Nam-Bok shrugged his shoulders in belittling fashion. "As our houses are to that house, so that house was to the houses I was yet to see."

"And they are not big men?"

---

1. **helpless**: defenceless, incapable of action; cf. he looked helplessly around him.
2. **to strike**: intr.; of a ship = to run aground, to be stranded.
3. **rock-bound coast** = surrounded with rocks.
4. **patch**: *pièce* (cf. patchwork); a patch of land; to patch = to mend.
5. **to dig, dug, dug**: *creuser*; argot 1) to study hard; 2) dig me?: *vous pigez?*
6. **must**: indique ici la grande probabilité; cf. he must be very old.
7. **I was given to eat**: ces tournures passives, sans équivalent en français, sont très fréquentes; cf. par exemple: he was taught to read, the canoe was blown away, you are wanted on the telephone.

— Oh, assez, Opee-Kwan! Tu es un imbécile, et tu ne comprends rien. Je disais donc que, dans la nuit, nous étions désemparés lorsque j'entendis, dominant le grondement de la tempête, le bruit de la mer sur la grève. Soudain, nous avons touché avec un fracas épouvantable, et je me suis retrouvé dans l'eau en train de nager. C'était une côte entourée de rochers, avec une seule petite plage sur des kilomètres, et le sort me permit d'enfoncer les mains dans le sable pour me traîner à l'abri du ressac. Les autres avaient dû s'écraser contre les rochers, car nul ne parvint jusqu'à la côte, sinon le chef que je n'ai reconnu qu'à la bague qu'il portait au doigt.

» Le jour venu, comme il n'y avait pas trace de la goélette, je me suis tourné vers la terre, et je me suis mis en route pour y trouver de quoi manger et voir à quoi ressemblaient les habitants. Je suis arrivé à une maison, on m'a fait entrer et on m'a nourri, car j'avais appris leur langage et les hommes blancs vous traitent toujours bien. Et c'était une maison plus grande que toutes les nôtres et que toutes celles qu'ont bâties nos pères avant nous.

— Alors, elle était immense », dit Koogah d'un air admiratif destiné à dissimuler son incrédulité.

« Et il avait sans doute fallu beaucoup d'arbres pour la construire », renchérit Opee-Kwan pour se mettre au diapason.

« Cela n'est rien. » Nam-Bok haussa les épaules en signe de dédain. « Nos maisons sont à celle dont je parle ce qu'elle était par rapport à celles que j'allais bientôt voir.

— Et ces hommes ne sont pas très grands ?

8. **kindly = kind,** peut être adv. et adj.

9. **wonder :** *étonnement* ; **I wonder** if (or whether) : *je me demande...* ; aussi *merveille, émerveillement* ; plus loin : **tell us of other wonders.**

10. **cue :** terme utilisé au théâtre ; **to give sb. his cue:** *donner la réplique à qqn* ; **to take the cue:** *lancer la réplique.*

"Nay; mere men like you and me," Nam-Nok answered. "I had cut a stick that I might walk in comfort, and remembering that I was to bring report to you, my brothers, I cut a notch in the stick for each person who live in that house. And I stayed there many days, and worked, for which they gave me *money*—a thing of which you know nothing, but which is very good[1].

"And one day I departed from that place to go farther into the land. And as I walked I met many people, and I cut smaller notches in the stick, that there might be room[2] for all. Then I came upon[3] a strange thing. On the ground before me was a bar of iron, as big in thickness as my arm, and a long step away was another bar of iron——"

"Then wert thou a rich man," Opee-Kwan asserted; "for iron be worth[4] more than anything else in the world. It would have made many knives."

"Nay, it was not mine."

"It was a find, and a find be lawful."

"Not so; the white men had placed it there. And further, these bars were so long that no man could carry them away—so long that as far as I could see there was no end to them."

"Nam-Bok, that is very much iron," Open-Kwan cautioned.

"Ay, it was hard to believe with my own eyes upon it; but I could not gainsay[5] my eyes.

1. **which is very good**: dans l'incapacité d'expliquer les subtilités du système monétaire à des auditeurs qui ne connaissent que le *troc* **(barter)**, Nam-Bok se contente d'un terme vague **(thing)** et d'un qualificatif également imprécis **(good)** et de surcroît ambigu, les autres pouvant entendre « bon à manger » ; cette équivoque prépare un autre échange cocasse avec Koogah qui va exercer une fois de plus sa logique pour acculer son interlocuteur ; cf. plus loin : **thou saidst it was fed with stone**.

2. **room for all** : *de la place pour tout le monde*, au sens propre et fig. ; cf. **there wasn't any room for hope**.

— Mais non ; ce ne sont que des hommes comme vous et moi », répondit Nam-Bok. « Je m'étais coupé un bâton pour marcher plus commodément et, en me rappelant que je devais revenir tout vous raconter, mes frères, j'y fis une entaille pour chaque habitant de cette maison. J'y suis resté de nombreux jours, j'ai travaillé et, en échange, on m'a donné de *l'argent*, une fort bonne chose dont vous ignorez tout.

» Un jour, j'ai quitté cet endroit pour voir du pays. Et sur ma route, j'ai rencontré des quantités de gens, et j'ai dû faire des entailles plus petites sur mon bâton pour y caser tout ce monde. C'est alors que je suis tombé sur une chose étrange. Sur le sol, devant moi, se trouvait une barre de fer, aussi grosse que mon bras en épaisseur, et, à une distance d'un bon pas, il y en avait une autre.

— Alors, tu étais devenu riche », affirma Opee-Kwan ; « car le fer est la chose du monde la plus précieuse. Il y aurait eu de quoi fabriquer un grand nombre de couteaux.

— Non, cela ne m'appartenait pas.

— Mais c'est toi qui l'avais trouvée, et la prise te revenait selon la loi.

— Pas du tout ; c'était les Blancs qui l'avaient placée là. De plus, aucun homme n'aurait pu emporter ces barres, tant elles étaient longues, si longues que je ne pouvais en voir la fin.

— Voyons, Nam-Bok, ça fait beaucoup de fer », dit Opee-Kwan en guise d'avertissement.

« Certes, je pouvais à peine en croire mes propres yeux, mais je ne pouvais pas non plus les accuser de mensonge.

---

3. **to come upon** = to meet with, **encounter by chance**.

4. **worth** [wə : θ] : subst. et adj. : *valeur, qui a de la valeur* ; cf. **this novel is worth reading** : *ce roman vaut la peine d'être lu*.

5. **to gainsay** : *contredire, démentir*.

And as I looked I heard[1]..." He turned abruptly upon[2] the head man. "Opee-Kwan, thou hast heard the sea-lion bellow in his anger. Make it plain in thy mind of as many sea-lions as there be waves to the sea, and make it plain that all these sea-lions be made into one sea-lion, and as that one sea-lion would bellow so bellowed the thing I heard."

The fisherfolk cried aloud in astonishment, and Opee-Kwan's jaw lowered and remained lowered.

"And in the distance I saw a monster like unto[3] a thousand whales. It was one-eyed, and vomited smoke, and it snorted[4] with exceeding loudness. I was afraid and ran with shaking legs along the path between the bars. But it came with the speed of the wind, this monster, and I leaped[5] the iron bars with its breath hot on my face[6]..."

Opee-Kwan gained control of his jaw again. "And—and then, O Nam-Bok?"

"Then it came by on the bars, and harmed me not; and when my legs could hold me up again it was gone from sight. And it is a very common thing in that country. Even the women and children are not afraid. Men make them to do work, these monsters."

"As we make our dogs do work?" Koogah asked, with sceptic twinkle in his eye.

"Ay, as we make our dogs do work."

"And how do they breed these—these things?" Opee-Kwan questioned.

---

1. Vraisemblablement naufragé sur la côte californienne au nord de San Francisco, Nam-Bok se dirige vers l'intérieur où il rencontre le Central Pacific Railway, première ligne transcontinentale achevée en 1869.

2. **turn upon (on)** : connote l'agressivité, alors que **to turn to** indique simplement le mouvement.

3. **like unto** : archaïque et recherché.

4. **to snort** : comme d'autres verbes commençant par **sn** (cf. **to sneer, to snore**), indique un son nasal ; signifie *renâcler* (cheval) ou *grogner avec mépris*.

5. **to leap** [lɪ : p], **leapt** [lept], **leapt**.

Et, pendant que je regardais, j'entendis... » Il se retourna brusquement pour faire face au chef. « Opee-Kwan, tu as déjà entendu le lion de mer mugir de colère. Eh bien, essaie de voir dans ta tête des lions de mer aussi nombreux que les vagues de l'océan, essaie de voir encore tous ces lions de mer réunis en un seul qui se mettrait à mugir, voilà comment mugissait la chose que j'entendis. »

Les pêcheurs s'exclamèrent de stupéfaction et Opee-Kwan en resta bouche bée, la mâchoire tombante.

« Et au loin, je vis un monstre semblable à mille baleines. Il n'avait qu'un œil, il vomissait de la fumée et soufflait par le nez avec un vacarme incroyable. Alors, j'ai pris peur et, les jambes flageolantes, je me suis mis à courir sur le chemin entre les barres. Mais, le monstre arrivait à la vitesse du vent et j'ai senti son haleine brûlante sur mon visage au moment où j'ai bondi par-dessus les barres de fer. »

Opee-Kwan parvint à remettre sa mâchoire en place. « Et — et alors, Ô Nam-Bok ?

— Alors, il est passé près de moi sur les barres sans me faire de mal ; et, quand j'ai pu me tenir à nouveau sur mes jambes, il avait disparu. Et c'est là chose tout à fait ordinaire dans ce pays. Même les femmes et les enfants n'en ont pas peur. Quant aux hommes, ils les font travailler, ces monstres.

— Comme nous faisons travailler nos chiens ? » demanda Koogah, une lueur de scepticisme dans l'œil.

« Oui, comme nous faisons travailler nos chiens.

— Et comment font-ils l'élevage de ces... de ces choses ? » interrogea Opee-Kwan.

---

6. Comme pour la description du sextant, il y a ici une inversion ironique dans la comparaison : ce sont les techniques de l'ère industrielle qui fournissent la matière du surnaturel dans ce récit mythique avec son monstre fabuleux, variante du Cheval de Fer, nom donné au train par les Indiens des Plaines ; ne connaissant pas le cheval, Nam-Bok lui substitue le lion de mer et la baleine.

"They bred not at all. Men fashion them cunningly of iron, and feed them with stone, and give them water to drink. The stone becomes fire, and the water becomes steam, and the steam of the water is the breath of their nostrils, and[1]——"

"There, there, O Nam-Bok," Opee-Kwan interrupted. "Tell us of other wonders. We grow tired of this which we may not understand."

"You do not understand?" Nam-Bok asked despairingly.

"Nay, we do not understand," the men and women wailed back[2]. "We cannot understand[3]."

Nam-Bok thought of a combined harvester, and of the machines wherein visions of living men were to be seen, and of the machines from which came the voices of men, and he knew his people could never understand.

"Dare[4] I say I rode this iron monster through the land?" he asked bitterly.

Opee-Kwan threw up his hands, palms outward, in open incredulity. "Say on[5]; say anything. We listen."

"Then did I ride[6] the iron monster, for which I gave money——"

"Thou saidst it was fed with stone."

"And likewise, thou fool, I said money was a thing of which you know nothing.

---

1. L'histoire ne peut plus continuer après la mention de ce phénomène incompréhensible pour les auditeurs.

2. **back**: *en retour, en réponse* à la question.

3. Ces nombreuses répétitions, comme ailleurs dans le texte, servent à mettre en relief l'incompréhension qui s'est désormais établie entre Nam-Bok et les siens et à caractériser la pensée sauvage selon une convention littéraire bien établie. On peut également penser que dans des nouvelles d'abord publiées par des magazines qui imposent le nombre de mots déterminant la somme perçue par l'auteur, elles correspondent à une nécessité d'ordre pécuniaire.

« Ils n'en font pas l'élevage. Les hommes les fabriquent habilement avec du fer, ils les nourrissent avec de la pierre et leur donnent de l'eau à boire. La pierre devient du feu, l'eau devient de la vapeur et la vapeur d'eau est le souffle qui sort de leurs narines, et...

— C'est bon, c'est bon, Ô Nam-Bok », interrompit Opee-Kwan. « Raconte-nous plutôt d'autres merveilles. Nous commençons à nous lasser de tout cela qu'il nous est impossible de comprendre.

— Vous ne comprenez pas ? » demanda Nam-Bok tout à fait découragé.

« Non, nous ne comprenons pas », lui répondirent les hommes et les femmes en se lamentant. « Nous ne pouvons pas comprendre. »

Nam-Bok pensa à la moissonneuse-batteuse, aux machines qui pouvaient montrer des hommes vivants, aux machines d'où sortaient des voix humaines, et il se rendit compte que son peuple ne pourrait jamais comprendre.

« Me croirez-vous si je vous dis que je suis monté sur ce monstre de fer pour traverser le pays ? » demanda-t-il avec amertume.

Opee-Kwan leva les mains, les paumes en l'air, pour manifester son incrédulité. « Continue ; dis n'importe quoi. Nous t'écoutons.

— Je disais donc que je suis monté sur le monstre de fer, et pour cela, j'ai donné de l'argent...

— Mais tu as dit qu'on le nourrissait avec de la pierre.

— Et j'ai dit aussi, imbécile, j'ai dit que l'argent était une chose que vous ignoriez.

---

4. **to dare** : peut également se conjuguer comme les verbes défectifs (inf. sans **to**, interrog. : **dare I?** ; nég. : **I dare not**, pas de marque de la 3e pers.). Signifie également *mettre au défi* ; **I dare you**.

5. **say on** = go on speaking.

6. **to ride** [raɪd] **rode, ridden** [rɪdn] : **a horse, a bicycle, on a bus, in a train, in a car.**

As I say, I rode the monster through the land, and through many villages, until I came to a big village[1] on a salt arm on the sea. And the houses shoved their roofs among the stars in the sky, and the clouds drifted by them, and everywhere was much smoke. And the roar of that village was like the roar of the sea in storm, and the people were so many that I flung away my stick and no longer remembered the notches upon it."

"Hadst thou made small notches," Koogart reproved, "thou mightst have brought report."

Nam-Bok whirled upon[2] him in anger. "Had I made small notches! Listen, Koogah, thou scratcher of bone! If I had made small notches, neither the stick, nor twenty sticks, could have borne them—nay, not all the driftwood of all the beaches between this village and the next. And if all of you, the women and children as well, were twenty times as many, and if you had twenty hands[3] each, and in each hand a stick and a knife, still the notches could not be cut for the people I saw, so many were they[4] and so fast did they come and go."

"There cannot be so many people in all the world," Opee-Kwan objected, for he was stunned[5] and his mind could not grasp[6] such magnitude of numbers.

"What dost thou know of all the world and how large it is?" Nam-Bok demanded.

---

1. Ce "village" est de toute évidence San Francisco dont la description suggère le rapide essor économique qui s'accomplit dans la seconde moitié du XIXe siècle, à partir de la ruée vers l'or en 1848-49, deux ans après l'occupation de la Californie par les États-Unis en 1846 à la fin de la guerre du Mexique.

2. **upon** : comme dans **to turn upon**, marque l'agressivité ; **to whirl** = *tourbillonner* (cf. **whirlwind** dans "The Wisdom of the Trail"), indique la rapidité du mouvement.

3. Les unités de mesure utilisées par Nam-Bok sont adaptées au contexte : bidarka, grains de sable, arbres pour la goélette, huttes pour les gratte-ciel, lion de mer pour la locomotive ; il en arrive à présent à l'unité de base, la main et les doigts de la main, pour les êtres humains.

Je suis donc monté sur le monstre de fer pour traverser le pays, et je suis passé par de nombreux villages jusqu'à ce que j'arrive à un immense village situé sur un bras de mer salé. Et les maisons projetaient leurs toits jusqu'au milieu des étoiles du ciel, les nuages les frôlaient dans leur course et tout était rempli de fumée. Et ce village grondait comme gronde la mer pendant la tempête, et les gens étaient si nombreux que j'ai jeté mon bâton, car j'avais oublié combien d'entailles j'y avais faites.

— Si tu en avais fait de toutes petites », dit Koogah d'un ton réprobateur, « tu aurais peut-être pu nous en rendre compte. »

Brusquement, Nam-Bok se retourna vers lui avec colère.

« De toutes petites ! Écoute-moi bien, Koogah le gratteur d'os ! Si j'avais fait de petites entailles, ni mon bâton, ni vingt bâtons - que dis-je, pas même tout le bois échoué sur toutes les plages entre ce village et le village voisin n'y auraient suffi. Et si vous étiez vingt fois plus, tous autant que vous êtes, y compris les femmes et les enfants, et que vous ayez chacun vingt mains, et dans chaque main un bâton et un couteau, vous n'arriveriez jamais à faire assez d'entailles pour tous les gens que j'ai vus, à cause de leur quantité et de la vitesse avec laquelle ils se déplaçaient.

— Le monde entier ne peut pas contenir tant de gens », objecta Opee-Kwan, abasourdi et incapable de concevoir des nombres d'une telle grandeur.

« Qu'est-ce que tu sais du monde entier et de ses dimensions ? » demanda Nam-Bok.

---

4. = I could not cut enough notches because the people were too many.

5. to stun : *étourdir, assommer ;* cf. a stunning blow.

6. to grasp : *empoigner, saisir ;* within grasp: *à portée de… ;* it's beyond my grasp: *je n'y comprends rien.*

"But there cannot be so many people in one place."

"Who art thou to say what can be and what cannot be?"

"It stands to reason[1] there cannot be so many people in one place. Their canoes would clutter[2] the sea till there was no room. And they could empty the sea each day of its fish[3], and they would not all be fed."

"So it would seem," Nam-Bok made final answer; "yet it was so. With my own eyes I saw, and flung my stick away." He yawned heavily and rose to his feet. "I have paddled far. The day has been long, and I am tired. Now I will sleep, and to-morrow we will have further talk upon the things I have seen."

Bask-Wah-Wan, hobbling[4] fearfully in advance, proud indeed, yet awed by her wonderful son, led him to her igloo[5] and stowed him away[6] among the greasy, ill-smelling furs. But the men lingered by the fire, and a council was held wherein was there much whispering and low-voiced discussion.

An hour passed, and a second, and Nam-Bok slept, and the talk went on. The evening sun dipped toward the northwest, and at eleven at night was nearly due north. Then it was that the head man and the bone-scratcher separated themselves from the council and aroused[7] Nam-Bok.

---

1. **it stands to reason** : *il va sans dire que...* où **to stand to** a le sens de *être en accord avec*.

2. **clutter** : littéralement *désordre, fouilli* ; **to clutter**: *encombrer*.

3. **fish** : sauf exception, utilisé comme collectif et ne prend pas la marque du pluriel ; cf. **fruit**.

4. **to hobble** = **to move unsteadily,** with difficulty; cf. **to limp**: *boiter*.

5. Comme déjà mentionné, l'igloo est inconnu en Alaska. En région de toundra, l'habitat est fait de bois échoué sur les plages **(driftwood)**, de mottes de terre ou d'os recouverts de peaux. Certains critiques ont reproché à London d'avoir, dans d'autres textes, considéré les Inuits et les Eskimo comme deux peuples distincts, alors que ceux que nous appelons "Eskimo" se nomment

«Mais il ne peut y avoir tant de gens en un seul endroit.

— Qui es-tu donc pour décider de ce qui peut être ou ne pas être?

— Il est logique de penser que tant de personnes ne peuvent tenir en un seul endroit. Les canots encombreraient tellement la mer qu'il ne resterait plus de place. Et ils auraient beau la vider tous les jours de ses poissons, cela ne suffirait pas à les nourrir tous.

— C'est en effet ce qu'on pourrait croire», dit Nam-Bok en guise de conclusion; «pourtant, il en était ainsi. Je l'ai vu de mes propres yeux et j'ai jeté mon bâton.» Il bâilla à se décrocher la mâchoire et se leva. «J'ai beaucoup pagayé, la journée a été longue et je suis fatigué. Maintenant je veux dormir, et demain, nous reparlerons plus longuement des choses que j'ai vues.»

Partagée entre un orgueil bien naturel et un effroi mêlé de respect devant ce fils extraordinaire, Bask-Wah-Wan le précéda clopin-clopant pour le conduire jusqu'à son igloo où elle le fit disparaître sous un amas de fourrures graisseuses et malodorantes. Mais les hommes s'attardèrent auprès du feu pour tenir conseil en chuchotant et en discutant à voix basse avec beaucoup d'animation.

Une heure passa, puis une seconde, Nam-Bok dormait toujours et le conciliabule continuait. Le soleil du soir plongea vers le nord-ouest et, à onze heures, il avait presque atteint le nord. Ce fut alors que le chef et le gratteur d'os quittèrent le conseil pour aller réveiller Nam-Bok.

---

eux-mêmes "Inouk" = l'homme (Inuits); l'autre terme a été inventé, probablement par les Indiens Cree (il signifie « mangeur de viande crue »), à l'usage des jésuites du Labrador.

6. **to stowe:** *ranger, faire disparaître*; **stowaway:** *passager clandestin.*

7. **to arouse:** *réveiller*; **to arise:** *se réveiller, se lever.*

He blinked[1] up into their faces and turned on his side to sleep again. Opee-Kwan gripped him by the arm and kindly but firmly shook his senses back into him.

"Come, Nam-Bok, arise!" he commanded. "It be time."

"Another feast?" Nam-Bok cried. "Nay, I am not hungry. Go on with the eating and let me sleep."

"Time to be gone[2]!" Koogah thundered.

But Opee-Kwan spoke more softly. "Thou wast bidar-kamate with me when we were boys," he said. "Together we first chased the seal and drew the salmon from the traps[3]. And thou didst drag[4] me back to life, Nam-Bok, when the sea closed over me and I was sucked down[5] to the black rocks. Together we hungered and bore[6] the chill of the frost, and together we crawled beneath one fur and lay close to each other. And because of these things, and the kindness in which I stood to thee, it grieves me sore[7] that thou shouldst[8] return such a remarkable liar[9]. We cannot understand, and our heads be dizzy with the things thou hast spoken. It is not good, and there has been much talk in the council. Wherefore we send thee away, that our heads may remain clear and strong and be not troubled by the unaccountable things."

"These things thou speakest of be shadows," Koogah took up the strain[10].

---

1. **to blink** : *cligner des yeux ;* cf. **blinkers:** *œillères.*

2. **time to be gone** : plus brutal que **time to go:** *il est temps de nous débarrasser de ta présence.*

3. **trap** : *piège,* les nasses utilisées lorsque les saumons remontent le Yukon pour frayer.

4. **to drag** : *tirer* (hors de l'eau pour me ramener à la vie).

5. **sucked down** : cf. plus haut : **I gave thee suck, sucked away at the amber stem.**

6. **bore** : sens de *supporter* ; **I can't bear the sight of him.**

7. **it grieves me sore** : grief: *chagrin, douleur ;* **sore,** ici adv. : *cruellement* ; (aussi **sorely**).

8. **shouldst** : à la fois « *que le hasard ait voulu* » et « *qu'il ait fallu* » que tu reviennes.

Il leva vers eux des yeux papillotants et se tourna de l'autre côté pour se rendormir. Opee-Kwan l'empoigna par le bras et doucement, mais avec fermeté, il le secoua pour lui faire reprendre conscience.

« Allons, Nam-Bok, lève-toi ! » ordonna-t-il. « L'heure est venue.

— Encore un festin ? » s'écria Nam-Bok. « Non, je n'ai plus faim, continuez à manger et laissez-moi dormir.

— Il est l'heure de t'en aller », dit Koogah d'une voix tonitruante.

Mais Opee-Kwan parla d'un ton plus doux : « Nous avons été compagnons de bidarka quand nous étions enfants. Ensemble nous avons chassé notre premier phoque et relevé notre premier saumon. Et c'est toi qui m'as ramené à la vie, Nam-Bok, le jour où la mer s'était refermée sur moi et m'aspirait pour m'entraîner sous les rochers noirs. Ensemble nous avons supporté la faim et la morsure du gel, ensemble nous nous glissions sous la même fourrure où nous couchions côte à côte. À cause de tout cela et de l'affection que tu m'as toujours inspirée, je suis fort affligé que tu sois devenu un aussi fieffé menteur. Nous n'y comprenons rien et les choses que tu as dites nous font tourner la tête. Cela n'est pas bon, et nous en avons longuement parlé au conseil. En conséquence de quoi, nous te renvoyons afin de garder la tête claire et solide sans que ces choses inexplicables viennent la troubler.

— Ces choses dont tu parles sont des ombres », reprit Koogah dans le même registre.

---

9. **liar** : de **to lie, lied, lied**.

10. **took up the strain** : terme de musique : *accord, accent* ; littéralement *reprit les mêmes accents* ; plus fréquemment : *tension, effort, pression*, cf. **stress**.

"From the shadow-world thou hast brought them, and to the shadow-world thou must return them. Thy bidarka be ready, and the tribespeople wait. They may not sleep until thou art gone."

Nam-Bok was perplexed, but hearkened to[1] the voice of the head man.

"If thou art Nam-Bok," Opee-Kwan was saying, "thou art a fearful and most wonderful liar; if thou art the shadow of Nam-Bok, then thou speakest of shadows, concerning which it is not good that living men have knowledge. This great village thou hast spoken of we deem the village of shadows. Therein flutter[2] the souls of the dead; for the dead be many and the living few. The dead do not come back. Never have the dead come back—save thou with thy wonder-tales. It is not meet[3] that the dead come back, and should we permit it, great trouble may be our portion[4]."

Nam-Bok knew his people well and was aware that the voice of the council was supreme. So he allowed himself to be led down to the water's edge, where he was put aboard his bidarka and a paddle thrust[5] into his hand. A stray wildfowl[6] honked somewhere to seaward, and the surf broke limply and hollowly[7] on the sand. A dim twilight[8] brooded over land and water, and in the north the sun smouldered[9], vague and troubled, and draped about with blood-red mists. The gulls were flying low. The offshore wind blew keen and chill, and the black-massed clouds behind it gave promise of bitter weather.

---

1. **to hearken**: to listen to... (arch. et litt.).
2. **to flutter**: = *voleter,* aussi *palpiter*; **a fluttering heart**.
3. **meet**: adj.: *convenable* (arch. et litt.).
4. Ironie dramatique qui opère un changement de registre dans un récit sur le mode comique : au-delà de la croyance qui la justifie, cette décision signale en fait le refus de l'Histoire dont l'irruption soudaine risque de bouleverser cette société immuable.
5. **to thrust, thrust, thrust**: dénote un mouvement brutal : *fourrer*.

« C'est du monde des ombres que tu les as rapportées, c'est donc au monde des ombres que tu dois les ramener. Ta bidarka est prête et les membres de la tribu attendent. Ils ne pourront dormir que quand tu seras parti. »

Rempli de perplexité, Nam-Bok écoutait la voix du chef de village.

« Si tu es bien Nam-Bok », disait Opee-Kwan, « tu es un affreux menteur de l'espèce la plus étonnante ; si tu es l'ombre de Nam-Bok, alors tu nous parles d'ombres dont il n'est pas bon que les vivants aient connaissance. Nous estimons que ce grand village dont tu as parlé est le village des ombres. C'est là que les âmes des morts flottent légèrement dans l'air, car les morts sont nombreux et il y a peu de vivants. Les morts ne reviennent pas. Jamais les morts ne sont revenus — sinon toi avec tes fables incroyables. Il n'est pas convenable que les morts reviennent, et si jamais nous le tolérions, de grands malheurs pourraient nous advenir. »

Nam-Bok connaissait bien son peuple et il savait que la décision du conseil était sans appel. Il se laissa donc conduire au bord de l'eau ; là, on le fit monter dans sa bidarka et on lui mit la pagaie en main. Quelque part vers le large, le cri rauque d'un oiseau sauvage égaré se fit entendre, et sur le sable, les vagues se brisaient mollement avec un bruit sourd. Une lueur crépusculaire recouvrait la terre et l'eau, et vers le nord, se consumait un soleil indistinct et brouillé enveloppé de vapeurs d'un rouge sanglant. Les mouettes volaient bas. Le vent de terre soufflait, pénétrant et glacé et, derrière lui, les masses noires des nuages laissaient présager un temps rigoureux.

---

6. **fowl** : sans marque du pluriel : *la volaille*.

7. **hollow** : *creux, caverneux* (son).

8. **twilight** = **between two lights** : *lumière incertaine,* de l'aube ou du crépuscule.

9. **to brood** : *couver* (des œufs). **To smoulder:** *couver* (feu mal éteint).

"Out of the sea thou camest," Opee-Kwan chanted oracularly, "and back into the sea thou goest. Thus is balance achieved and all things brought to law."

Bask-Wah-Wan limped to the froth[1]-mark and cried, "I bless thee, Nam-Bok, for that thou remembered me."

But Koogah, shoving Nam-Bok clear of[2] the beach, tore the shawl from her shoulders and flung it into the bidarka.

"It is cold in the long nights," she wailed; "and the frost is prone[3] to nip old bones."

"The thing is a shadow," the bone-scratcher answered, "and shadows cannot keep thee warm[4]."

Nam-Bok stood up that his voice might carry. "O Bask-Wah-Wan, mother that bore me!" he called. "Listen to the words of Nam-Bok, thy son. There be room in his bidarka for two, and he would that thou camest with him. For his journey is to where there are fish and oil in plenty. There the frost comes not, and life is easy, and the things of iron do the work of men. Wilt thou come, O Bask-Wah-Wan[5]?"

She debated a moment, while the bidarka drifted swiftly from her, then raised her voice to a quavering treble. "I am old, Nam-Bok, and soon I shall pass down among the shadows. But I have no wish to go before my time. I am old, Nam-Bok, and I am afraid."

---

1. **froth** : *écume,* spécialement de la bière ; *écume de mer* : **foam**.
2. **clear of** : adv., terme de marine : *à distance de...*
3. **prone = liable to** : *enclin à... ; sujet à...*
4. "the village of shadows" s'oppose à "the land of plenty", lieu de l'abondance, image ancienne et traditionnelle d'un Nouveau Monde mythique, déjà évoqué par Shakespeare dans *La Tempête* (acte II ; sc. I, vers 151-169). En refusant le châle maléfique et superflu, Koogah rejette une société de consommation naissante. Mais, plus qu'à la superstition, Nam-Bok doit sa déconfiture à la passion raisonneuse de sa tribu : construite autour d'un dialogue, la nouvelle n'est pas sans rappeler *Le Supplément au voyage de Bougainville* de Diderot, à ceci près que la civilisation des Blancs y apparaît sous un jour plutôt favorable, non sans une certaine ambivalence ; c'est en effet un des très rares récits où London

« Tu es sorti de la mer », psalmodia Opee-Kwan sur le mode oraculaire, « et c'est à la mer que tu retournes. Ainsi est rétabli l'équilibre et toute chose redevient conforme à la loi. »

Bask-Wah-Wan s'avança en boitillant jusqu'à la ligne dessinée par l'écume et cria : « Reçois ma bénédiction, Nam-Bok, pour t'être souvenu de moi. »

Mais Koogah lui arracha le châle qui couvrait ses épaules et, en poussant Nam-Bok loin du rivage, il le jeta dans la bidarka.

« Les longues nuits sont froides », gémit-elle ; « et la gelée se plaît à pincer les os des vieillards.

— Cette chose est une ombre », répondit le gratteur d'os, « et les ombres ne peuvent te tenir chaud ».

Nam-Bok se leva pour qu'elle puisse entendre sa voix. « Ô Bask-Wah-Wan, ma mère, toi qui m'as porté, écoute les paroles de ton fils, Nam-Bok. Il y a place pour deux dans cette bidarka, et il souhaiterait que tu l'accompagnes. Car son voyage va le mener où il y a du poisson et de l'huile en abondance. Là-bas, la gelée ne vient jamais, la vie est facile et les choses de fer font le travail des hommes. Veux-tu me suivre, Ô Bask-Wah-Wan ? » Elle hésita un moment tandis que la bidarka dérivait rapidement, puis sa voix chevrotante atteignit une note suraiguë : « Je suis vieille, Nam-Bok, et je descendrai bientôt parmi les ombres. Mais je n'ai aucun désir de partir avant mon heure. Je suis vieille, Nam-Bok, et j'ai peur. »

---

présente une société exotique, si démunie soit-elle, comme une véritable culture, avec sa remarquable faculté d'adaptation à un milieu hostile, son goût du concret, ses arts et métiers et ses croyances, intimement liées aux choses naturelles.

5. Le discours final de Nam-Bok souligne, sur le mode tragi-comique, l'ironie et l'humour d'un récit où le sauvage définitive-ment exclu par les siens se fait le propagandiste du progrès, rôle généralement dévolu au civilisé. Toutefois, cette vision à distance n'exclut pas une éventuelle identification du lecteur à des person-nages dont le comportement rend un son familier.

A shaft[1] of light shot across the dim-lit sea and wrapped boat and man in a splendour of red and gold[2]. Then a hush fell upon the fisherfolk, and only was heard the moan of the off-shore wind and the cries of the gulls flying low in the air.

_____

1. **shaft** = **arrow** (litt.).
2. Image glorieuse du Sauveur ou vision ultime avant son anéantissement ?

Un trait de lumière perça l'obscure lueur à la surface de la mer, enveloppant l'homme et le bateau d'un éclat resplendissant de pourpre et d'or. Alors, le silence descendit sur le peuple des pêcheurs et l'on n'entendit plus que la plainte du vent de terre et dans l'air, le cri des mouettes au vol bas.

THE LEAGUE OF THE OLD MEN

LA LIGUE DES VIEILLARDS

At the barracks a man was being tried for his life[1]. He was an old man, a native from the Whitefish[2] River, which empties into the Yukon below Lake Le Barge. All Dawson[3] was wrought up over the affair, and likewise the Yukon dwellers for a thousand miles up and down. It has been the custom of the land-robbing and sea-robbing, Anglo-Saxon to give the law to conquered peoples, and oft-times this law is harsh. But in the case of Imber the law for once seemed inadequate and weak. In the mathematical nature of things, equity did not reside in the punishment to be accorded him. The punishment was a foregone conclusion[4], there could be no doubt of that; and though it was capital, Imber had but one life, while the tale against him was one of scores.

In fact the blood of so many was upon his hands that the killings attributed to him did not permit of precise enumeration. Smoking a pipe by the trailside or lounging around the stove, men made rough[5] estimates of the numbers that had perished at his hand. They had been whites, all of them, these poor murdered people, and they had been slain singly, in pairs, and in parties. And so purposeless and wanton[6] had been these killings that they had long been a mystery to the mounted police, even in the time of the captains, and later, when the creeks[7] realized and a governor came from the Dominion[8] to make the land pay for its prosperity.

---

1. **was being tried**: forme dite "progressive" au passif; **tried for his life**: littéralement *jugé pour sa vie* (cf. **trial**).

2. **whitefish**: sorte de truite saumonée des lacs et rivières d'Amérique du Nord.

3. Ces Indiens sont originaires du sud-ouest du territoire du Yukon à l'extrême nord-ouest du Canada qui a une frontière commune avec l'Alaska; le lac Le Barge (ou Laberge) se trouvait sur l'itinéraire des prospecteurs venus des États-Unis à l'époque de la ruée vers l'or de 1897; Dawson devient alors une ville-champignon en raison de sa situation au confluent du Klondike et du Yukon.

4. **foregone conclusion**: conclusion à laquelle on est déjà parvenu.

5. **rough**: cf. **roughly**: *en gros, à peu près*; aussi: *brutalement*.

À la caserne, un homme jouait sa vie devant un tribunal. C'était un vieillard, originaire de la rivière du Poisson Blanc qui se jette dans le Yukon au-dessous du lac Le Barge. L'effervescence soulevée dans le Tout-Dawson par cette affaire avait gagné tous les riverains du Yukon sur un millier de kilomètres, en amont et en aval. Sur terre comme sur mer, les prédateurs anglo-saxons ont toujours eu pour coutume d'imposer leur loi aux peuples conquis, une loi généralement inexorable. Mais dans le cas d'Imber, elle semblait pour une fois d'une indulgence disproportionnée. Selon l'ordre mathématique des choses, l'équité ne résidait pas dans la nature du châtiment qu'il encourait. Son sort était réglé d'avance, nul n'en pouvait douter; ce serait la peine capitale, mais Imber n'avait qu'une vie alors que l'accusation en comptait des vingtaines.

À la vérité, il avait tant de sang sur les mains qu'il était impossible de calculer le chiffre exact des crimes qu'on lui imputait. Les hommes qui fumaient une pipe au bord de la piste ou qui se prélassaient autour du poêle se livraient à des estimations approximatives du nombre de ceux qui avaient péri sous ses coups. Rien que des Blancs, ces pauvres malheureux qu'on avait assassinés, tués un par un, par deux, par groupes entiers. Et ces meurtres sans mobile semblaient si gratuits qu'ils étaient restés longtemps un mystère pour la police montée, déjà à l'époque des capitaines, et aussi plus tard, quand les rivières s'étaient mises à rapporter et que le Dominion avait envoyé un gouverneur pour faire payer à la terre le prix de sa prospérité.

---

6. **wanton** : *qui n'obéit à aucune loi ;* aussi : *capricieux, dévergondé.*

7. **creek** : U.S. : *cours d'eau ;* G.B. : *crique.*

8. L'afflux d'aventuriers et l'essor économique contraignent le Dominion (Confédération canadienne, créée en 1867) à donner au territoire une structure administrative qui succède à « l'époque des capitaines » (= la police montée, créée en 1873) : l'histoire d'Imber couvre une période d'une vingtaine d'années.

But more mysterious still was the coming of Imber to Dawson to give himself up[1]. It was in the late spring, when the Yukon was growling and writhing under its ice, that the old Indian[2] climbed painfully up the bank from the river trail and stood blinking on the main street. Men who had witnessed his advent noted that he was weak and tottery, and that he staggered over to a heap of cabin logs and sat down. He sat there a full day, staring straight before him at the unceasing tide[3] of white men that flooded past. Many a head jerked[4] curiously to the side to meet his stare, and more than one remark was dropped anent[5] the old Siwash with so strange a look upon his face. No end of men remembered afterwards that they had been struck by his extraordinary figure[6], and for ever afterwards prided themselves upon their swift discernment of the unusual.

But it remained for Dickensen, Little Dickensen, to be the hero of the occasion. Little Dickensen had come into the land with great dreams and a pocketful of cash[7]; but with the cash the dreams vanished, and to earn his passage back to the States he had accepted a clerical position[8] with the brokerage[9] firm of Holbrook and Mason. Across the street from the office of Holbrook and Mason was the heap of cabin logs upon which Imber sat. Dickensen looked out of the window at him before he went to lunch; and when he came back from lunch he looked out of the window, and the old Siwash was still there.

---

1. **to give up** : *abandonner ;* **to give oneself up:** *se livrer.*

2. **the old Indian** : c'est seulement au début de ce long flash-back qu'est révélée l'identité d'Imber ; le retour en arrière permet de donner une image pittoresque de Dawson et de sa population et surtout de maintenir l'attention du lecteur, un peu à la manière d'un récit policier où le mystère est élucidé par étapes successives.

3. **tide** : *marée ;* cf. **high tide, low tide.**

4. **to jerk : jerk:** *secousse :* **the car stopped with a jerk.**

5. **anent** = **about** (arch.).

6. **figure** : ne pas confondre avec **face** ; verbe : **I figure** = **I think** (U.S.). **I can't figure him out** = **I don't understand him** (U.S.). Autre sens : *chiffre.*

Mais le mystère s'était encore épaissi quand Imber était arrivé à Dawson pour se rendre à la police. C'était à la fin du printemps ; le Yukon grondait et se tordait sous la glace lorsque le vieil Indien avait quitté la piste qui longe le fleuve, gravi péniblement la berge, et s'était arrêté au milieu de la grand-rue en clignant des yeux. Les témoins de la scène avaient bien remarqué qu'il était affaibli au point de tenir à peine sur ses jambes et qu'il trébuchait en traversant la rue pour aller s'asseoir sur un tas de rondins. Il était resté là une journée entière, les yeux fixes, contemplant le flot ininterrompu de ces hommes blancs qui déferlait devant lui. De nombreux curieux tournaient brusquement la tête pour croiser son regard et les commentaires allaient bon train devant l'expression si étrange du vieux Siwash. Plus tard, ils furent innombrables à se souvenir d'avoir été frappés par cette silhouette hors du commun et à s'enorgueillir sans fin de leur promptitude à déceler l'inhabituel.

Mais ce fut à Dickensen, au petit Dickensen, qu'il revint d'être le héros du jour. Le petit Dickensen était arrivé dans le pays la tête pleine de rêves et de l'argent plein les poches ; mais, avec l'argent, les rêves s'étaient envolés et, pour payer son retour aux États-Unis, il avait accepté un poste d'employé dans la compagnie de courtiers Holbrook et Mason. C'était en face du bureau de Holbrook et Mason que se trouvait le tas de rondins où Imber était assis. Dickensen l'avait regardé par la fenêtre avant d'aller déjeuner ; il avait fait de même en revenant et constaté que le vieux Siwash était toujours là.

7. **cash** : cf. **(ready) cash** : *argent liquide* ; **cashier** : *caissier*.
8. **clerical position** = **a job as a clerk** : *employé* ; **bank clerk, desk clerk** : *réceptionniste* ; **clerk of the Court** : *greffier* ; aussi *clerc de notaire*.
9. **brokerage firm** : **broker** : *courtier en bourse, agent de change, courtier maritime* ; **wine broker** : *courtier en vins*.

Dickensen continued to look out of the window, and he, too, for ever afterwards prided himself upon[1] his swiftness of discernment. He was a romantic little chap[2], and he likened the immobile old heathen[3] to the genius of the Siwash race, gazing calm-eyed upon the hosts[4] of the invading Saxon. The hours swept along, but Imber did not vary his posture, did not by a hair's-breadth[5] move a muscle; and Dickensen remembered the man who once sat upright on a sled in the main street where men passed to and fro[6]. They thought the man was resting, but later, when they touched him, they found him stiff and cold, frozen to death in the midst of the busy street. To undouble him, that he might fit into a coffin, they had been forced to lug him to a fire and thaw him out a bit. Dickensen shivered at the recollection[7].

Later on Dickensen went out on the sidewalk to smoke a cigar and cool off[8]; and a little later Emily Travis happened along. Emily Travis was dainty and delicate and rare, whether in London or Klondike she gowned[9] herself as befitted the daughter of a millionaire mining engineer. Little Dickensen deposited his cigar on an outside window ledge where he could find it again, and lifted his hat.

They chatted for ten minutes or so, when Emily Travis, glancing past Dickensen's shoulder, gave a startled[10] little scream. Dickensen turned about to see, and was startled too.

---

1. **prided himself upon**: *s'enorgueillir,* cf. **pride**: *orgueil*; **proud** (adj.).

2. **chap**: terme très britannique familier mais distingué pour *type*, peut-être pour éviter **guy** (U.S) que les lecteurs trouveraient vulgaire ; aussi parce que l'histoire se passe en territoire anglais.

3. **heathen** [hɪːðən]: *païen* (non-chrétien), *idolâtre* ; **the Heathen**: *les Infidèles.*

4. **hosts**: *armées,* souvent avec une connotation religieuse comme dans les cantiques : **a host of angels**, employé couramment dans la Bible.

5. **hair's-breadth**: *l'épaisseur d'un cheveu ;* aussi **hairbreadth** ; cf. **we had a hairbreadth escape.**

Il avait continué à le surveiller, et plus tard, lui aussi ne cessa de se féliciter de la rapidité de son jugement. C'était un petit gars à l'imagination romanesque, et il compara le vieux sauvage dans son immobilité au génie de la race Siwash contemplant d'un œil impassible les hordes d'envahisseurs saxons. Les heures passaient, mais Imber conservait la même position, sans bouger le moindre muscle d'un millimètre; alors, Dickensen s'était souvenu de l'homme qui, un jour, était resté assis tout droit sur un traîneau dans la grand-rue parmi les allées et venues des passants. On avait d'abord cru qu'il se reposait, mais, plus tard, on s'aperçut en le touchant qu'il était raide et glacé, mort de froid au milieu de la foule. Pour le redresser, afin de le faire tenir dans un cercueil, il avait fallu le traîner jusqu'à un feu pour le dégeler un peu. Dickensen avait le frisson rien que d'y penser.

Plus tard, il était sorti sur le trottoir fumer un cigare pour se calmer, et ce fut peu après qu'Emily Travis vint à passer. Emily Travis était mignonne, délicate et distinguée; au Klondike comme à Londres, elle était toujours vêtue comme il sied à la fille d'un ingénieur des mines millionnaire. Le petit Dickensen avait déposé son cigare sur le rebord d'une fenêtre où il était sûr de le retrouver et avait soulevé son chapeau.

Ils bavardaient depuis une dizaine de minutes lorsque Emily Travis, en jetant un coup d'œil par-dessus l'épaule de Dickensen, poussa soudain un petit cri d'émoi. Il se retourna pour en voir la raison et resta saisi lui aussi.

---

6. **to and fro** = **up and down**.

7. Les innombrables dossiers où London accumula toute sa vie références et coupures de journaux contenaient des centaines d'anecdotes de ce genre (particulièrement sur le Grand Nord) qu'il utilisait dans ses récits.

8. Il est évident qu'il ne s'agit pas ici de se rafraîchir ; cf. **cool** : *de sang-froid* : **as cool as a cucumber**.

9. **gown** : plus raffiné que **dress** ; *robe* (d'après-midi).

10. **to startle** : *sursauter ;* **to be startled** : *être surpris, effarouché.*

Imber had crossed the street and was standing there, a gaunt and hungry-looking shadow, his gaze riveted upon the girl.

"What do you want?" Little Dickensen demanded, tremulously plucky[1].

Imber grunted and stalked up to Emily Travis. He looked her over, keenly and carefully, every square inch of her. Especially did he appear interested in her silky brown hair[2] and in the colour of her cheek, faintly sprayed[3] and soft, like the downy[4] bloom of a butterfly wing. He walked around her, surveying her with the calculating eye of a man who studies the lines upon which a horse or boat is builded[5]. In the course of his circuit the pink shell[6] of her ear came between his eye and the westering[7] sun, and he stopped to contemplate its rosy transparency. Then he turned to her face and looked long and intently into her blue eyes. He grunted and laid a hand on her arm midway between the shoulder and elbow. With his other hand he lifted her forearm and doubled[8] it back. Disgust and wonder showed in his face, and he dropped her arm with a contemptuous[9] grunt. Then he muttered a few guttural syllables, turned his back upon her, and addressed himself to Dickensen.

Dickensen could not understand his speech, and Emily Travis laughed. Imber turned from one to the other, frowning, but both shook their heads. He was about to go away, when she called out[10]:

---

1. **tremulously plucky**: cf. **pluck, to be plucky**: *avoir du cran*. Le rapprochement cocasse de ces termes antithétiques montre comment la présence d'une femme (denrée très recherchée à Dawson où les rares mariages se faisaient volontiers par petites annonces) donne le ton à toute la scène. L'atmosphère d'époque est remarquablement rendue dans le film de Robert Altman *McCabe and Mrs Miller (McCabe)*.

2. Allusion humoristique à la pratique du scalp?

3. **to spray**: *vaporiser, pulvériser*; cf. **hair spray, insecticide spray**.

4. **downy**: *duveteux,* de **down**: *duvet*.

5. **builded**: arch. pour **built**.

6. **shell**: *coquillage*.

Imber avait traversé la rue et se tenait là comme une ombre décharnée, l'air affamé, les yeux rivés sur la jeune fille.

« Qu'est-ce que tu veux ? » demanda crânement le petit Dickensen d'une voix chevrotante.

Imber répondit par un grognement et, d'une enjambée, s'approcha d'Emily Travis. D'un regard perçant, il l'examina sur toutes les coutures. Il semblait accorder un intérêt particulier à sa chevelure brune et soyeuse et à la couleur qui recouvrait ses joues d'une vapeur douce et légère, comme l'éclat velouté de l'aile du papillon. Il tourna autour d'elle en l'évaluant de l'œil d'un expert, habile à calculer les proportions d'un bateau ou d'un cheval. Dans ce mouvement circulaire, la conque rosée de l'oreille de la jeune fille vint à intercepter le soleil couchant et il s'arrêta pour contempler cette transparence vermeille. Puis il en vint au visage, et, longuement, intensément, il plongea son regard dans les yeux bleus. Il grommela et posa sa main sur le bras, à mi-chemin entre le coude et l'épaule. De l'autre main, il leva et replia l'avant-bras. Il prit une expression de dégoût et d'étonnement avant de le laisser retomber avec un grognement de mépris. Puis, il marmonna quelques syllabes gutturales et tourna le dos à la jeune fille pour s'adresser à Dickensen.

Dickensen ne comprenait rien à ce qu'il disait, et Emily Travis se mit à rire. Les sourcils froncés, Imber se tourna vers l'un, puis vers l'autre, mais tous deux secouèrent la tête. Il allait s'éloigner lorsqu'elle s'écria :

---

7. **westering** : **going westward** ; s'emploie pour le vent, un bateau et un astre ; les verbes formés sur les autres points cardinaux n'appartiennent qu'au vocabulaire maritime (vent ou bateau).

8. **to double** : *replier ;* **to double up** : *se plier en deux.*

9. **contemptuous** = **disdainful** ; subst. = **contempt ; contemptible** : *méprisable* ; verbes : **to contemn, to despise, to scorn.**

10. Scène muette qui en dit plus long que les discours sur l'écart entre les valeurs morales et esthétiques des deux civilisations.

"Oh, Jimmy! Come here!"

Jimmy came from the other side of the street. He was a big, hulking[1] Indian clad in approved white-man style, with an Eldorado king's[2] sombrero on his head. He talked with Imber, haltingly[3], with throaty spasms. Jimmy was a Sitkan, possessed of no more than a passing knowledge of the interior[4] dialects.

"Him Whitefish man," he said to Emily Travis. "Me savve um talk no very much. Him want to look see chief white man."

"The governor," suggested Dickensen.

Jimmy talked some more with the Whitefish man, and his face went grave and puzzled.

"I t'ink um want Cap'n Alexander," he explained. "Him say um kill white man, white woman, white boy, plenty kill um white people. Him want to die."

"Insane, I guess[5]," said Dickensen.

"What you call dat[6]?" queried Jimmy.

Dickensen thrust a finger figuratively inside his head and imparted a rotary motion thereto.

"Mebbe so, mebbe so," said Jimmy, returning to Imber, who still demanded the chief of the white men.

A mounted policeman (unmounted for Klondike service) joined the group and heard Imber's wish repeated. He was a stalwart young fellow, broad-shouldered, deep-chested, legs cleanly built and stretched wide apart, and tall though Imber was, he towered above him by half a head.

---

1. **hulking** ou **hulk** : *énorme masse* (sens plutôt péjoratif).

2. **Eldorado king** : désigne les mineurs qui ont fait instantanément fortune en prospectant un petit cours d'eau surnommé "Eldorado" et qui se révéla la trouvaille la plus fabuleuse après celle du "Bonanza" (petit affluent du Klondike alimenté par l'Eldorado). Leur coiffure incongrue, toujours dans la note espagnole, les distingue de la foule ordinaire.

3. **haltingly** : *en trébuchant sur les mots.*

4. **of the interior** : insulaire comme Sitka Charley, il ne maîtrise guère mieux l'anglais que la langue des Poissons Blancs.

5. **I guess = I think** (U.S.) (G.B. : *deviner*). Plus loin, **I fancy**, très

« Oh, Jimmy ! Viens donc par ici ! »

Jimmy traversa la rue et s'approcha. C'était un Indien fort et massif, habillé, comme cela était bien vu, à la mode des Blancs, et coiffé d'un de ces sombreros que portent les rois de l'Eldorado. Il échangea avec Imber quelques mots hésitants sur un ton haché et guttural. Jimmy était un Sitkan et ne possédait qu'une connaissance approximative des dialectes de l'intérieur.

« Lui est un homme des Poissons Blancs », dit-il à Emily Travis. « Moi je sais pas parler à lui beaucoup. Lui il veut regarder voir grand chef de l'homme blanc.

— Le gouverneur », suggéra Dickensen.

Jimmy parla encore un peu avec l'homme des Poissons Blancs, puis il prit un air grave et embarrassé.

« Moi je crois que lui il veut le cap'taine Alexander », expliqua-t-il. « Lui il dit tuer femme blanche, garçon blanc, tuer beaucoup des Blancs. Lui il veut mourir.

— Il est fou, j'imagine », dit Dickensen.

« Comment tu dis ? » interrogea Jimmy.

Dickensen fit mine d'enfoncer un doigt dans sa tête et lui imprima un mouvement de rotation.

« Peut-être bien, peut-être bien », dit Jimmy, revenant à Imber qui réclamait toujours le chef des hommes blancs.

Un membre de la police montée (à pied pour le service du Klondike) s'approcha du petit groupe et entendit Imber répéter sa requête. C'était un jeune et solide gaillard, aux larges épaules, à la poitrine bombée, fermement planté sur ses jambes écartées aux contours bien dessinés et malgré la haute taille d'Imber, il le dominait d'une demi-tête.

---

britannique, marque comme le précédent la différence d'origine entre les deux personnages.

6. Noter l'impossibilité de prononcer le **th** (cf. **I t'ink**), trait invariable des personnages indiens ou noirs. La reprise de la scène sous forme de dialogue révèle une partie du mystère, explique la pantomime d'Imber et sert d'intermède comique (dont ce galimatias est censé être un élément).

His eyes were cool and grey and steady[1], and he carried himself with the peculiar confidence of power that is bred of blood[2] and tradition. His splendid masculinity was emphasized[3] by his excessive boyishness—he was a mere lad[4]—and his smooth cheek promised a blush as willingly as the cheek of a maid[5].

Imber was drawn to him at once. The fire leaped into his eyes at sight of a sabre slash that scarred his cheek. He ran a withered hand down the young fellow's leg and caressed the swelling thew. He smote the broad chest with his knuckles, and pressed and prodded[6] the thick muscle pads that covered the shoulders like a cuirass. The group had been added to by curious passers-by—husky[7] miners, mountaineers, and frontiersmen, sons of the long-legged and broad-shouldered generations. Imber glanced from one to another, then he spoke aloud in the Whitefish tongue.

"What did he say?" asked Dickensen.

"Him say um all the same one man, dat p'liceman," Jimmy interpreted.

Little Dickensen was little, and what of Miss Travis? He felt sorry for having asked the question.

The policeman was sorry for him and stepped into the breach[8]. "I fancy there may be something in his story.

---

1. **steadily**: adj. **steady**: *régulier, ferme;* **steady!**: *du calme!*
2. **blood**: un des mots clefs de London, connote l'hérédité, et les liens qui unissent les individus d'une même race dont il garantit la pureté (singulièrement celle de la race blanche); il est signe de noblesse au même titre que le sang bleu de l'aristocratie et fonde les mêmes prérogatives de caste.
3. **to emphasize**: *souligner, mettre en relief.*
4. **lad** = **boy**; **maid** = **girl** (arch.).
5. L'exubérance linguistique, le ton convenu et volontiers grandiloquent de ces portraits quasi emblématiques sont dans le goût de toute une tradition académique, littéraire et picturale, du XIXe siècle; ils contrastent avec l'évocation du monde naturel, perçu avec toute l'acuité que donne l'imagination matérielle. La description de la virilité triomphante révèle ce culte du corps que London a toujours pratiqué, et il n'est pas interdit d'y lire comme un autoportrait.

Il avait des yeux gris d'un calme imperturbable, et son maintien dénotait cette assurance particulière que donne le pouvoir conféré par le sang et la tradition. Sa superbe virilité était accentuée par son extrême jeunesse, ce n'était encore qu'un gamin, et sa joue imberbe semblait prête à rougir aussi volontiers que celle d'une jeune fille.

Imber fut immédiatement attiré vers lui. Une flamme jaillit dans ses yeux à la vue d'une cicatrice qu'un coup de sabre lui avait laissée sur la joue. Sa main parcheminée glissa le long de la jambe du jeune homme pour en caresser les muscles saillants. De son poing fermé, il frappa la vaste poitrine et appuya avec insistance sur l'épais rembourrage de muscles qui recouvrait les épaules comme une cuirasse. Des badauds étaient venus se joindre au groupe — mineurs, trappeurs, hommes de la frontière, robustes descendants de générations aux longues jambes et aux larges épaules. Imber les regarda l'un après l'autre, puis se mit à parler dans la langue des Poissons Blancs.

« Qu'est-ce qu'il a dit ? » demanda Dickensen.

« Lui il dit que ce policier, il est tout à fait vraiment un homme », lui répondit l'interprète.

Le petit Dickensen était tout petit, et puis, il y avait Miss Travis... Il regretta d'avoir posé la question.

Le policier eut pitié de lui et profita de l'interruption pour intervenir. « J'imagine qu'il peut y avoir du vrai dans son histoire.

---

6. **to prod** : *pousser, aiguillonner*.
7. **husky** : husky voice: *voix rauque,* **a husky fellow** = **very strong**.
8. **stepped into the breach** : *pénétra dans la brèche* (langage militaire).

I'll take him up to the captain for examination. Tell him to come along with me, Jimmy."

Jimmy indulged in[1] more throaty spasms, and Imber grunted and looked satisfied.

"But ask him what he said, Jimmy, and what he meant when he took hold of my arm."

So spoke Emily Travis, and Jimmy put the question and received the answer.

"Him say you no afraid," said Jimmy.

Emily Travis looked pleased.

"Him say you no *skookum*, no strong, all the same very soft like little baby. Him break you, in um two hands, to little pieces. Him t'ink much funny, very strange, how you can be mother of men so big, so strong, like dat p'liceman."

Emily Travis kept her eyes up and unfaltering[2], but her cheeks were sprayed with scarlet. Little Dickensen blushed and was quite embarrassed. The policeman's face blazed[3] with his boy's blood[4].

"Come along, you," he said gruffly, setting his shoulder to the crowd and forcing a way.

Thus it was that Imber found his way to the barracks, where he made full and voluntary confession, and from the precincts[5] of which he never emerged.

Imber looked very tired. The fatigue of hopelessness and age was in his face. His shoulders drooped depressingly, and his eyes were lack-lustre.

---

1. **indulged in** : *s'adonner* (à des plaisirs, à un vice) ; cf. **to indulge in a glass of whisky** : *se permettre* le luxe de... ; ironique ici.

2. **unfaltering** : cf. **in a faltering voice** : *d'une voix hésitante, entrecoupée.*

3. **blazed** = to blaze = to burn with bright flame ; cf. **a blazing fire, we walked under a blazing sun ; her eyes blazed with fury** (fig.) ; autre sens : **to lead, to pioneer, to mark out ; cf. to blaze a trail ; trail blazer** (fig.) : *pionnier* (dans un domaine quelconque).

Je vais le conduire chez le capitaine pour qu'il l'interroge. Dis-lui de me suivre, Jimmy. »

La gorge de Jimmy émit d'autres sons gutturaux et saccadés, Imber grogna et parut satisfait.

« Mais, demande-lui ce qu'il a dit, Jimmy, et pour quelles raisons il m'a saisi le bras. »

C'était Emily Travis qui avait parlé, Jimmy posa la question et la réponse ne tarda pas.

« Lui il dit que toi tu as pas peur », dit Jimmy.

Emily Travis eut l'air ravi.

« Lui il dit que toi tu es pas *skookum*, pas forte, et tout à fait très délicate, comme petit bébé. Lui il te casse dans ses deux mains, tout en petits morceaux. Lui il trouve très drôle, très étrange, que toi tu peux être la mère d'hommes si grands, si forts comme ce policier. »

Sans broncher, Emily Travis ne baissa pas les yeux, mais ses joues se couvrirent d'écarlate. Le petit Dickensen se mit à rougir, au comble de l'embarras. Le sang juvénile du policier lui empourpra le visage.

« Amène-toi », dit-il d'un ton rogue en se frayant de l'épaule un passage à travers la foule.

Et c'est ainsi qu'Imber était arrivé à la caserne; spontanément, il avait fait des aveux complets, et il n'en était plus ressorti.

Imber avait l'air très fatigué. Sur son visage se lisait la lassitude due à l'âge et à la résignation. Ses épaules étaient courbées par le découragement et ses yeux avaient perdu leur éclat.

---

4. London ne présente pas Emily Travis comme l'image de la Nouvelle Femme. Elle incarne plutôt la « jeune fille américaine qui semble régler notre destinée » qu'il dénonce dans ses lettres, celle « qu'il est interdit de choquer, incapable d'absorber tout ce qui n'est pas aussi insipide que le lait de jument », c'est-à-dire celle pour qui les magazines lui imposent l'autocensure et à qui il fait ici un pied de nez.

5. **precincts** : ['prɪːsɪŋkt]: *enceinte, alentours;* U.S. : division administrative d'un commissariat.

His mop of hair should have been white, but sun and weather had burned and bitten it so that it hung limp and lifeless and colourless[1]. He took no interest in what went on around him. The courtroom was jammed with the men of the creeks and the trails, and there was an ominous[2] note in the rumble and grumble[3] of their lowpitched[4] voices, which came to his ears like the growl of the sea from deep caverns.

He sat close by a window, and his apathetic eyes rested now and again on the dreary scene without. The sky was overcast[5], and a grey drizzle was falling. It was floodtime on the Yukon. The ice was gone, and the river was up in the town. Back and forth on the main street, in canoes and poling boats[6], passed the people that never rested. Often he saw these boats turn aside from the street and enter the flooded square that marked the barracks' parade ground. Sometimes they disappeared beneath him, and he heard them jar[7] against the house logs and their occupants scramble in through the window. After that came the slush[8] of water against men's legs as they waded[9] across the lower room and mounted the stairs. Then they appeared in the doorway, with doffed hats and dripping sea boots, and added themselves to the waiting crowd.

And while they centred their looks on him, and in grim[10] anticipation enjoyed the penalty he was to pay,

---

1. La transition entre la fin du retour en arrière et la reprise du récit s'est effectuée imperceptiblement : l'air accablé d'Imber fait suite à la mention de sa longue captivité et la première phrase du portrait pourrait s'articuler avec le début de la nouvelle.

2. **ominous** : adj. dénote toujours le mauvais présage alors que **omen**, subst., a un sens neutre : **ill omen, good omen**.

3. **rumble and grumble** : expression allitérative, désigne un *grondement sourd* ; cf. **the train rumbled in the distance; he is always grumbling about something**.

4. **lowpitched** : pitch : *ton, diapason* : **to give the pitch** : donner le ton.

5. **overcast** : *couvert*, **to cast, cast, cast** : *jeter*.

6. **poling boat** : *barque à fond plat menée à la gaffe* = **punt**.

Sa tignasse aurait dû être blanche, mais la brûlure du soleil et les attaques des intempéries l'avaient décolorée, et ses cheveux pendaient, ternes et sans vie. Il ne s'intéressait pas à ce qui se passait autour de lui. Dans la salle du tribunal se pressait la foule des chercheurs d'or et des coureurs de pistes, et il y avait un sinistre présage dans la sourde rumeur de leurs voix de basse qui parvenaient à ses oreilles comme le grondement de la mer des profondeurs des grottes.

Il était assis près d'une fenêtre et, de temps à autre, il regardait d'un air indifférent le spectacle lugubre du dehors. D'un ciel bas tombait une bruine grisâtre. Le Yukon était en crue. La glace avait disparu et le fleuve débordait dans la ville. Sans répit, des embarcations sillonnaient la grand-rue à la pagaie ou à la gaffe. Souvent, il les voyait quitter la rue pour pénétrer sur la place inondée qui délimitait le champ de manœuvres de la caserne. Parfois, elles disparaissaient sous lui, puis, il les entendait cogner contre les murs de rondins, leurs occupants jouer des pieds et des mains pour escalader les fenêtres. Puis il percevait le clapotis de l'eau sous le pas des hommes qui traversaient en pataugeant la pièce du rez-de-chaussée pour monter l'escalier. Alors, ils apparaissaient dans l'encadrement de la porte, le chapeau à la main, leurs hautes bottes dégoulinant d'eau, et venaient grossir la foule qui attendait.

Et tandis qu'ils braquaient sur lui des regards sinistres, éprouvant un plaisir anticipé à l'idée du châtiment qu'il allait subir,

---

7. **jar** : **jarring noise**: *bruit discordant.*
8. **slush** : *neige fondante, gadoue.*
9. **waded** : cf. **wader**: *échassier, botte de pêche* (cuissarde).
10. **grim** : *sévère, menaçant, lugubre ;* cf. **a grim smile, a grim landscape**.

Imber looked at them and mused on their ways, and on their law that never slept, but went on unceasing, in good times and bad, in flood and famine, through trouble and terror and death, and which would go on unceasing, it seemed to him, to the end of time.

A man rapped[1] sharply on a table, and the conversation droned away into silence[2]. Imber looked at the man. He seemed one in authority, yet Imber divined the square-browed man who sat by a desk farther back to be the one chief over them all and over the man who had rapped. Another man by the same table rose and began to read aloud from many fine sheets of paper. At the top of each sheet he cleared his throat, at the bottom moistened his fingers. Imber did[3] not understand his speech, but the others did, and he knew that it made them angry. Sometimes it made them very angry, and once a man cursed him, in single syllables[4], stinging[5] and tense, till a man at the table rapped him to silence.

For an interminable period the man read. His monotonous, sing-song utterance lured[6] Imber to dreaming, and he was dreaming deeply when the man ceased. A voice spoke to him in his own Whitefish tongue, and he roused up, without surprise, to look upon the face of his sister's son, a young man who had wandered away years ago to make his dwelling with the whites.

---

1. **rapped : to rap** = **to knock**; dénote un coup sec et bref; autres sens : **rap**, *fausse pièce de monnaie*, d'où **I don't give a rap** (cf. "The White Silence", 1ʳᵉ page), ou encore *parole brusque*, rapide et agressive, d'où **rap** : joute verbale très sophistiquée pratiquée par les jeunes Noirs, spécialement dans les ghettos.

2. **droned away into silence : to drone:** *bourdonner* (insectes, moteur) ; **away** indique que le processus s'accomplit graduellement, **into,** le changement d'état ; cf. **rapped him to silence.**

3. **did :** reprise de l'auxiliaire, constante en anglais, nécessite des traductions différentes selon le contexte.

4. "monosyllabe" ne serait pas dans le ton, la scène étant décrite par Imber qui s'est insensiblement substitué au narrateur et qui essaye de

Imber considérait ces hommes, il méditait sur leurs coutumes et sur leur loi qui ne dormait jamais, mais perdurait inlassablement, à travers heurs et malheurs, en temps d'inondation et de disette, malgré les tourments, la terreur et la mort, et qui, inlassablement, lui semblait devoir perdurer jusqu'à la fin des temps.

Un homme frappa un coup sec sur une table, et la rumeur des conversations s'éteignit dans le silence. Imber le regarda. Il lui semblait être un représentant de l'autorité, toutefois, son intuition lui dit que l'homme au front carré, assis plus loin à un bureau, devait être leur chef à tous, y compris de celui qui avait frappé. Près de la même table, un autre homme se leva et se mit à lire à haute voix de nombreuses feuilles d'un papier très mince. Arrivé en haut de chaque page, il se raclait la gorge, une fois en bas, il s'humectait les doigts. Imber ne comprenait pas ce qu'il disait ; ce n'était pas le cas des autres, et il voyait bien que cela les mettait en colère. Parfois, ils devenaient tout à fait furieux, et soudain, un homme se mit à l'injurier, une syllabe à la fois, d'un ton cinglant et crispé, jusqu'à ce qu'un autre homme, assis à la table, le fasse taire en tapant un coup sec avec un marteau.

Pendant un temps interminable, l'homme continua de lire. Son débit monotone et chantant entraînait Imber dans une rêverie de plus en plus profonde, lorsque l'homme s'arrêta. Une voix se mit à lui parler dans sa propre langue, et ce fut sans étonnement qu'il émergea pour trouver devant lui le visage du fils de sa sœur, un garçon qui était parti au loin, bien des années auparavant, pour établir sa demeure parmi les Blancs.

---

comprendre ce qui se passe. Dans le recueil **The Children of the Frost**, dont cette nouvelle et "Nam-Bok" font partie, le point de vue adopté est celui des Indiens, Les Enfants du froid.

5. **stinging** : to sting, stung, stung : *piquer* (comme un insecte).

6. **lured** : (cf. *leurre*) : *tromper, attirer par la ruse* : **he was lured into a trap**.

"Thou dost not remember me," he said by way of greeting[1].

"Nay," Imber answered. "Thou art Howkan who went away. Thy mother be dead."

"She was an old woman," said Howkan.

But Imber did not hear, and Howkan, with hand upon his shoulder, roused him again.

"I shall speak to thee what the man has spoken, which is the tale of the troubles[2] thou hast done and which thou hast told, O fool, to the Captain Alexander. And thou shalt understand and say if it be true or not true talk. It is so commanded."

Howkan had fallen among the mission folk[3] and been taught by them to read and write. In his hands he held the many fine sheets from which the man had read out aloud, and which had been taken down by a clerk when Imber first made confession, through the mouth of Jimmy, to Captain Alexander. Howkan began to read. Imber listened for a space, when a wonderment rose up in his face and he broke in abruptly.

"That be my talk, Howkan. Yet from thy lips it comes when thy ears have not heard."

Howkan smiled with self-appreciation. His hair was parted in the middle[4]. "Nay, from the paper it comes, O Imber. Never have my ears heard. From the paper it comes, through my eyes, into my head, and out of my mouth to thee. Thus it comes."

1. **to greet**: *accueillir;* le subst. est surtout employé dans les formules de politesse et dans les cartes de Noël : **Christmas Greetings**.

2. **troubles**: cf. un grand nombre d'expressions courantes : **he's in bad trouble, don't take the trouble**: *ne vous donnez pas cette peine* (= **don't trouble to...**); **that's the trouble**: *c'est ça l'ennui*; aussi, **he's quite troubled**: *inquiet, préoccupé*.

3. **the mission folk**: dès l'arrivée des Blancs, l'Alaska et le Yukon sont parcourus par des missionnaires de toutes confessions : orthodoxes pendant la période russe, puis anglicans et catholiques venus du Canada, plus tard des États-Unis; il y subsiste encore quelques chapelles de style byzantin.

« Tu ne te souviens pas de moi », dit-il, en guise de salutation.

« Mais si », répondit Imber. « Tu es Howkan, celui qui nous a quittés. Ta mère est morte.

— Elle était vieille », dit Howkan.

Mais Imber n'entendait pas, et Howkan dut poser une main sur son épaule pour le réveiller.

« Je vais te répéter ce que l'homme a dit ; c'est l'histoire des maux que tu as causés, telle que tu l'as racontée, ô stupide créature, au capitaine Alexander. Alors, tu pourras comprendre et dire si cela est vrai ou faux. Ainsi en ont-ils décidé. »

Howkan était tombé un jour chez les gens de la mission où il avait appris à lire et à écrire. Il tenait à la main les nombreuses feuilles de papier minces que l'homme avait lues tout haut ; elles contenaient les notes prises par un secrétaire, lors des premiers aveux qu'Imber avait faits au capitaine Alexander par la bouche de Jimmy. Howkan se mit à lire. Imber l'écouta un moment, puis une expression d'émerveillement apparut sur son visage et il l'interrompit brusquement.

« Ce sont bien là mes paroles, Howkan. Cependant, elles viennent sur tes lèvres sans que tes oreilles les aient entendues. »

Howkan sourit d'un air content de lui. Il portait la raie au milieu. « Mais non, c'est du papier qu'elles viennent, ô Imber. Jamais mes oreilles ne les ont entendues. Elles viennent du papier, elles passent par mes yeux, entrent dans ma tête, et sortent par ma bouche pour parvenir jusqu'à toi. Voilà comment viennent tes paroles.

---

4. Il existe dans le recueil deux catégories d'Indiens occidentalisés : ceux qui, ayant assimilé la culture blanche comme Sitka Charley, demeurent des figures ambiguës, et les autres qui s'appliquent à singer les manières des Blancs, comme Jimmy ou Howkan, et apparaissent comme une caricature des premiers.

"Thus it comes? It be there in the paper?" Imber's voice sank in whisperful awe as he crakled the sheets 'twixt thumb and finger and stared at the charactery[1] scrawled[2] thereon. "It be a great medicine, Howkan, and thou art a worker of wonders."

"It be nothing, it be nothing," the young man responded carelessly[3] and pridefully. He read at hazard from the document: "In that year, before the break of the ice, came an old man, and a boy who was lame[4] of one foot. These also did I kill, and the old man made much noise——"

"It be true," Imber interrupted breathlessly[5]. "He made much noise and would not die for a long time. But how dost thou know, Howkan? The chief man of the white men told thee, mayhap? No one beheld me, and him alone have I told."

Howkan shook his head with impatience. "Have I not told thee it be there in the paper, O fool?"

Imber stared hard at the ink-scrawled surface. "As the hunter looks upon the snow and says, 'Here but yesterday there passed a rabbit; and here by the willow scrub[6] it stood and listened, and heard, and was afraid; and here it turned upon its trail; and here it went with great swiftness, leaping wide; and here, with greater swiftness and wider leapings, came a lynx; and here, where the claws[7] cut deep into the snow, the lynx made a very great leap;

---

1. **charactery** : et non **characters**, désigne des signes ou des symboles inusités, donc incompréhensibles pour qui les lit.

2. **scrawled** : to scrawl: *griffonner, écrire à la hâte* ; révèle davantage le point de vue d'Imber que la nature de l'écriture.

3. **careless** : *qui ne prend pas soin de, négligent, inattentif* ; indique également, comme ici, une certaine affectation, soulignée par les deux termes antithétiques : *négligement et avec orgueil* (**pridefully**).

4. **lame** : *boiteux, estropié* ; sens fig. : lame argument: *argument faible* ; **lame answer**: *réponse embarrassée*.

5. **breathlessly** : adj. **breathless** : *hors d'haleine, le souffle coupé*, souvent par une émotion alors que **out of breath** a un sens purement physique.

— Elles viennent ainsi? Elles sont là, sur le papier?»
La voix d'Imber devint un murmure exprimant une
crainte respectueuse, tandis qu'il froissait le papier entre le
pouce et l'index, en contemplant le gribouillage mystérieux qu'il contenait.

« Voilà une magie bien extraordinaire, Howkan, et tu es
un faiseur de prodiges.

— Cela n'est rien, cela n'est rien», répondit le jeune
homme avec fausse modestie. Il lut un passage pris au
hasard : «Cette année-là, avant la débâcle des glaces,
vinrent un vieillard et un jeune garçon qui boitait d'un
pied. Ceux-là aussi, je les ai tués, et le vieil homme fit
beaucoup de bruit...

— Cela est vrai», interrompit Imber d'une voix hale-
tante. «Il a fait beaucoup de bruit, et pendant longtemps,
il a refusé de mourir. Mais comment le sais-tu, Howkan?
Le chef des hommes blancs te l'a sans doute raconté?
Personne ne m'avait vu, et, à lui seul, je l'ai dit.»

Howkan secoua la tête avec impatience. «Ne t'ai-je pas
dit que c'est marqué là, sur le papier, ô stupide
créature?»

Imber examina minutieusement la surface barbouillée
d'encre.

« Ainsi, comme le chasseur regarde la neige et dit : ''Ici,
pas plus tard qu'hier est passé un lapin; et ici, près de cette
touffe de saules, il s'est arrêté, l'oreille aux aguets, il a
entendu et il a eu peur; ici, il a brouillé sa piste; ici, il a
détalé en faisant de grands bonds; et là, est arrivé un lynx
qui courait encore plus vite et faisait des bonds encore plus
grands; et ici, là où ses griffes ont entaillé profondément la
neige, le lynx a fait un énorme bond;

---

6. **scrub** : désigne une végétation de *broussaille*; **a clump of trees:** *un
bouquet d'arbres.*

7. **claws** : faisant allusion à un poème de Tennyson **(In Memoriam)**,
London qualifiait volontiers les histoires où il mettait en scène la
violence de la lutte pour la vie de **red of tooth and claw.**

and here it struck, with the rabbit under and rolling belly up; and here leads off the trail of the lynx alone, and there is no more rabbit'— as the hunter looks upon the markings of the snow and says thus and so and here, dost thou, too, look upon the paper and say thus and so and here be the things old Imber hath done?"

"Even so[1]," said Howkan. "And now do thou listen, and keep thy woman's tongue between thy teeth till thou art called upon[2] for speech."

Thereafter, and for a long time, Howkan read to him the confession, and Imber remained musing and silent. At the end he said:

"It be my talk, and true talk, but I am grown old, Howkan, and forgotten things come back to me which were well for the head man there to know. First, there was the man who came over the Ice Mountains, with cunning traps made of iron, who sought the beaver of the Whitefish. Him I slew[3]. And there were three men seeking gold on the Whitefish long ago[4]. Them also I slew, and left them to the wolverines. And at the Five Fingers there was a man with a raft and much meat."

At the moments when Imber paused to remember, Howkan translated and a clerk reduced to writing. The courtroom listened stolidly to each unadorned little tragedy, till Imber told of a red-haired man whose eyes were crossed and whom he had killed with a remarkably long shot.

---

1. **even so** : dans le langage courant : *quand même* (même ainsi), *malgré tout* : **even so, he did not stop talking**; il s'agit ici d'une tournure littéraire où **even** ne fait que renforcer **so**.

2. **called upon** : to call upon sb.: *rendre visite à qqn ;* **to call upon sb. to do sth.**: *inviter, sommer qqn à, de faire qch.* selon les contextes.

3. **slew** : to slay, slew, slain; cf. slaughter: *massacre*.

4. Le récit d'Imber peut se lire comme une chronologie des changements économiques intervenus dans l'exploitation des terres indiennes : d'abord l'activité la plus ancienne, celle des trappeurs **(mountainmen)** et la chasse aux castors, sur le déclin dès 1840 en raison

ici, il a frappé et il a fait rouler le lapin sous lui, le ventre en l'air ; et, à partir de là, il ne reste plus que la piste du lynx, il n'y a plus de lapin'' — donc, comme le chasseur, en regardant les traces sur la neige, peut dire comment, de quelle façon et où, toi, tu regardes le papier, et tu peux dire comment, de quelle façon et où le vieil Imber a fait ce qu'il a fait ?

— Exactement », dit Howkan. « Et maintenant, tais-toi, ta langue est comme celle d'une femme, retiens-la entre tes dents jusqu'à ce qu'on te donne la parole. »

Là-dessus, et pendant longtemps, Howkan lui lut sa confession, et Imber demeura silencieux et rêveur. Quand ce fut fini, il dit : « Ce sont bien mes paroles, et c'est la vérité, mais je suis devenu vieux, Howkan, il me revient des choses oubliées, et il serait bon que le chef, là-bas, en prenne connaissance. D'abord, il y a eu l'homme qui avait traversé les Montagnes de Glace avec des pièges de fer ingénieux pour capturer les castors de la rivière du Poisson Blanc. Celui-là, je l'ai tué. Puis, il y a longtemps, il y eut trois hommes venus chercher de l'or dans la rivière du Poisson Blanc. Eux aussi, je les ai tués, et j'ai abandonné leurs corps aux gloutons. Et aux Cinq Doigts, il y a eu encore un autre homme, avec un radeau et beaucoup de viande. »

Lorsque Imber s'arrêtait pour rassembler ses souvenirs, Howkan traduisait, et un greffier résumait par écrit. L'assistance écoutait, impassible, chacune de ces brèves tragédies contées sans artifice, jusqu'au moment où Imber mentionna un homme aux cheveux rouges dont les yeux louchaient et qu'il avait tué de très loin, d'un seul trait.

---

de l'extermination de l'espèce et de l'évolution de la mode européenne des chapeaux ; puis la prospection, entreprise bien avant 1897, ensuite le commerce sous la forme du troc, et enfin le recrutement forcé d'une main-d'œuvre bon marché destinée à travailler au portage ou au forage en échange d'un peu d'argent.

"Hell," said a man in the forefront of the onlookers. He said it soulfully[1] and sorrowfully[2]. He was red-haired. "Hell," he repeated. "That was my brother Bill." And at regular intervals throughout the session, his solemn "Hell' was heard in the courtroom; nor did his comrades check[3] him, nor did the man at the table rap him to order[4].

Imber's head drooped once more, and his eyes went dull, as though a film[5] rose up and covered them from the world. And he dreamed as only age can dream upon the colossal futility of youth.

Later Howkan roused him again, saying: "Stand up, O Imber. It be commanded that thou tellest why you did these troubles, and slew these peoples[6], and at the end journeyed here seeking the law."

Imber rose feebly to his feet and swayed back and forth. He began to speak in a low and faintly rumbling voice, but Howkan interrupted him.

"This old man, he is damn crazy[7]," he said in English to the square-browed man. "His talk is foolish and like that of a child."

"We will hear his talk which is like that of a child," said the square-browed man. "And we will hear it, word for word, as he speaks it. Do you understand?"

Howkan understood, and Imber's eyes flashed, for he had witnessed[8] the play between his sister's son and the man in authority[9].

---

1. **soulfully** : littéralement : *en y mettant toute son âme*.

2. **sorrowfully** : sorrow: *chagrin* ; cf. **grief**.

3. **to check** : *arrêter, réfréner* ; aussi, *contrôler, vérifier ;* cf. **to have a check up**.

4. **rap him to order** : order! terme employé dans les réunions publiques et au Parlement pour ramener le calme ; **to call sb. to order**.

5. **film** : *mince couche, pellicule, membrane, voile* léger comme celui de la *brume* (**mist**).

6. **peoples** : dans son anglais incorrect, Howkan confond **people** : *gens* et **peoples** : *peuples*.

« Bon Dieu ! » dit un homme au premier rang des spectateurs, sur un ton pénétré et douloureux. Il était roux. « Bon Dieu ! » répéta-t-il. « C'était mon frère Bill. » Et à intervalles réguliers, pendant toute la séance, retentit ce « Bon Dieu ! » solennel, sans que ses camarades essaient de le faire taire ou que l'homme derrière la table utilise son marteau pour le rappeler à l'ordre.

La tête d'Imber retomba une fois de plus et ses yeux s'éteignirent, comme si un voile était venu les recouvrir pour les dérober au reste du monde. Et il se prit à rêver, comme seule la vieillesse peut le faire, à l'immense futilité de la jeunesse. Plus tard, Howkan l'arracha de nouveau à sa torpeur : « Lève-toi, Ô Imber. Il t'est ordonné de raconter pourquoi tu as commis tous ces méfaits, pourquoi tu as tué ces gens, et pourquoi tu as fini par entreprendre ce voyage en quête de la loi. »

Imber se leva péniblement et se mit à se balancer d'avant en arrière. Il commença à parler d'une voix basse, où résonnait un grondement assourdi, mais Howkan l'interrompit.

« Ce vieux, il est complètement toqué », dit-il en anglais à l'homme au front carré. « Il raconte des bêtises, comme un enfant.

— Nous voulons entendre ces bêtises qu'il raconte comme un enfant », répondit l'homme au front carré. « Et nous voulons les entendre mot à mot, comme il les dit. Tu as bien compris ? »

Howkan avait compris, et un éclair passa dans le regard d'Imber, car il avait bien vu le jeu où s'affrontaient le fils de sa sœur et le représentant de l'autorité.

---

7. Il n'a aucune envie d'entendre le récit des crimes commis par Imber qui ne peut que renforcer l'hostilité des auditeurs à l'égard des "sauvages" et nuire à l'image qu'il s'efforce de donner de lui-même.

8. **witnessed : to witness:** *témoigner, être témoin de ;* **witness:** *témoin.*

9. Il est clair qu'il existe une complicité tacite entre le juge et Imber, qui occupent des fonctions similaires dans leurs sociétés respectives.

And then began the story, the epic[1] of a bronze patriot which might well itself be wrought into bronze for the generations unborn. The crowd fell strangely silent, and the square-browed judge leaned head on hand and pondered his soul and the soul of his race. Only was heard the deep tones of Imber, rhythmically alternating with the shrill voice of the interpreter, and now and again, like the bell of the Lord, the wondering and meditative "Hell" of the red-haired man.

"I am Imber of the Whitefish people," so ran the interpretation of Howkan, whose inherent barbarism gripped hold of him, and who lost his mission culture and veneered[2] civilization as he caught the savage ring and rhythm of old Imber's tale. "My father was Otsbaok, a strong man. The land was warm with sunshine and gladness when I was a boy. The people did not hunger after strange things, nor hearken to new voices, and the ways of their fathers were their ways. The women found favour in the eyes of the young men, and the young men looked upon them with content. Babes hung at the breasts of the women, and they were heavy-hipped with increase of the tribe. Men were men in those days. In peace and plenty, and in war and famine, they were men.

"At that time there was more fish in the water than now, and more meat in the forest.

---

1. **epic**: désigne une histoire située aux temps héroïques (cf. plus loin : **men were men in those days**), racontant les exploits d'un individu totalement identifié à une société ou une nation **(a bronze patriot)** généralement d'origine pastorale **(the land was warm with sunshine and gladness)**, dont il est l'emblème et le protecteur ; au temps des épreuves, il lui arrive d'accomplir un voyage dans le monde des morts **(the ghosts of the old shamans in the trees and dead and gone)**, en temps de guerre, il parvient à une gloire qui peut être consécutive à la mort, toujours préférable au déshonneur. Appartenant à la tradition orale, transmis par des conteurs, le récit contient des formules figées et répétitives pour des raisons mnémotechniques (ex. : **Otsbaok, my father and a strong man**) et utilise un style d'une noble simplicité. Le mot n'est donc pas

Alors, commença l'histoire de cet homme de bronze, l'épopée d'un patriote, qui aurait mérité d'être aussi gravée dans le bronze pour les générations à venir. Un étrange silence tomba sur la foule, et le juge au front carré, la tête appuyée sur la main, méditait sur son âme et l'âme de sa race. On ne percevait plus que les intonations graves d'Imber alternant rythmiquement avec la voix aiguë de l'interprète, et parfois ponctuées, comme par la cloche du Seigneur, par le « Bon Dieu ! » étonné et pensif de l'homme aux cheveux roux.

« Je suis Imber, du peuple des Poissons Blancs. » Ainsi commença la traduction de Howkan dont la nature primitive reprenait le dessus, lui faisant oublier la culture acquise à la mission et le vernis de la civilisation à mesure qu'il épousait le rythme et le timbre sauvages du récit conté par le vieil Imber. « Mon père s'appelait Otsbaok, et c'était un homme fort. Le soleil et l'allégresse réchauffaient la terre au temps de mon enfance. Notre peuple n'éprouvait pas l'ardent besoin de posséder des choses étrangères, il ne prêtait pas l'oreille à des voix nouvelles, et ses coutumes étaient celles de ses pères. Les femmes trouvaient grâce aux yeux des jeunes gens, et les jeunes gens les contemplaient avec plaisir. Aux mamelles des femmes étaient suspendus de nombreux enfants et dans leurs flancs lourds s'accroissait la tribu. Les hommes étaient des hommes en ce temps-là. En temps de paix et d'abondance, en temps de guerre et de famine, c'était des hommes.

» Il y avait alors plus de poissons dans l'eau, plus de viande dans la forêt qu'à présent.

_____

employé au hasard, toutefois, les éléments étrangers au modèle canonique — notamment l'emploi de la 1re personne, puisque le héros est le seul survivant, et la mort infamante qui l'attend — signalent que le temps de l'épopée est bien révolu.

2. **veneered** : _plaqué_ (placage du bois).

Our dogs were wolves, warm with thick hides[1] and hard to the frost and storm. And as with our dogs so with us, for we were likewise hard to the frost and storm. And when the Pellys[2] came into our land we slew them and were slain. For we were men, we Whitefish, and our fathers and our fathers' fathers had fought against the Pellys and determined the bounds[3] of the land.

"As I say, with our dogs so with us. And one day came the first white man. He dragged himself, so, on hand and knee, in the snow. And his skin was stretched tight[4], and his bones were sharp beneath. Never was such a man, we thought, and we wondered of what strange[5] tribe he was, and of its land. And he was weak, most weak, like a little child, so that we gave him a place by the fire, and warm furs to lie upon, and we gave him food as little children are given food.

"And with him was a dog, large as three of our dogs, and very weak. The hair of this dog was short, and not warm, and the tail was frozen so that the end fell off. And this strange dog we fed, and bedded by the fire, and fought from it[6] our dogs, which else would have killed him. And what of the moose meat and the sun-dried salmon, the man and dog took strength to themselves; and what of the strength they became big[7] and unafraid. And the man spoke loud words and laughed at the old men and young men, and looked boldly upon the maidens.

---

1. **hides** : sens de *cuir* ; **skin:** *peau.*
2. **the Pellys** : originaire du Pelly, affluent de la rive droite du Yukon, les plus proches voisins des Poissons Blancs.
3. **bounds = boundaries:** *limites, bornes, frontière.* Se battre pour la frontière du territoire semble d'autant plus important que le pays des Poissons Blancs décrit par Imber paraît appartenir à un temps mythique, proche de l'Âge d'Or.
4. **tight** : *tendu, serré, étroit* ; *this coat is too tight.*
5. **strange** : **odd, queer, peculiar;** sens premier : *étranger* ; cf. subst. **stranger.**
6. **from it** : indique l'idée d'éloignement.

154

Nos chiens étaient des loups, protégés du froid par leur peau épaisse, endurcis au gel et à la tempête. Tels étaient nos chiens, et tels nous étions, endurcis comme eux au gel et à la tempête. Et lorsque les Pellys pénétraient sur notre territoire, nous les tuions, ou nous étions tués. Car nous étions des hommes, nous les Poissons Blancs, et nos pères, et les pères de nos pères, avaient combattu les Pellys pour délimiter notre territoire.

» Comme je l'ai dit, tels étaient nos chiens et tels nous étions. Et un jour apparut le premier homme blanc. Il se traînait, comme ça, à quatre pattes dans la neige. Sa peau était tendue à craquer sur ses os pointus. Nous nous disions qu'il n'avait jamais existé semblable créature, et nous nous demandions dans quel pays se trouvait l'étrange tribu d'où il venait. Il était faible, extrêmement faible, comme un petit enfant. Alors, nous lui avons donné une place auprès du feu, des fourrures pour coucher au chaud, et nous l'avons fait manger comme un petit enfant.

» Il était accompagné d'un chien, trois fois plus gros que les nôtres, et très affaibli lui aussi. Le poil de ce chien était si court qu'il ne pouvait lui tenir chaud, et sa queue était gelée au point que le bout tomba. Et nous avons nourri cette étrange bête, nous l'avons couchée près du feu, et nous avons battu nos chiens pour les empêcher d'approcher, car ils l'auraient tuée. Et, à grand renfort de viande d'élan et de saumon séché, l'homme et le chien reprirent des forces ; et, leur force revenue, ils firent l'important et oublièrent leur peur. L'homme se mit à parler haut et fort, il se moquait des vieillards et des jeunes gens, et regardait les jeunes filles d'un air effronté.

---

7. **they became big** : on peut hésiter ici entre le sens littéral : *ils grossirent* (mais qui serait plutôt **fat**), *ils s'étoffèrent* ; et le sens figuré de *faire l'important* (cf. p. suivante : **Koo-Soo-Tee was very big, what with the pistol**), mais la première solution fait double emploi avec **the man and dog took strength to themselves**.

And the dog fought with our dogs, and for all of his short hair and softness slew three of them in one day.

"When we asked the man concerning his people, he said, 'I have many brothers,' and laughed in a way that was not good. And when he was in his full strength he went away, and with him went Noda, daughter to the chief. First, after that, was one of our bitches[1] brought to pup[2]. And never was there such a breed of dogs—big-headed, thick-jawed and short-haired, and helpless. Well do I remember my father, Otsbaok, a strong man. His face was black with anger at such helplessness, and he took a stone, so, and so, and there was no more helplessness[3]. And two summers after that came Noda back to us with a man-child in the hollow of her arm.

"And that was the beginning. Came a second white man, with short-haired dogs, which he left behind him when he went. And with him went six of our strongest dogs, for which, in trade, he had given Koo-So-Tee, my mother's brother, a wonderful pistol that fired with great swiftness six times. And Koo-So-Tee was very big, what of the pistol, and laughed at our bows and arrows. 'Woman's things,' he called them, and went forth against the bald-face[4] grizzly, with the pistol in his hand. Now it be known that it is not good to hunt the bald-face with a pistol, but how were we to know? And how was Koo-So-Tee to know? So he went against the bald-face, very brave, and fired the pistol with great swiftness six times;

---

1. **bitch** : communément employé dans un sens injurieux : *garce* ; adj. **bitchy**.

2. **pup** : sens ordinaire, **puppy** : *chiot*.

3. London prête ici ses propres obsessions à Imber en assimilant l'endogamie, de règle chez certaines tribus, aux théories pseudo-scientifiques du XIXᵉ siècle sur la pureté de la race et l'eugénisme. Commencé avec les chiens, le processus qu'il appelle volontiers **mongrelization** (de **mongrel** : *chien bâtard*, terme méprisant pour **miscegenation** : *croisement des races, métissage*) se poursuit avec les

Et le chien se battait avec les nôtres, et malgré son poil ras et sa mollesse, il en tua trois en un seul jour.

» Quand nous avons interrogé l'homme sur son peuple, il dit : "J'ai beaucoup de frères", en éclatant d'un rire qui n'était pas bon. Une fois ses forces tout à fait revenues, il s'en alla, et avec lui, Noda, la fille de notre chef. Aussitôt après, une de nos chiennes mit bas. Et jamais on n'avait vu pareille race de chiens — des incapables, avec une grosse tête, une mâchoire épaisse et un poil ras. Je revois encore mon père, Otsbaok, qui était un homme fort. Son visage devint noir de colère devant ces bons à rien ; il prit une pierre et fit comme ça, et puis encore comme ça, et on n'en parla plus. Et deux étés plus tard, Noda revint, portant un enfant mâle au creux de son bras.

» Mais ce n'était qu'un début. Il arriva un deuxième homme blanc avec des chiens au poil ras qu'il abandonna en partant. Il emmena avec lui six de nos chiens parmi les plus forts, contre lesquels il avait troqué, avec Koo-So-Tee le frère de ma mère, un pistolet merveilleux qui tirait six fois avec une grande rapidité. Et Koo-So-Tee faisait le fier avec son pistolet, et il se moquait de nos arcs et de nos flèches. "Bon pour les femmes", disait-il, et il s'en fut affronter le grizzly à face blanche, son pistolet à la main. À présent, nous avons appris qu'il n'est pas bon de chasser face-blanche avec un pistolet, mais, comment aurions-nous pu le savoir ? et comment Koo-So-Tee l'aurait-il su ? Il alla donc affronter face-blanche avec beaucoup de bravoure et il tira six coups de pistolet avec une grande rapidité ;

---

hommes et mène inévitablement à la dégénérescence et à la destruction. Outre les mauvaises lectures, qu'il partage d'ailleurs avec un vaste public toutes opinions confondues, là-bas comme ici, il faut rappeler l'acharnement qu'il mit à tenter d'identifier un père (astrologue itinérant) qui refusa toujours de le reconnaître.

4. **bald** : cf. **bald horse, bald eagle** = **white faced**; ne pas confondre avec **bald** : *chauve*.

and the bald-face but grunted and broke in his breast like it were an egg, and like honey from a bee's nest dripped the brains of Koo-So-Tee upon the ground. He was a good hunter, and there was no one to bring meat to his squaw and children. And we were bitter, and we said, 'That which for the white man is well, is for us not well.' And this be true. There be many white men and fat, but their ways have made us few and lean[1].

"Came the third white man, with great wealth of[2] all manner of wonderful foods and things. And twenty of our strongest dogs he took from us in trade. Also, what of presents and great promises, ten of our young hunters did he take with him on a journey which fared[3] no man knew where. It was said they died in the snow of the Ice Mountains where man has never been, or in the Hills of Silence which are beyond the edge of the earth[4]. Be that as it may, dogs and young hunters were seen never again by the Whitefish people.

"And more white men came with the years, and ever, with pay and presents, they led the young men away with them. And sometimes the young men came back with strange tales of dangers and toils in the lands beyond the Pellys[5], and sometimes they did not come back. And we said: 'If they be unafraid of life[6], these white men, it is because they have many lives[7];

---

1. Par cette formule concrète et lapidaire, remarquablement scandée, Imber inaugure une démonstration qui accumule les désastres d'ordre économique et écologique, physique et psychologique.

2. **a great wealth of**: littéralement *une grande richesse de...*; cf. **commonwealth, the Commonwealth**: *la République* de Cromwell; cf. l'adj. **wealthy**.

3. **fared**: to fare: *aller, voyager*; d'où (bus) fare: *prix du ticket*; **farewell**: *adieu (bon voyage)*; aussi, *se porter* (cf. page suivante **as it fared with us** = *comme cela s'était passé pour nous*).

4. Les Collines du Silence (cf. "The Wisdom of the Trail") marquent probablement l'entrée dans le monde des morts.

5. C'est-à-dire le Stuart et, au-delà, l'or du Klondike.

mais face-blanche se contenta de grogner, et lui broya la poitrine comme il l'aurait fait d'une coquille d'œuf, et, comme des gouttes de miel d'un nid d'abeilles, la cervelle de Koo-So-Tee se répandit sur le sol. C'était un bon chasseur, et il n'y avait plus personne pour apporter de la viande à sa squaw et à ses enfants. Alors, remplis d'amertume, nous nous sommes dit : "Ce qui est bon pour l'homme blanc n'est pas bon pour nous." Et c'est la vérité. Les hommes blancs sont nombreux et gras, mais leurs coutumes nous ont faits rares et maigres.

» Puis vint le troisième homme blanc, avec une abondance de choses à manger et d'objets extraordinaires de toutes sortes. Et avec son négoce, il nous prit vingt de nos chiens parmi les plus forts. Puis, à force de présents et de belles promesses, il emmena dix de nos jeunes chasseurs pour un voyage dont nul ne connaissait la destination. On a dit qu'ils étaient morts dans les neiges des Montagnes de Glace où aucun homme n'a jamais pénétré, ou dans les Collines du Silence, au-delà des limites de la terre. Quoi qu'il en soit, les Poissons Blancs ne revirent jamais ni les chiens ni les jeunes chasseurs.

» Avec les années, arrivèrent de plus en plus d'hommes blancs, et, toujours, en payant et au moyen de présents, ils emmenaient nos jeunes hommes avec eux. Parfois, les jeunes hommes revenaient avec d'étranges histoires où il était question de dangers et de rudes labeurs dans des terres lointaines, au-delà du territoire des Pellys, parfois aussi, ils ne revenaient pas. Alors, nous nous sommes dit : "Si la vie ne leur fait pas peur, à ces Blancs, c'est parce qu'ils ont de nombreuses vies ;

---

6. On attendrait **unafraid of death**, mais pour les Poissons Blancs, c'est la vie qui est devenue terrifiante.

7. Parce qu'ils renaissent ou parce qu'ils sont nombreux ?

but we be few by the Whitefish, and the young men shall[1] go away no more.' But the young men did[2] go away; and the young women went also; and we were very wroth.

"It be true, we ate flour, and salt pork, and drank tea which was a great delight; only, when we could not get tea, it was very bad and we became short of speech[3] and quick of anger. So we grew to hunger for[4] the things the white men brought in trade. Trade! Trade! All the time it was trade! One winter we sold our meat for clocks that would not go, and watches with broken guts[5], and files worn smooth, and pistols without cartridges and worthless. And then came famine, and we were without meat, and twoscore[6] died ere[7] the break of spring.

"'Now we are grown weak,' we said; 'and the Pellys will fall upon us, and our bounds be overthrown[8].' But as it fared with us, so had it fared with the Pellys, and they were too weak to come against us.

"My father, Otsbaok, a strong man, was now old and very wise. And he spoke to the chief, saying: 'Behold, our dogs be worthless. No longer are they thick-furred and strong, and they die in the frost and harness. Let us go into the village and kill them, saving only the wolf ones, and these let us tie out in the night that they may mate with the wild wolves of the forest. Thus shall we have dogs warm and strong again.'

---

1. Dans cette page, noter l'emploi de l'auxiliaire de mode **shall**, déjà commenté dans "The Wisdom of the Trail", 1) indiquant la pression exercée par le locuteur (aux 2ᵉ et 3ᵉ personnes) : **the young men shall go away no more,** 2) comme modalité de simple visée exprimant le futur (à la 1ʳᵉ personne) : **we shall have dogs.**

2. **did :** marque l'insistance : *c'est bien ce qu'ils faisaient.*

3. **short of speech :** **we spoke in an abrupt way;** cf. **to have a short temper** = **easily aroused.**

4. **to hunger for : to long for, to yearn for,** mais à la fois sens propre, puisqu'il s'agit de nourriture, et figuré.

5. **guts :** exactement *boyau* ; argotique : **he has guts :** *il a du cran.*

6. **twoscore :** noter l'absence de marque du pluriel.

mais nous, nous ne sommes pas beaucoup, près de la rivière du Poisson Blanc, et nous ne voulons plus que nos jeunes hommes nous quittent." Mais les jeunes hommes partaient quand même ; les jeunes femmes s'en allaient aussi, et grand était notre courroux.

» Il est vrai que nous mangions de la farine et du porc salé, nous buvions du thé, ce qui était délicieux ; seulement, quand nous en manquions, tout allait mal, nous étions brusques dans nos paroles et prompts à la colère. C'est ainsi que nous en étions arrivés à convoiter les choses que nous apportait le commerce des Blancs. Le commerce ! Le commerce ! On n'entendait plus que cela ! Un hiver, nous avons vendu notre viande contre des pendules qui refusaient de marcher, des montres aux organes cassés, des limes usagées, devenues entièrement lisses, et des pistolets sans cartouches qui ne servaient à rien. Puis vint la famine ; nous n'avions plus de viande, et deux fois vingt d'entre nous moururent avant l'arrivée du printemps.

» Alors nous nous sommes dit : "À présent que nous voilà si faibles, les Pellys vont nous attaquer et envahir notre territoire." Mais la situation des Pellys ne valait pas mieux que la nôtre, et ils étaient trop affaiblis pour nous faire la guerre. Mon père, Otsbaok, un homme fort, était devenu vieux et très sage, et il s'adressa au chef en ces termes : "Voici que nos chiens ne valent plus rien. Ils ont perdu leur épaisse fourrure et leurs forces, et ils meurent de froid sous le harnais. Allons au village, tuons-les, ne gardons que nos chiens-loups, et laissons-les attachés dehors, la nuit, pour qu'ils s'accouplent avec les loups sauvages de la forêt. Ainsi, ils redeviendront forts et résistants au froid."

---

7. **ere** : litt. = **before**.

8. **overthrown : to overthrow, threw, thrown:** *renverser* (un obstacle, un régime politique), alors que **to throw over...** : *jeter par-dessus*.

"And his word was hearkened to, and we Whitefish became known for our dogs, which were the best in the land. But known we were not for ourselves. The best of our young men and women had gone away with the white men to wander on trail and river to far places. And the young women came back old and broken, as Noda had come, or they came not at all. And the young men came back to sit by our fires for a time, full of ill[1] speech and rough ways, drinking evil drinks and gambling through long nights and days, with a great unrest always in their hearts, till the call of the white men[2] came to them and they went away again to the unknown places. And they were without honour and respect, jeering[3] the old-time customs and laughing in the faces of chief and shamans[4].

"As I say, we were become a weak breed, we Whitefish. We sold our warm skins and furs for tobacco and whisky and thin cotton things that left us shivering in the cold. And the coughing[5] sickness came upon us, and men and women coughed and sweated[6] through the long nights, and the hunters on trail spat[7] blood upon the snow. And now one and now another bled[8] swiftly from the mouth and died. And the women bore few children, and those they bore were weak and given to sickness[9]. And other sicknesses came to us from the white men, the like of which we had never known and could not understand.

---

1. **ill, evil** : signifient *mauvais*, mais **evil** a une connotation morale et religieuse.

2. **the call of the white men** : calque de **The Call of the Wild** que London écrivait en même temps.

3. **jeering : to jeer:** *tourner en dérision* (**to jeer at sb.**); plus agressif que **to laugh at**.

4. **shaman** : sert d'intermédiaire entre les hommes et les forces surnaturelles, les esprits des morts, chez les populations de l'extrême nord de l'Asie, de l'Europe et de l'Amérique ; homme ou femme, sa fonction primordiale est l'obtention du gibier, il veille à ce que le pacte avec les esprits animaux soit perpétuellement renouvelé.

5. **coughing : to cough** [kɔf].

» Il fut fait comme il avait dit, et nous, les Poissons Blancs, nous sommes devenus renommés pour nos chiens qui étaient les meilleurs du pays, au lieu de l'être pour nous-mêmes. Les meilleurs de nos jeunes hommes et de nos jeunes femmes étaient partis avec les hommes blancs pour courir les pistes et les rivières en pays lointain. Les jeunes femmes revenaient vieilles et brisées, comme Noda avant elles, ou elles ne revenaient pas du tout. Et les jeunes hommes revenaient pour rester assis quelque temps auprès du feu avec des paroles malhonnêtes et des manières grossières ; ils passaient de longs jours à jouer et à avaler de mauvaises boissons, et leur cœur ignorait le repos jusqu'à ce que leur parvienne l'appel de l'homme blanc et qu'ils repartent vers des régions inconnues. Ils avaient perdu l'honneur et le respect, ils raillaient les anciennes coutumes et riaient au nez du chef et des shamans.

» Comme je l'ai dit, nous étions devenus une race de faibles, nous les Poissons Blancs. Nous avions vendu les peaux et les fourrures qui nous tenaient chaud pour du tabac, du whisky et de minces étoffes de coton sous lesquelles nous grelottions de froid. Alors, la maladie de la toux s'abattit sur nous ; couverts de sueur, les hommes et les femmes passaient les longues nuits à tousser, et, sur les pistes, les chasseurs crachaient le sang sur la neige. Et tantôt l'un, tantôt l'autre, perdait rapidement son sang par la bouche, et ils mouraient tous. Les femmes ne mettaient au monde que peu d'enfants qui naissaient malingres et maladifs. Et les hommes blancs nous apportèrent encore d'autres maladies, telles que nous n'en avions jamais connu et que nous ne comprenions pas.

---

6. **sweated : to sweat** [swet] ; **to sweat out :** *se guérir en transpirant* ; cf. **sweater :** *tricot, pull-over,* **sweatshirt**.

7. **spat : to spit, spat, spat**.

8. **bled : to bleed** [blɪːd] **bled** [bled] **bled**; cf. **blood** [blʌd].

9. **given to sickness = getting sick very easily, prone, liable to get sick**.

Smallpox, likewise measles, have I heard these sicknesses named, and we died of them as die the salmon in the still eddies[1] when in the fall their eggs are spawned[2] and there is no longer need for them to live.

"And yet—and here be the strangeness of it—the white men come as the breath of death; all their ways lead to death, their nostrils are filled with it; and yet they do not die. Theirs[3] the whisky and tobacco and short-haired dogs; theirs the many sicknesses, the smallpox and measles, the coughing and mouth-bleeding; theirs the white skin, and softness to the frost and storm; and theirs the pistols that shoot six times[4] very swift and are worthless. And yet they grow fat on their many ills, and prosper, and lay a heavy hand over all the world and tread[5] mightily upon its peoples. And their women, too, are soft as little babes, most breakable and never broken, the mothers of men. And out of all this softness and sickness and weakness come strength and power and authority. They be gods or devils, as the case may be. I do not know. What do I know—I, old Imber of the Whitefish? Only do I know that they are past understanding, these white men, far-wanderers and fighters over the earth that they be.

"As I say, the meat in the forest became less and less. It be true, the white man's gun is most excellent and kills a long way off; but of what worth the gun, when there is no meat to kill?

---

1. **still eddies :** contradiction apparente entre les deux termes, **still :** *tranquille, immobile,* **eddy :** *remous, tourbillon* ; en fait, Imber décrit la fin du mystérieux processus de reproduction des saumons qui parcourent des milliers de kilomètres pour frayer dans le cours d'eau, si petit soit-il, où ils sont nés, qu'ils remontent jusqu'aux endroits où l'eau est peu profonde et, en *automne*, **(fall,** U.S. = **autumn,** G.B.) recouverte de feuilles mortes et de brindilles ; cela explique le ralentissement des tourbillons, signe de l'apaisement à l'instant de la mort nécessaire une fois le cycle accompli, selon la loi naturelle pour le saumon, contrairement aux Poissons Blancs exterminés par l'intervention de l'homme.

Je les ai entendu appeler la petite vérole ou encore la rougeole, et elles nous faisaient mourir comme meurent les saumons à l'automne dans les remous apaisés quand ils ont frayé et qu'ils n'ont plus besoin de vivre.

» Pourtant — et voilà qui est étrange — les hommes blancs arrivent comme le souffle de la mort, toutes leurs coutumes mènent à la mort, leurs narines en sont remplies, et ils ne meurent pas. C'est eux qui ont le whisky, le tabac et les chiens au poil ras ; encore eux qui ont toutes les maladies, la petite vérole et la rougeole, celle qui fait tousser et saigner de la bouche ; toujours eux qui ont la peau blanche et ne savent pas résister au froid et à la tempête ; eux enfin qui ont les pistolets qui tirent six coups rapides et qui ne valent rien. Et pourtant, tous ces maux qu'ils ont les engraissent, ils prospèrent et, avec brutalité, ils mettent la main sur le monde entier et foulent aux pieds les peuples qui l'habitent. Et leurs femmes sont délicates comme des nouveau-nés et extrêmement fragiles ; mais rien ne les brise et elles enfantent des hommes. Et de cette fragilité, de ces maladies, de cette faiblesse même, ils tirent leur force, leur autorité et leur pouvoir. Dieux ou démons, c'est selon. Moi, je n'en sais rien. Que peut savoir le vieil Imber des Poissons Blancs ? Tout ce que je sais, c'est qu'ils sont incompréhensibles ces hommes blancs, ces lointains voyageurs qui combattent sur la terre entière.

» Comme je l'ai dit, la viande se fit de plus en plus rare dans la forêt. C'est vrai, le fusil de l'homme blanc est tout à fait extraordinaire et tue à une très grande distance ; mais, que vaut le fusil quand il n'y a plus de viande à tuer ?

---

2. **spawn**: to spawn eggs: *frayer ;* **spawn**: *frai ;* **spawning**: *ponte.*

3. **theirs**: pr. poss. ; **their**: adj. cf. **yours, your-hers, her, ours, our.**

4. Imber ne connaît toujours pas le mot **six-shooter.**

5. **to tread, tread** [tred], **trodden**: *marcher, mettre le pied sur... ;* **mightily**: *puissamment, vigoureusement.*

When I was a boy on the Whitefish there was moose[1] on every hill, and each year came the caribou uncountable. But now the hunter may take the trail ten days and not one moose gladden[2] his yes, while the caribou uncountable come no more at all. Small worth the gun, I say, killing a long way off, when there be nothing to kill.

"And I, Imber, pondered upon these things, watching the while the Whitefish, and the Pellys, and all the tribes of the land, perishing as perished the meat of the forest. Long I pondered. I talked with the shamans and the old men who were wise[3]. I went apart that the sounds of the village might not disturb me, and I ate no meat so that my belly should not press upon me and make me slow of eye and ear. I sat long and sleepless in the forest, wide-eyed for the sign, my ears patient and keen for the word that was to come. And I wandered alone in the blackness of night to the river bank, where was wind-moaning and sobbing of water and where I sought wisdom from the ghosts of old shamans in the trees and dead and gone[4].

"And in the end, as in a vision, came to me the short-haired and detestable dogs, and the way seemed plain[5]. By the wisdom of Otsbaok, my father and a strong man, had the blood of our own wolf dogs been kept clean, wherefore had they remained warm of hide and strong in the harness. So I returned to my village and made oration to the men.

---

1. **moose** = **elk** en Europe ; les *élans* aiment la forêt et la proximité des cours d'eau ; généralement solitaires, ils se rassemblent en petites bandes durant l'hiver ; **caribou** = North American **reindeer** ; vivent en troupeaux célèbres pour leurs migrations lorsqu'ils passent de leur pâture d'été à leur pâture d'hiver.

2. **gladden** : cf. **glad** = **happy**, ton soutenu, un peu dans le style homérique.

3. **wise** (cf. **wisdom**) : aussi *celui qui sait*, d'après le sens étymologique, comme *sage* en français.

Lorsque j'étais enfant, sur la rivière du Poisson Blanc, il y avait des élans sur chaque colline, et chaque année ramenait des caribous innombrables. Mais aujourd'hui, le chasseur peut bien suivre la piste pendant dix jours sans un seul élan pour réjouir ses yeux et les innombrables caribous n'ont jamais reparu. Je dis donc que le fusil qui tue de loin ne vaut pas grand-chose quand il n'y a rien à tuer.

» Alors moi, Imber, je me pris à réfléchir à tout cela, tandis que les Poissons Blancs, les Pellys et toutes les tribus du pays périssaient, comme avait péri la viande dans la forêt. Longtemps j'ai réfléchi. J'ai parlé avec les shamans et les vieillards pleins de sagesse. Je suis parti à l'écart du village pour ne pas être distrait par ses bruits, sans manger de viande pour ne pas alourdir mon ventre, et je suis resté longtemps dans la forêt, sans dormir, les yeux grands ouverts dans l'attente du signe, mon oreille patiente à l'affût de la parole à venir. Seul, j'ai erré dans les ténèbres de la nuit jusqu'au bord de la rivière, où j'entendais le vent gémir et l'eau sangloter, et là, j'ai consulté pour leur sagesse les ombres, parmi les arbres, des vieux shamans qui nous ont quittés depuis longtemps.

» Et enfin, comme en une vision, m'apparurent les horribles chiens au poil ras, et la voie me parut toute tracée. Grâce à la sagesse d'Otsbaok mon père, qui était un homme fort, nos chiens-loups avaient conservé la pureté de leur sang ; c'est pourquoi ils avaient gardé la chaleur de leur peau et leur résistance sous le harnais. Je revins donc au village et je m'adressai aux hommes en ces termes :

---

4. **dead and gone** : expression figée et redondante, forme d'insistance, confère un rythme lugubre à la fin du paragraphe : cf. la différence avec **the dead old shamans in the trees**.

5. **plain = obvious, simple;** aussi **not pretty** : *quelconque, ordinaire.*

'This be a tribe, these white men,' I said. 'A very large tribe, and doubtless there is no longer meat in their land, and they are come among us to make a new land for themselves. But they weaken us, and we die. They are a very hungry folk. Already has our meat gone from us, and it were well, if we would live, that we deal by them as we have dealt[1] by their dogs.'

"And further oration I made, counselling[2] fight. And the men of the Whitefish listened, and some said one thing, and some another, and some spoke of other and worthless things, and no man made brave talk of deeds[3] and war. But while the young men were weak as water and afraid, I watched that the old men sat silent, and that in their eyes fires came and went. And later, when the village slept and no one knew, I drew the old men away into the forest and made more talk. And now we were agreed[4], and we remembered the good young days, and the free land, and the times of plenty, and the gladness and sunshine; and we called ourselves brothers, and swore[5] great secrecy, and a mighty oath to cleanse[6] the land of the evil breed that had come upon it. It be plain we were fools, but how were we to know, we old men of the Whitefish?

"And to hearten the others, I did the first deed. I kept guard upon the Yukon till the first canoe came down.

------

1. **deal**: to deal [dɪːl], **dealt, dealt** [delt]: to deal by sb.: *agir, se comporter avec qqn;* **to deal with sb.**: *avoir affaire à qqn;* **to do a deal with...**: *conclure un marché avec...*; cf. **it's a deal!**: *affaire conclue*; **the New Deal**; aussi, **to deal cards**: *distribuer des cartes*; **a good deal of...** = many.

2. **counselling**: **to counsel**, le terme plus usuel étant **to advise** (sb. to do sth.) = **to give an advice.**

3. **deeds** = subst. de **to do**, peut avoir la connotation d'*action d'éclat.*

4. **we were agreed** = we came to the same conclusion; cf. **I agree that she's beautiful, he agreed to come early, I agree with you on this point.**

5. **swore**: **to swear** [swɛər], **swore** [swɔːr], **sworn**: I swear that I don't

"Ces hommes blancs forment une tribu, une très grande tribu ; il ne reste sans doute plus de viande dans leur pays, et ils sont venus parmi nous dans l'intention de se trouver un nouveau territoire. Mais ils nous affaiblissent, et nous périssons. Ces gens-là ont toujours faim. Nous avons déjà perdu notre viande, et il serait bon, si nous voulons vivre, de les traiter comme nous avons traité leurs chiens."

» Et je poursuivis mon discours en leur conseillant de se battre. Les hommes des Poissons Blancs écoutaient, les uns disaient ceci, les autres cela, et certains parlaient d'autres choses dénuées d'intérêt, mais aucun d'entre eux ne parla en brave, pour proposer l'action et la guerre. Insipides comme l'eau, les jeunes avaient peur, mais je remarquai que les vieux restaient assis sans rien dire, et que dans leurs yeux passaient des flammes fugitives. Et plus tard, quand le village fut endormi, j'entraînai, à l'insu de tous, les vieillards dans la forêt pour leur parler encore. Alors, nous sommes tous tombés d'accord, et nous avons évoqué le bon temps de notre jeunesse, notre terre libre, les époques d'abondance, les jours heureux et la douceur du soleil ; nous nous sommes déclarés frères, nous avons juré le secret absolu, et fait le serment solennel de purifier notre terre de la race maudite qui était venue l'occuper. Il est clair que nous étions stupides, mais, comment pouvions-nous le savoir, nous les vieux des Poissons Blancs ?

» Et pour donner du courage aux autres, je suis passé à l'action le premier. J'ai monté la garde sur le Yukon jusqu'à l'apparition du premier canot.

---

know her ; cf. **the witness was sworn** : *on fit prêter serment au témoin* ; **to swear or to take an oath:** *prêter serment* ; **don't swear = don't use bad language, don't curse.**

6. **to cleanse** [klenz] : *laver* (d'une souillure) ; **to clean** [kli:n]: *nettoyer*.

In it were two white men, and when I stood upright upon the bank and raised my hand they changed their course and drove in to me. And as the man in the bow lifted his head, so, that he might know wherefore I wanted him, my arrow sang through the air straight to his throat, and he knew. The second man, who held the paddle in the stern[1], had his rifle half to his shoulder when the first of my three spear[2] casts[3] smote[4] him.

"'These will be the first,' I said when the old men had gathered to me. 'Later we will bind together all the old men of all the tribes, and after that the young men who remain strong, and the work will become easy.'

"And then the two dead white men we cast into the river. And of the canoe, which was a very good canoe, we made a fire, and a fire, also, of the things within the canoe. But first we looked at the things, and they were pouches[5] of leather which we cut open with our knives. And inside these pouches were many papers, like that from which thou hast read, O Howkan, with markings on them which we marvelled at and could not understand. Now I am become wise, and I know them for[6] the speech of men as thou hast told me."

A whisper and buzz[7] went around the courtroom when Howkan finished interpreting the affair of the canoe, and one man's voice spoke up: "That was the lost '91 mail, Peter James and Delaney bringing it in and last spoken[8] at Le Barge by Matthews going out."

---

1. **stern**: la *poupe* d'un bateau ; ne pas confondre avec l'adj. **stern** : *sévère*.

2. **spear** [spiə^r] : le trafic d'armes était cependant prospère, mais l'expérience du pistolet les a sans doute incités à n'utiliser que les armes traditionnelles.

3. **casts** : de **to cast, cast, cast** : *láncer* ; cf. plus bas : **we cast into the river**; cf. **to cast a glance** : *jeter un coup d'œil*. **My three casts** (subst.) **of spears** indique qu'il avait trois lances à jeter.

4. **smote** : **to smite, smote, smitten** [s'mɪtn] = **to hit (hit, hit)**.

5. **pouches** [pautʃiz] : **pouch**: *bourse* (arch.), *giberne, blague à tabac,*

Dedans se trouvaient deux hommes, et lorsque je me suis mis debout sur la berge et que j'ai levé la main, ils ont changé de direction pour venir vers moi. Et quand l'homme à l'avant a levé la tête afin de savoir ce que je lui voulais, ma flèche a chanté dans l'air pour aller se planter dans sa gorge, et alors il a compris. Le second homme qui tenait la pagaie à l'arrière avait à peine épaulé son fusil que le premier de mes trois jets de lance le frappait.

» ''Ce ne sera que les premiers'', dis-je aux vieillards réunis autour de moi. ''Plus tard, nous rassemblerons tous les vieillards de toutes les tribus, ensuite les jeunes qui sont encore forts, et la tâche deviendra facile.''

» Alors nous avons jeté les cadavres des deux Blancs dans le fleuve. Et avec le canot qui était de très bonne qualité, nous avons allumé un feu, et un autre feu avec ce qu'il contenait. Mais d'abord, nous avons regardé ces objets, et c'était des sacs de cuir que nous avons ouverts avec nos couteaux. Ils renfermaient de nombreux papiers, comme celui que tu as lu, ô Howkan, tout couverts de signes qui nous remplirent d'étonnement et que nous ne comprenions pas. Maintenant, je suis devenu un homme avisé, et je sais qu'ils représentaient les discours des hommes, comme tu me l'as dit. »

Un murmure et un bourdonnement parcoururent la salle du tribunal lorsque Howkan eut fini de traduire l'affaire du canot, et l'on entendit s'élever la voix d'un homme : «C'était le courrier perdu en 91, celui que ramenaient Peter James et Delaney à qui Matthews a parlé pour la dernière fois en quittant le lac Le Barge.»

---

etc. Imber l'emploie, de préférence à **bag**, car c'est le mot qui désigne le petit sac à coulisse utilisé par les Indiens.

6. **I know them for** = I understand they are...

7. **buzz :** *bruit d'insecte ;* **flies buzz.**

8. **last spoken to ...by Matthews** = Matthews was the last man who **spoke to them;** cf. **don't speak when you are not spoken to:** *tais-toi quand on ne t'adresse pas la parole.*

The clerk scratched[1] steadily away, and another paragraph was added to the history of the North.

"There be little more," Imber went on slowly. "It be there on the paper, the things we did. We were old men, and we did not understand. Even I, Imber, do not now understand. Secretely we slew, and continued to slay, for with our years we were crafty and we had learned the swiftness of going without haste. When white men came among us with black looks and rough words, and took away six of the young men with irons binding them helpless[2], we knew we must slay wider and farther. And one by one we old men departed upriver and down to the unknown lands. It was a brave thing. Old we were, and unafraid, but the fear of far places is a terrible fear to men who are old.

"So we slew, without haste and craftily. On the Chilcoot[3] and in the Delta we slew, from the passes to the sea, wherever the white men camped or broke their trails. It be true, they died, but it was without worth. Ever did they come over the mountains, ever did they grow and grow, while we, being old, became less and less. I remember, by the Caribou Crossing, the camp of a white man[4]. He was a very little white man, and three of the old men came upon him in his sleep. And the next day I came upon the four of them. The white man alone still breathed, and there was breath[5] in him to curse me once and well before he died.

---

1. **to scratch** : *gratter, égratigner.*
2. **binding them helpless** : binding them and making them unable to resist.
3. **the Chilcoot** = **Chilcoot trail,** qui menait au col du même nom, seule voie d'accès vers le territoire du Yukon pour tous ceux qui venaient des États-Unis ou de Vancouver et débarquaient à Skagway ; c'était une épreuve redoutable et London avait gagné de l'argent et accompli des prouesses dont il était très fier en portant le paquetage de nombreux voyageurs ; il a ailleurs décrit les horreurs de cet épisode et la montagne transformée en un immense charnier où pourrissaient les carcasses de milliers de mulets et de chevaux. **From the passes to the sea** (le delta du Yukon) signifie que les vieillards ont parcouru l'Alaska

172

Avec application, le greffier n'arrêtait pas de faire grincer sa plume, et un nouveau paragraphe vint s'ajouter à l'histoire du Grand Nord.

« J'ai presque tout dit », poursuivit lentement Imber. « C'est là, sur ce papier, les choses que nous avons faites. Nous étions vieux et nous ne comprenions pas. Même moi, Imber, je ne comprends toujours pas. En secret, nous avons continué à tuer, à tuer encore, car l'âge nous avait enseigné la ruse, et comment se hâter lentement. Et le jour où arrivèrent des hommes blancs à l'air menaçant et aux paroles grossières pour enlever six de nos jeunes gens ligotés par des liens de fer qui les immobilisaient, nous avons compris qu'il fallait frapper plus large et plus loin. Alors, nous les vieux, nous sommes partis un par un, pour remonter ou descendre le fleuve jusqu'aux terres inconnues. C'était un acte de bravoure. Nous étions vieux et sans crainte, mais la peur des régions lointaines est terrible pour des vieillards.

» Donc, nous avons tué, sans hâte et avec ruse. Nous avons tué sur le Chilcoot et dans le Delta, des défilés jusqu'à la mer, partout où les Blancs campaient ou traçaient des pistes. Ils mouraient, c'est vrai, mais cela ne servait à rien. Sans cesse, ils arrivaient par la montagne, et il y en avait de plus en plus, tandis que nous, nous étions vieux, et notre nombre diminuait toujours. Je me souviens d'un homme blanc qui avait établi son campement au gué du Caribou. Il était tout petit, et trois vieillards le surprirent dans son sommeil. Le lendemain, je les ai trouvés tous les quatre. Seul le Blanc respirait encore, et il lui resta assez de souffle pour m'injurier une bonne fois avant de mourir.

---

dans toute sa longueur en suivant la vallée du Yukon, jusqu'à la mer de Béring.

4. Probablement près d'une rivière, à l'endroit où la traversent les caribous lors de leur migration saisonnière.

5. **to breathe** [brɪːð], **breath** [breθ].

"And so it went, now one old man, and now another. Sometimes the word reached us long after of how they died, and sometimes it did not reach us. And the old men of the other tribes were weak and afraid, and would not join with us. As I say, one by one, till I alone was left. I am Imber, of the Whitefish people. My father was Otsbaok, a strong man. There are no Whitefish now. Of the old men I am the last. The young men and young women are gone away, some to live with the Pellys, some with the Salmons, and more with the white men. I am very old and very tired, and it being vain fighting the law, as thou sayest, Howkan, I am come seeking the law."

"O Imber, thou art indeed a fool," said Howkan.

But Imber was dreaming. The square-browed judge likewise dreamed, and all his race rose up before him in a mighty phantasmagoria—his steel-shod, mail-clad[1] race, the lawgiver and worldmaker among the families of men. He saw it dawn[2] red-flickering across the dark forests and sullen seas; he saw it blaze, bloody and red, to full and triumphant noon; and down the shaded slope he saw the blood-red sands dropping into night[3]. And through it all he observed the law, pitiless and potent, ever unswerving[4] and ever ordaining, greater than the motes of men who fulfilled it or were crushed by it, even as it was greater than he, his heart speaking for softness[5].

---

1. **steel-shod :** (to shoe, shod, shod): *chaussé d'acier* ; **mail-clad** (part. pas. de **to clothe**): *vêtu de cotte de mailles*.

2. **to dawn :** *poindre* (comme l'aube) ; **sands** (noter le pluriel): *grains de sable* (image du sablier).

3. Grandeur et décadence de la race blanche vaincue par son propre pouvoir, ce tableau d'apocalypse utilise les ressources de la rhétorique : allitérations, assonances, rythme ternaire, précédant la chute de la phrase finale qu'on dirait interminable. Variations sur un thème darwinien à l'ambivalence évidente, il révèle, malgré ses outrances, la force d'une imagination quasi biologique, élargissant l'espace à la dimension d'un espace-temps qui superpose le temps mythique des origines et les millions d'années de l'évolution également situés hors de l'Histoire.

» Et c'est ainsi que cela se passa, tantôt un vieillard, tantôt un autre. Parfois, nous n'apprenions que longtemps après comment ils étaient morts, et parfois nous n'en savions rien. Et les vieillards des autres tribus étaient faibles et craintifs, et ils refusaient de se joindre à nous. Et nous, comme je l'ai dit, ce fut l'un après l'autre, jusqu'à ce qu'il ne reste plus que moi. Je suis Imber, des Poissons Blancs. Mon père s'appelait Otsbaok, et c'était un homme fort. Il n'y a plus de Poissons Blancs aujourd'hui. Je suis le dernier des vieillards. Les jeunes gens et les jeunes femmes sont partis, certains pour vivre avec les Pellys, d'autres avec les Saumons, davantage encore avec les hommes blancs. Je suis très vieux et très las, et puisqu'il est vain de combattre la loi, comme tu le dis Howkan, je suis venu la chercher.

— Ô Imber, tu es vraiment stupide », dit Howkan.

Mais Imber était reparti dans ses rêves. Le juge au front carré se prit aussi à rêver, et toute sa race lui apparut en une puissante fantasmagorie, une race bottée et cuirassée de fer et d'acier, de toutes les familles humaines celle qui dicte la loi et construit le monde. Il la vit, à l'aube de son existence, rougeoyer d'une flamme vacillante parmi les forêts obscures et les mers lugubres, il la vit flamboyer, rouge et sanglante, pour triompher en plein midi, il vit enfin les grains de sable rougis de sang glisser sur la pente ténébreuse et s'abîmer dans la nuit. Et pendant toute la scène, il observait la loi, puissante et inexorable, toujours inébranlable et toujours impérieuse, supérieure aux poussières d'atomes humains qui l'appliquaient ou qu'elle écrasait, comme elle lui était supérieure, à lui dont la voix du cœur plaidait l'indulgence.

---

4. **unswerving** : *qui ne se laisse pas détourner ;* **to swerve:** *dévier.*

5. *Dura lex sed lex. Dura lex* est d'ailleurs le titre du film que tourne en 1926 le réalisateur russe Lev Koulechov, fondateur de l'École nationale du cinéma de Moscou, d'après une nouvelle de London, "The Unexpected" ("L'Imprévu", 1906).

THE WIT OF PORPORTUK

LE JUGEMENT DE PORPORTUK

El-soo had been a mission girl. Her mother had died when she was very small, and Sister Alberta had plucked El-Soo as a brand[1] from the burning, one summer day, and carried her away to Holy Cross Mission[2] and dedicated her to God. El-Soo was a full-blooded Indian, yet she exceeded all the half-breed and quarter-breed girls. Never had the good sisters dealt with a girl so adaptable and at the same time so spirited.

El-Soo was quick, and deft, and intelligent; but above all she was fire, the living flame of life, a blaze of personality that was compounded of will, sweetness, and daring. Her father was a chief, and his blood ran in her veins. Obedience, on the part of El-Soo, was a matter of terms[3] and arrangement. She had a passion for equity, and perhaps it was because of this that she excelled in mathematics.

But she excelled in other things. She learned to read and write English as no girl had ever learned in the mission. She led the girls in singing, and into song she carried her sense of equity. She was an artist, and the fire of her flowed toward creation. Had she from birth enjoyed a more favorable[4] environment, she would have made literature or music.

Instead she was El-Soo, daughter of Klakee-Nah, a chief, and she lived in the Holy Cross Mission where were no artists, but only pure-souled sisters who were interested in cleanliness and righteousness and the welfare of the spirit in the land of immortality that lay beyond the skies.

1. **brand**: dans ce contexte: *brandon*; autre sens: *marque* **(trademark)**; cf. **to brand cattle**: *marquer au fer rouge* **(with a branding-iron)**.
2. **Holy Cross Mission**: la région a été évangélisée par des missionnaires russes, puis catholiques (et par les jésuites à partir des années 1880). Ce récit n'est plus situé dans le territoire du Yukon comme les deux premiers et "The League..."; comme "Nam-Bok", l'histoire se passe en Alaska; Holy Cross se trouve sur le cours inférieur du Yukon, Tanana sur le cours moyen, à plusieurs centaines de miles de distance. Avec ces cinq nouvelles, on parcourt donc toute la vallée du Yukon jusqu'au delta.

El-Soo avait été élevée à la mission. Sa mère était morte quand elle était toute petite, et, un jour d'été, comme on arrache un brandon au brasier, la sœur Alberta l'avait enlevée pour l'emmener à la mission de la Sainte Croix et la consacrer à Dieu. Elle était de pur sang indien, mais elle surpassait de loin toutes les métisses et les quarteronnes. Jamais les bonnes sœurs n'avaient eu affaire à une petite fille possédant tout à la fois une telle faculté d'adaptation et un caractère aussi fougueux. El-Soo était preste, adroite et intelligente ; mais ce qui dominait, en elle, c'était un feu qui incarnait la flamme même de la vie, l'ardeur d'une personnalité faite d'un mélange de volonté, de douceur et d'audace. Fille de chef, le sang de son père coulait dans ses veines. Chez elle, l'obéissance se négociait sous condition et elle avait une passion de la justice qui expliquait peut-être sa brillante réussite en mathématiques. Mais elle excellait aussi bien dans d'autres domaines. Elle avait appris à lire et à écrire l'anglais comme aucune autre élève de la mission avant elle. Elle conduisait le chœur et son sens de la justice s'exprimait jusque dans sa façon de chanter. C'était une artiste dont l'esprit créateur était inspiré par le feu qui l'habitait. Née dans un milieu plus favorable, elle aurait pu devenir écrivain ou musicienne.

Mais elle n'était qu'El-Soo, fille du chef Klakee-Nah, pensionnaire à la mission de la Sainte Croix où, en fait d'artistes, il n'y avait que des sœurs à l'âme pure qui ne s'intéressaient qu'à la propreté, à la vertu et au confort de l'esprit au pays de l'immortalité qui se trouvait par-delà le ciel visible.

---

3. **terms** : cf. **what are your terms?** *(vos conditions)* ; **to come to terms with** : *parvenir à un accord*.

4. **favorable** au lieu de **favourable** : noter quelques différences d'orthographe entre cette nouvelle prise dans une édition américaine, et les autres, publiées en Angleterre où les éditeurs imposent toujours leurs lois aux textes américains. Cf. plus loin **splendor** (G.B. **splendour**), **labor** (G.B. **labour**), également **center** (G.B. **centre**) ou encore **reveler** (G.B. **reveller**), **traveler** (G.B. **travel**).

The years passed. She was eight years old when she entered the mission; she was sixteen, and the sisters were corresponding with their superiors in the order concerning the sending of El-Soo to the United States to complete her education, when a man of her own tribe arrived at Holy Cross and had talk with her. El-Soo was somewhat[1] appalled by him. He was dirty. He was a Caliban-like[2] creature, primitively ugly, with a mop of hair that had never been combed. He looked at her disapprovingly and refused to sit down.

"Thy brother is dead," he said shortly.

El-Soo was not particularly shocked. She remembered little of her brother. "Thy father is an old man, and alone," the messenger went on. "His house is large and empty, and he would hear thy voice and look upon thee."

Him she remembered—Klakee-Nah, the headman of the village, the friend of the missionaries and the traders[3], a large man thewed[4] like a giant, with kindly eyes and masterful ways, and striding with a consciousness of crude[5] royalty in his carriage[6].

"Tell him that I will come," was El-Soo's answer.

Much to the despair of the sisters, the brand plucked from the burning went back to the burning. All pleading with El-Soo was vain. There was much argument, expostulation, and weeping. Sister Alberta even revealed to her the project of sending her to the United States. El-Soo stared wide-eyed into the golden vista[7] thus opened up to her, and shook her head.

---

1. **somewhat**: *quelque peu.*

2. **Caliban-like**: Caliban est un personnage primitif et difforme de *La Tempête* de Shakespeare; créature surnaturelle, comme son ennemi Ariel, esprit de l'air, il est une métaphore de l'état sauvage.

3. **the missionaries and the traders**: les deux personnages clefs de la colonisation, particulièrement dans le Grand Nord où le statut administratif des territoires est tardif: l'Alaska ne devient le 49ᵉ État de l'Union qu'en 1959. Pendant près d'un siècle, le pouvoir effectif est

Les années passèrent. Elle avait huit ans lorsqu'elle était arrivée à la mission; quand elle en eut seize, les sœurs écrivirent à leurs supérieures dans l'intention de l'envoyer aux États-Unis parfaire son éducation; c'est alors qu'un homme de sa tribu arriva à la Sainte Croix pour s'entretenir avec elle. À sa vue, El-Soo éprouva quelque consternation. Il était sale. C'était une sorte de Caliban, une créature d'une laideur primitive, avec une tignasse que le peigne n'avait jamais touchée. Il la considéra d'un œil désapprobateur et refusa de s'asseoir.

« Ton frère est mort », dit-il d'une voix brève.

El-Soo n'en fut guère affectée. Elle n'avait de son frère qu'un vague souvenir. « Ton père est vieux et il est tout seul », poursuivit le messager. « Sa maison est vide, il aimerait entendre ta voix et te voir de ses yeux. »

De lui elle se souvenait bien — Klakee-Nah, le chef du village, ami des missionnaires et des marchands, un homme grand et fort, taillé comme un géant, au regard bienveillant et aux manières imposantes dont le port et la démarche exprimaient un sentiment de fruste majesté.

« Dis-lui que je vais venir », répondit El-Soo.

Au grand désespoir des religieuses, le brandon arraché au brasier retourna à ses origines. El-Soo resta sourde à leurs supplications. Il y eut des discours, des remontrances et des larmes à profusion. La sœur Alberta alla même jusqu'à lui révéler leur projet de l'envoyer aux États-Unis. El-Soo put ainsi contempler la vision de l'avenir doré qui s'offrait à elle, mais elle secoua la tête.

---

entre les mains des grandes compagnies par l'intermédiaire de leurs comptoirs où le "facteur" exerce souvent des fonctions administratives très étendues.

4. **thewed** : le verbe est encore plus recherché que le substantif **thew** (cf. "The League...") = **muscles** ['mʌslz].

5. **crude** : *rudimentaire, non raffiné* (propre et fig.); *cru* : **raw**.

6. **carriage** = **the way he carried himself.**

7. **vista** : *perspective* : **this landscape offers beautiful vistas.**

In her eyes persisted another vista. It was the mighty curve of the Yukon at Tanana Station[1], with the St. George mission on one side, and the trading post on the other, and midway between, the Indian village and a certain large log house where lived an old man tended upon by slaves[2].

All dwellers on the Yukon bank for twice a thousand miles knew the large log house, the old man, and the tending slaves; and well did the sisters know the house, its unending revelry, its feasting, and its fun. So there was weeping at Holy Cross when El-Soo departed.

There was a great cleaning up in the large house when El-Soo arrived. Klakee-Nah, himself masterful, protested at this masterful conduct of his young daughter; but in the end, dreaming barbarically of magnificence, he went forth and borrowed a thousand dollars from old Porportuk, than whom there was no richer Indian on the Yukon. Also Klakee-Nah ran up a heavy bill[3] at the trading post. El-Soo re-created the large house. She invested it with new splendor, while Klakee-Nah maintained its ancient traditions of hospitality and revelry.

All this was unusual for a Yukon Indian, but Klakee-Nah was an unusual Indian. Not alone dit he like to render inordinate[4] hospitality, but, what of being a chief and of acquiring much money, he was able to do it. In the primitive trading days he had been a power over his people, and he had dealt profitably with the white trading companies.

---

1. **Tanana Station**: au confluent du Tanana et du Yukon.

2. **slaves**: il semble bien que les esclaves, la grande maison, ses fastes et son luxe aient été créés de toutes pièces par London pour les besoins de la fiction, tout comme la fortune fabuleuse de Porportuk. Ainsi, Hudson Stuck, "archidiacre du Yukon" (Église épiscopale), auteur d'un livre de voyage, *Ten Thousand Miles with a Dog Sled, a Narrative of Winter Travel in Interior Alaska,* qui fit quelque bruit en son temps (1914), s'en prend avec virulence aux innombrables auteurs qui ont falsifié la vérité, parmi lesquels Jack London. Grand défenseur des Indiens, il raconte l'indignation de son domestique métis à la lecture de cette nouvelle, encore plus fantaisiste "que tout ce que Fenimore

Devant ses yeux persistait une tout autre vision, celle de la courbe majestueuse du Yukon au comptoir de Tanana, la mission Saint Georges d'un côté, la factorerie de l'autre et, à mi-chemin, le village indien et une grande maison de rondins où habitait un vieil homme servi par des esclaves. Tous les riverains du Yukon, sur un rayon de plus de deux fois mille kilomètres, connaissaient la grande maison de rondins, le vieil homme et ses serviteurs ; quant aux religieuses, elles ne savaient que trop bien que c'était un lieu de fêtes, de festins et de plaisirs perpétuels. C'est pourquoi bien des pleurs coulèrent à la Sainte Croix lorsque El-Soo prit congé.

Une fois El-Soo arrivée, la grande maison fut nettoyée de fond en comble. Klakee-Nah, lui-même homme d'autorité, protesta contre l'autorité exercée par sa fille malgré son jeune âge, mais le sauvage qu'il était finit par céder à la folie des grandeurs, et il s'en fut emprunter mille dollars au vieux Porportuk dont nul Indien du Yukon n'égalait la richesse. En outre, il laissa à la factorerie une note qui atteignait une somme considérable. El-Soo transforma entièrement la grande maison. Elle lui conféra une splendeur nouvelle, pendant que Klakee-Nah maintenait les anciennes traditions d'hospitalité et de festivités.

Tout cela était extraordinaire pour un Indien du Yukon, mais Klakee-Nah était un Indien peu ordinaire. Certes, il possédait un goût immodéré de l'hospitalité, mais il en avait les moyens en sa qualité de chef et grâce à la fortune qu'il avait acquise. Aux tous premiers temps du négoce, il exerçait un grand pouvoir sur son peuple et il avait fait de bonnes affaires avec les compagnies commerciales des Blancs.

Cooper a pu écrire sur les Cinq Nations" (les Iroquois) : jamais il n'y eut d'esclavage chez les tribus de l'intérieur ; exploités et exterminés, les Indiens ne se sont jamais enrichis.

3. **ran up a bill** : *a laissé s'accumuler une addition.*

4. **inordinate** = **lacking order, extraordinary, excessive.**

Later on, with Porportuk, he had made a gold strike on the Koyukuk River[1]. Klakee-Nah was by training[2] and nature an aristocrat. Porportuk was bourgeois, and Porportuk bought him out of the gold mine. Porportuk was content to plod and accumulate. Klakee-Nah went back to his large house and proceeded[3] to spend. Porportuk was known as the richest Indian in Alaska. Klakee-Nah was known as the whitest. Porportuk was a moneylender[4] and a usurer. Klakee-Nah was an anachronism—a medieval ruin, a fighter and a feaster, happy with wine and song.

El-Soo adapted herself to the large house and its ways as readily as she had adapted herself to Holy Cross Mission and its ways. She did not try to reform her father and direct his footsteps toward God. It is true, she reproved him when he drank overmuch and profoundly, but that was for the sake of his health and the direction of his footsteps on solid earth[5].

The latchstring to the large house was always out[6]. What with the coming and the going, it was never still. The rafters of the great living room shook with the roar of wassail[7] and of song. At table sat men from all the world and chiefs from distant tribes—Englishmen and colonials[8], lean Yankee traders and rotund officials of the great companies, cowboys from the Western ranges[9], sailors from the sea, hunters and dog mushers of a score of nationalities.

---

1. **the Koyokuk River** : affluent de la rive droite du Yukon, venu du Nord, situé entre Holy Cross et Tanana. **To strike gold:** littéralement *cogner contre, tomber sur l'or* (en creusant).

2. **by training** : *formation, entraînement* ; cf. **to train a dog, a child**.

3. **proceeded** : to proceed = to go on: they proceeded to Paris = they went on their way to...; he proceeded to spend = his next task was...

4. **moneylender** : to lend (lent, lent) money; cf. **lend me a hand** = give me your help.

5. El-Soo n'est pas loin d'être matérialiste, comme l'auteur ; cf. l'opposition comique entre : **"toward God"** et **"on solid earth"**.

6. Américanisme, expression populaire (**latchstring** : *loquet*) = **friends were always welcome**.

184

Plus tard, avec Porportuk, il avait découvert un filon sur le Koyokuk. De nature et d'éducation, Klakee-Nah était un aristocrate, Porportuk un bourgeois, et Porportuk lui racheta sa part de la mine d'or. Porportuk se plaisait à besogner pour amasser. Klakee-Nah retourna dans sa grande maison et se mit en devoir de dépenser. Porportuk avait la réputation d'être l'Indien le plus riche de l'Alaska, Klakee-Nah d'être le plus blanc. Porportuk était prêteur sur gages et usurier, Klakee-Nah un anachronisme, un vestige du Moyen Âge : il aimait se battre et faire la fête et trouvait son plaisir dans le vin et les chansons.

El-Soo s'adapta à la grande maison et à ses coutumes aussi facilement qu'elle l'avait fait à la mission de la Sainte Croix et à ses usages. Elle n'essaya pas d'amender son père et de le faire marcher droit sur le chemin qui mène à Dieu. Il est vrai qu'elle le réprimandait lorsqu'il buvait avec excès, mais c'était par souci de ménager sa santé et de lui permettre de marcher droit sur les chemins de ce bas monde.

La grande maison était toujours accueillante à tout le monde et les incessantes allées et venues ne lui laissaient pas un instant de répit. Dans la grande salle, les chevrons étaient ébranlés par les chants et les clameurs des beuveries. Autour de la table se retrouvaient des hommes de tous les pays et les chefs des tribus les plus éloignées — Anglais de la métropole et de la colonie, marchands yankees efflanqués et directeurs replets des grandes compagnies, cow-boys des plaines de l'Ouest et gens de mer, chasseurs et conducteurs de traîneaux d'une vingtaine de nationalités.

---

7. **wassail** (archaïque) : *festivités, beuveries.*
8. **colonials** = from the Colony = **Canada.**
9. **Western ranges : range:** *rangée* **(a range of mountains),** *champ, sphère* **(the range of knowledge)** ; U.S. : *pâturages* ; cf. **"Home on the range"** (célèbre chanson).

El-Soo drew breath in a cosmopolitan atmosphere. She could speak English as well as she could her native tongue and she sang English songs and ballads. The passing Indian ceremonials she knew, and the perishing traditions[1]. The tribal dress of the daughter of a chief she knew how to wear upon occasion. But for the most part she dressed as white women dress. Not for nothing was her needlework at the mission and her innate artistry. She carried her clothes like a white woman, and she made clothes that could be so carried[2].

In her way she was as unusual as her father, and the position she occupied was as unique as his. She was the one Indian woman who was the social equal with the several white women at Tanana Station. She was the one Indian woman to whom white men honorably made proposals of marriage[3]. And she was the one Indian woman whom no white man ever insulted.

For El-Soo was beautiful—not as white women are beautiful, not as Indian women are beautiful. It was the flame of her, that did not depend upon feature[4], that was her beauty. So far as mere line and feature went, she was the classic Indian type. The black hair and the fine bronze were hers[5], and the black eyes, brilliant and bold, keen as sword light, proud; and hers the delicate eagle nose[6] with the thin, quivering[7] nostrils, the high cheekbones that were not broad apart, and the thin lips that were not too thin. But over all and through all poured the flame[8] of her—

1. Notation indispensable, même s'agissant d'une héroïne "positive", motif récurrent dans *The Children of the Frost*.

2. **to wear** [wɛəʳ] wore [wɔːʳ] **worn, she carried her clothes:** entre le terme ordinaire et la seconde expression il existe une différence de degré : **she carried her clothes** connote l'élégance.

3. **made proposals of marriage : they proposed to her;** employé absolument, **to propose** signifie *faire une demande en mariage*, alors que **to make proposals** connote des intentions malhonnêtes.

4. **feature (s) :** *traits* (du visage), *caractéristique* ; **feature film:** *long métrage*; **to feature :** *mettre en vedette* : **a film featuring Marlon Brando:** *un film avec M.B. dans le rôle principal.*

El-Soo respirait une atmosphère cosmopolite. Elle parlait l'anglais aussi bien que sa langue maternelle et pouvait chanter romances et ballades. Elle connaissait les cérémonies indiennes presque oubliées et les traditions qui se perdaient. Elle savait porter à l'occasion le costume tribal qui sied à la fille d'un chef. Mais, la plupart du temps, elle s'habillait à la mode des Blanches et mettait à profit les travaux d'aiguille appris à la mission et son sens inné de la beauté. Elle portait la toilette comme une Blanche et savait faire les vêtements qui s'y prêtaient.

À sa manière, elle était aussi exceptionnelle que son père, et sa situation tout aussi unique. C'était la seule Indienne considérée comme l'égale des quelques Blanches de Tanana, la seule Indienne à qui les Blancs proposaient le mariage dans les règles, la seule enfin qu'aucun Blanc n'avait jamais insultée.

Car El-Soo était belle, mais non pas à la façon des Blanches ou des Indiennes. Sa beauté résidait dans cette flamme qui l'animait, indépendamment des traits de son visage dont les contours et le modelé appartenaient au type indien classique. Elle en possédait la chevelure noire, la belle couleur cuivrée, les yeux sombres et hardis, vifs comme l'éclat de l'épée, la délicatesse du nez aquilin aux narines fines et palpitantes, les pommettes hautes sans être trop écartées et les lèvres minces sans excès. Mais l'ensemble de sa personne était pénétré de cette flamme intérieure —

---

5. **were hers** : même forme d'insistance (au lieu de **she had black hair**) que dans "The League..." : **theirs the whisky**, etc.

6. **eagle nose** : *nez en bec d'aigle*.

7. **quivering** : (**quiver**: *carquois*), **to quiver** = **to shake with slight tremulous motions** (like an arrow).

8. **poured the flame** : **to pour** s'emploie généralement pour du liquide ; cf. le proverbe bien anglais : **it never rains but it pours** : *quand il pleut c'est toujours à verse = un malheur n'arrive jamais seul*. Cette flamme qui se déverse est un exemple de "mixed metaphor".

—the unanalyzable something that was fire and that was the soul of her, that lay mellow[1]-warm or blazed in her eyes, that sprayed the cheeks of her, that distended the nostrils, that curled[2] the lip, or, when the lip was in repose, that was still there in the lip, the lip palpitant with its presence.

And El-Soo had wit[3]—rarely sharp to hurt, yet quick to search out[4] forgivable weakness. The laughter of her mind played like lambent[5] flame over all about her, and from all about her arose answering laughter. Yet she was never the center of things. This she would not permit. The large house, and all of it that was significant, was her father's; and through it, to the last, moved his heroic figure—host, master of the revels, and giver of the law. It is true, as the strength oozed[6] from him, that she caught up responsibilities from his failing hands. But in appearance he still ruled, dozing oft-times at the board, a bacchanalian ruin, yet in all seeming the ruler of the feast.

And through the large house moved the figure of Porportuk, ominous, with shaking head, coldly disapproving, paying for it all. Not that he really paid, for the compounded interest in weird ways, and year by year absorbed the properties of Klakee-Nah. Porportuk once took it upon himself to chide[7] El-Soo upon the wasteful way of life in the large house—

---

1. **mellow**: connote la *douceur* du fruit mûr; cf. **a mellow fruit, wine color, light**. On a déjà noté la rhétorique de l'excès qu'utilise le narrateur dans ce que l'on pourrait appeler des portraits-messages. Celui de Mrs. Eppingwell dénote le courage et l'endurance quasi virils de la femme pionnière, celui d'Emily Travis la beauté fragile et mièvre de la riche héritière; El-Soo, qui possède toutes les vertus, sans aucune des faiblesses, des deux cultures, a droit à un traitement de faveur, à un double portrait qui contraste avec l'effacement de Ruth, l'humble squaw de "The White Silence", dont seul l'esprit de sacrifice est évoqué par son mari.

2. **curled**: to curl, litt. *boucler*; curl: *boucle*, **she has curly hair**.

3. **wit**: *esprit;* **a wit**: *un bel esprit* (XVIIIe siècle); **witty**: *spirituel* (spirit: *esprit* dans le sens de *âme*).

— ce quelque chose d'indéfinissable, l'essence même de son âme, ce feu perceptible dans la chaleur douce ou ardente de son regard et la couleur de ses joues; il gonflait ses narines et retroussait ses lèvres qui, même au repos, révélaient encore sa présence dans le frémissement de la bouche.

El-Soo avait également beaucoup d'esprit, un esprit d'une acuité rarement blessante, mais prompt à déceler ces petites faiblesses que l'on pardonne. Au rire qui l'habitait et jouait comme une flamme légère sur tout ce qui l'entourait, répondait le rire de ceux qui l'approchaient. Pourtant, jamais elle ne se considérait comme le centre du monde. À cela, elle se refusait absolument. La grande maison et tout ce qu'elle contenait de significatif appartenaient à son père et, jusqu'à la fin, on put y voir déambuler la silhouette héroïque de celui qui en était l'hôte, l'ordonnateur des plaisirs et le dispensateur de la loi. Il est vrai qu'à mesure que ses forces l'abandonnaient, sa fille assumait les responsabilités qui échappaient à sa main défaillante. Mais, en apparence, il conservait tout son pouvoir et, lorsque, souvent, il somnolait à table, épuisé par ses bacchanales, il semblait quand même présider au festin.

Et, dans la grande maison, on pouvait voir déambuler la silhouette sinistre de Porportuk qui secouait la tête d'un air froidement désapprobateur, mais payait toutes les dépenses. Non qu'il lui en coûtât grand-chose, car, par des voies obscures et détournées, il multipliait les intérêts, si bien que, d'année en année, tous les biens de Klakee-Nah y passaient. Une seule fois, Porportuk s'avisa de réprimander El-Soo pour le gaspillage que représentait le train de vie de la grande maison —

---

4. **searched out** : to search: *fouiller*.

5. **lambent** = **playing lightly, gliding over a surface** (rare).

6. **oozed** : to ooze: *suinter, s'échapper* comme un liquide.

7. **to chide** [tʃaɪd], **chid** [tʃɪd] (or **chided**), **chidden** (or **chided**) = **to scold** : *gronder*.

—it was when he had about absorbed the last of Klakee-Nah's wealth—but he never ventured so to chide again. El-Soo, like her father, was an aristocrat, as disdainful of money as he, and with an equal sense of honor as finely strung[1].

Porportuk continued grudgingly to advance money, and ever the money flowed in golden foam away. Upon one thing El-Soo was resolved—her father should die as he had lived. There should be for him no passing from high to low, no diminution of the revels, no lessening of the lavish hospitality. When there was famine, as of old, the Indians came groaning to the large house and went away content. When there was famine and no money, money was borrowed from Porportuk, and the Indians still went away content. El-Soo might well have repeated, after the aristocrats of another time and place, that after her came the deluge[2]. In her case the deluge was old Porportuk. With every advance of money he looked upon her with a more possessive eye, and felt burgeoning within him ancient fires.

But El-Soo had no eyes for him. Nor had she eyes for the white men who wanted to marry her at the mission with ring and priest and book[3]. For at Tanana Station was a young man, Akoon, of her own blood and tribe and village. He was strong and beautiful to her eyes, a great hunter, and, in that he had wandered far and much, very poor;

1. **finely-strung**: cf. **to string, strung, strung**: *ficeler* (cf. **string**); ici: **to string** (cf. **a string instrument**, like a violin): *monter les cordes*, d'où **finely (or highly) strung**: *nerveux, toujours tendu*.

2. Par bien des aspects, El-Soo appartient à une longue lignée de princesses indiennes qu'inaugure la figure à la fois historique et légendaire de Pocahontas aux premiers temps de la colonisation de la Virginie (1608) et dont l'homologue masculin est Uncas, *Le Dernier des Mohicans* de Fenimore Cooper (1826). Ce personnage joue un rôle central dans la quête identitaire, comme le révèlent ici les références au Moyen Age ("a medieval ruin") et à l'aristocratie (française parce qu'emportée par la Révolution comme les Indiens par la civilisation

— cela se passait au moment où il s'était quasiment approprié ce qui restait de la fortune de Klakee-Nah — mais plus jamais il ne se risqua à recommencer. El-Soo était une aristocrate comme son père, elle partageait son mépris de l'argent et possédait un sens de l'honneur aussi sourcilleux.

Porportuk continua donc à avancer l'argent à contre-cœur, et l'argent ne cessait de couler à flots, telle une écume dorée. Sur un point, El-Soo était intraitable — son père mourrait comme il avait vécu. Jamais il n'aurait à déchoir, à restreindre les festivités et à réduire les largesses de son hospitalité. Lorsque survenait la famine, comme aux temps anciens, les Indiens venaient gémir dans la grande maison et en repartaient satisfaits. En période de disette, lorsque l'argent manquait, on en empruntait à Porportuk, et les Indiens s'en retournaient, toujours contents. Comme les aristocrates en d'autres temps et d'autres lieux, El-Soo aurait pu répéter : « Après moi le déluge ! » En l'occurrence, le déluge avait la forme du vieux Porportuk. À chaque nouvel emprunt, il la couvait d'un regard de plus en plus possessif et sentait renaître en lui les ardeurs d'autrefois.

Mais El-Soo ne le voyait même pas, pas plus qu'elle ne voyait les Blancs qui voulaient l'épouser à la mission, avec une alliance, un prêtre et son livre. Car à Tanana, il y avait un jeune homme nommé Akoon qui était du même sang, du même village et de la même tribu qu'elle. À ses yeux, il incarnait la force et la beauté ; grand chasseur, il avait longtemps bourlingué en pays lointain d'où il était revenu fort pauvre.

---

industrielle) : les "premiers Américains" — les seuls authentiques — sont utilisés comme ancêtres mythiques pour légitimer une culture que ses propres membres et l'Europe ont toujours désignée comme "sans passé".

3. "Livre" plutôt que "la Bible", plus protestant que catholique, et qui ne rend pas la désinvolture du texte.

he had been to all the unknown wastes and places; he had journeyed to Sitka and to the United States; and he had crossed the continent to Hudson Bay[1] and back again, and as seal hunter on a ship he had sailed to Siberia and for Japan[2].

When he returned from the gold strike in Klondike he came, as was he wont, to the large house to make report to old Klakee-Nah of all the world that he had seen; and there he first saw El-Soo, three years back from the mission. Thereat Akoon wandered no more. He refused a wage[3] of twenty dollars a day as pilot on the big steamboats[4]. He hunted some and fished some, but never far from Tanana Station, and he was at the large house often and long. And El-Soo measured him against[5] many men and found him good. He sang songs to her, and was ardent and glowed until all Tanana Station knew he loved her. And Porportuk but grinned and advanced more money for the upkeep[6] of the large house.

Then came the death table[7] of Klakee-Nah. He sat at feast, with death in his throat, that he could not drown with wine. And laughter and joke and song went around, and Akoon told a story that made the rafters echo. There were no tears or sighs at that table. It was no more than fit[8] that Klakee-Nah should die as he had lived, and none knew this better than El-Soo, with her artist sympathy.

---

1. **Hudson Bay** : peut-être au service de la Hudson's Bay Company formée en 1670 et qui n'abandonnera son pouvoir de monopole absolu qu'en 1869-1870, moyennant des avantages considérables consentis par le Dominion.

2. Comme Jack London, qui utilisera cette expérience dans "A Typhoon off the Coast of Japan", son premier essai publié en 1893 qui lui vaudra un prix de 25 dollars, et dans son roman *The Sea Wolf (Le Loup des mers)* paru en 1904.

3. **wage** : cf. le français *gages*.

4. Le premier vapeur, le *Yukon*, remonta le fleuve en 1869 et fit une énorme impression sur les populations locales qui le comparaient à un monstre crachant le feu et la fumée.

Il avait parcouru toutes les régions désertiques et les contrées que nul ne connaissait ; il avait voyagé jusqu'à Sitka et aux États-Unis ; il avait traversé le continent dans les deux sens jusqu'à la Baie d'Hudson, et s'était embarqué comme chasseur de phoques pour la Sibérie et le Japon.

À son retour du Klondike, au moment de la ruée vers l'or, il se rendit, comme à son habitude, dans la grande maison pour raconter à Klakee-Nah quelles parties du monde il avait vues, et c'est là qu'eut lieu sa première rencontre avec El-Soo qui avait quitté la mission depuis trois ans. Dès lors, ce fut pour Akoon la fin de l'errance. Il refusa un salaire de vingt dollars comme pilote sur les grands vapeurs du Yukon. Il chassait et pêchait encore un peu, mais ne s'éloignait jamais de Tanana où il passait le plus clair de son temps dans la grande maison. Et, après l'avoir comparé à beaucoup d'hommes, El-Soo décida qu'il lui convenait. Il lui chantait des chansons, et l'ardeur de sa flamme était si visible que tout Tanana sut bientôt qu'il l'aimait. Porportuk se contenta de grimacer un sourire, et avança encore plus d'argent pour entretenir la grande maison.

Puis vint le jour où Klakee-Nah dut s'asseoir à la table de la mort. Il assista au festin, la mort au fond de la gorge sans pouvoir la noyer dans le vin, au milieu des rires, des plaisanteries et des chansons, et Akoon raconta une histoire dont les échos retentirent jusqu'aux solives. Autour de cette table, il n'y eut ni pleurs ni soupirs. Il paraissait convenable que Klakee-Nah mourût comme il avait vécu, et nul ne le comprenait mieux qu'El-Soo, avec la sensibilité de son tempérament d'artiste.

---

5. **against** : indique ici la comparaison.

6. **upkeep** : *entretien* ; verbe : **to keep up house**.

7. **death table** : calque de **death bed**, mais Klakee-Nah ne peut pas mourir dans son lit.

8. **fit = proper, suitable;** cf. **to fit** : *être de la bonne taille*, **do these shoes fit you?** ; aussi : **I'm feeling fit** : *en pleine forme*.

The old roistering crowd was there, and, as of old, three frostbitten[1] sailors were there, fresh from the long traverse[2] from the Arctic, survivors of a ship's company of seventy-four. At Klakee-Nah's back were four old men, all that were left him of the slaves of his youth. With rheumy eyes they saw to his needs, with palsied[3] hands filling his glass or striking him on the back between the shoulders when death stirred[4] and he coughed and gasped.

It was a wild[5] night, and as the hours passed and the fun laughed and roared along, death stirred more restlessly in Klakee-Nah's throat[6].

Then it was that he sent for[7] Porportuk. And Porportuk came in from the outside frost to look with disapproving eyes upon the meat and wine on the table for which he had paid. But as he looked down the length of flushed[8] faces to the far end and saw the face of El-Soo, the light in his eyes flared up[9], and for a moment the disapproval vanished.

Place was made for him at Klakee-Nah's side, and a glass placed before him. Klakee-Nah, with his own hands, filled the glass with fervent spirits[10]. "Drink!" he cried. "Is it not good?"

And Porportuk' eyes watered as he nodded his head and smacked his lips.

"When, in your own house, have you had such drink?" Klakee-Nah demanded.

---

1. **frostbitten**: cf. **to bite** [baɪt], **bit** [bɪt] **bitten** [bɪtn]: *mordre*.

2. **traverse** ['trævəs]: terme d'alpinisme ou de ski.

3. **palsied**: aussi *paralysé*.

4. **stirred**: **to stir** [stəːʳ]: *remuer* (pr. et fig.): **there was not a mouse stirring**: *on n'entendait pas une mouche voler*; **to stir one's tea**; **it was a stirring sight**: *un spectacle émouvant*.

5. **a wild night**: **wild** (déjà rencontré plusieurs fois): *sauvage; fou de douleur* **(with pain)**, *de joie* **(with happiness)**; *violent*: **a wild wind**; *mouvementé*: **he had a wild life when he was younger**.

6. Dans ce paragraphe, le monde naturel, les sentiments et les passions s'animent.

7. **sent for**: **to send, sent, sent.**

La bande habituelle de bruyants compagnons était là, et, comme autrefois, il y avait trois marins, revenus à demi gelés d'une longue expédition dans l'Arctique, seuls survivants d'un équipage de soixante-quatorze hommes. Derrière Klakee-Nah se tenaient quatre vieillards, les seuls esclaves qui lui restaient du temps de sa jeunesse. De leurs yeux chassieux, ils veillaient à ses besoins, de leurs mains tremblantes, ils remplissaient son verre ou lui tapaient dans le dos entre les épaules lorsque la mort se manifestait et que la toux le suffoquait.

Ce fut une nuit de folie, et, à mesure que passaient les heures et que se poursuivaient les clameurs et les rires, la mort se faisait plus remuante et plus pressante dans la gorge de Klakee-Nah.

Ce fut alors qu'il envoya chercher Porportuk. Et Porportuk entra, venant de la nuit glaciale, pour regarder avec désapprobation la table couverte de cette viande et de ce vin qu'il avait payés. Mais, en parcourant du regard la longue rangée de faces congestionnées jusqu'au bout de la table, il aperçut le visage d'El-Soo, une lueur s'alluma dans ses yeux, et, pendant un instant, sa désapprobation disparut.

On lui fit une place à côté de Klakee-Nah, et, devant lui, on posa un verre. De ses propres mains, Klakee-Nah y versa un alcool brûlant. « Bois ! » cria-t-il. « Tu ne trouves pas que c'est bon ? » Et Porportuk, les yeux larmoyants, hocha la tête et fit claquer ses lèvres.

« T'est-il jamais arrivé de boire quelque chose comme ça dans ta propre maison ? » demanda Klakee-Nah.

---

8. **flushed : to flush** = to become red in the face ; cf. **he flushed with anger, embarrassment,** etc., **to blush:** *rougir* (de timidité).

9. **flared up : to flare** dénote une lumière vive et soudaine. Cette réaction de Porportuk indique qu'il s'agit d'un personnage plus subtil que celui de l'"ignoble sauvage".

10. **fervent spirits : very hot** *(alcoolisé)* **liquor** : certainement un jeu de mots.

"I will not deny that the drink is good to this old throat of mine," Porportuk made answer, and hesitated for the speech to complete the thought.

"But it costs[1] overmuch," Klakee-Nah roared, completing it for him.

Porportuk winced[2] at the laughter that went down the table. His eyes burned malevolently[3]. "We were boys together, of the same age," he said. "In your throat is death. I am still alive and strong."

An ominous murmur arose from the company. Klakee-Nah coughed and strangled, and the old slaves smote him between the shoulders. He emerged gasping, and waved his hand to still the threatening rumble.

"You have grudged[4] the very fire in your house because the wood cost overmuch!" he cried. "You have grudged life. To live cost overmuch, and you have refused to pay the price. Your life has been like a cabin[5] where the fire is out and there are no blankets on the floor." He signaled to a slave to fill his glass, which he held aloft[6]. "But I have lived. And I have been warm with life as you have never been warm. It is true, you shall live long[7]. But the longest nights are the cold nights when a man shivers[8] and lies awake. My nights have been short, but I have slept warm."

He drained the glass. The shaking hand of a slave failed to catch it as it crashed to the floor.

---

1. to cost [kɔst], cost [kɔst], cost.
2. winced : to shrink back involuntarily (from pain, disgust, etc.).
3. malevolently : adj. malevolent (≠ benevolent) = with malice.
4. grudged : to grudge sb. sth. = to be unwilling to give; cf. précédemment grudgingly.
5. cabin : any kind of dwelling of plain construction; cf. log cabin ; aussi : *cabine* ; cabin class : *deuxième classe* (à bord d'un bateau); mais telephone booth (box. G.B.).
6. aloft = up into the air.
7. you shall live long : shall = valeur prophétique : c'est ce qui va arriver, je vous le dis.

« Je reconnais que ce liquide est doux à mon vieux gosier », répondit Porportuk, puis il s'arrêta, hésitant à compléter sa pensée.

« Mais ça coûte bien trop cher, hein ? » tonitrua Klakee-Nah, en le faisant à sa place.

Porportuk se crispa lorsque la tablée s'esclaffa. Une flamme malveillante apparut dans ses yeux et il dit :

« Nous nous connaissons depuis l'enfance et nous avons le même âge ; toi, tu as la mort dans la gorge, mais moi, je suis encore plein de force et de vie. »

Une rumeur de mauvais augure s'éleva dans l'assistance. Klakee-Nah se mit à tousser, s'étrangla, et les vieux esclaves lui tapèrent dans le dos. Encore suffoquant, il se remit et fit un signe de la main pour calmer le grondement menaçant.

« Tu as toujours été avare, même du feu qui chauffait ta maison, parce que le bois coûtait trop cher ! » s'écria-t-il. « Tu as été avare de la vie. Vivre coûtait trop cher, et tu as refusé le prix à payer. Toute ta vie a ressemblé à une cabane sans feu et sans couverture pour couvrir le sol. » Il fit signe à un esclave de remplir son verre et le leva bien haut. « Mais moi, j'ai vécu. En moi, j'ai senti la chaleur de la vie comme tu ne l'as jamais sentie. Tu vivras longtemps, c'est vrai. Mais les nuits les plus longues sont les nuits glacées où un homme grelotte sans pouvoir dormir. Mes nuits ont été courtes, mais j'ai dormi au chaud. »

Il vida son verre que la main tremblante d'un esclave ne put rattraper lorsqu'il s'écrasa par terre.

---

8. to shiver = to tremble from cold or fear. Étant donné l'époque et la nature du public, il est impossible à l'auteur d'aller plus loin dans l'évocation de la satisfaction ou de la privation d'ordre sexuel ; le passage peut donc être entendu comme un simple commentaire de la température et de l'avarice de Porportuk.

Klakee-Nah sank back, panting[1], watching the upturned[2] glasses at the lips of the drinkers, his own lips slightly smiling to the applause. At a sign, two slaves attempted to help him sit upright again. But they were weak, his frame[3] was mighty, and the four old men tottered and shook as they helped him forward.

"But manner of life is neither here nor there[4]," he went on. "We have other business, Porportuk, you and I, tonight. Debts are mischances[5], and I am in mischance with you. What of my debt, and how great is it?"

Porportuk searched in his pouch and brought forth a memorandum. He sipped at[6] his glass and began. "There is the note[7] of August 1889 for three hundred dollars. The interest has never been paid. And the note of the next year for five hundred dollars. This note was included in the note of two months later for a thousand dollars. Then there is the note——"

"Never mind the many notes!" Klakee-Nah cried out impatiently. "They make my head go around and all the things inside my head. The whole! The round[8] whole! How much is it?"

Porportuk referred to his memorandum. "Fifteen thousand nine hundred and sixty-seven dollars and seventy-five cents," he read with careful precision.

"Make it sixteen thousand, make it sixteen thousand," Klakee-Nah said grandly. "Odd[9] numbers were ever a worry[10].

---

1. **panting**: to pant, comme **breathless, out of breath**, ainsi que **to gasp** et **to strangle** indiquent l'absence d'air et le manque de souffle.

2. **upturned**: littéralement *retournés*; cf. **bottoms up!** : *cul sec*; peut aussi désigner le désordre : **his room had been upturned.**

3. **frame** = **bodily structure, body, figure**; aussi *cadre* (d'un tableau); **to frame**: *encadrer* : her face was framed with black hair.

4. **is neither here nor there**: expression courante pour **is beside the point.**

5. **mischance**: cf. **misfortune.**

6. **sipped at** = **drank in small quantities**; cf. **have a sip** = **taste it.**

Tout haletant, Klakee-Nah se laissa aller en arrière en observant les verres que les buveurs portaient aux lèvres, et il esquissa un sourire pour répondre aux acclamations. Il fit un signe, et deux des esclaves tentèrent de l'aider à se rasseoir. Mais ils étaient trop faibles pour sa corpulence, et tous les quatre durent s'y mettre, vacillants et tremblants, pour le redresser.

« Mais, notre façon de vivre n'est pas la question », poursuivit-il. « Nous avons d'autres affaires à traiter ce soir, toi et moi, Porportuk. Les dettes sont une grande infortune, et je suis bien infortuné à cause de toi. Alors, cette dette, c'est combien ? »

Porportuk fouilla dans sa bourse et en sortit un mémoire. Il but une gorgée et commença. « Il y a un bon de trois cents dollars du mois d'août 1889. Les intérêts n'ont jamais été payés. L'année suivante, un autre de cinq cents dollars, lequel était compris dans un bon de mille dollars deux mois plus tard. Ensuite, nous avons le bon...

— Laisse tomber tous ces bons ! » s'écria Klakee-Nah avec impatience. « Ils me font tourner la tête et tout ce qu'il y a dedans. Je veux le total, le total en chiffres ronds ! Combien ? »

Porportuk consulta son mémoire. « Quinze mille neuf cent soixante-sept dollars et soixante-quinze *cents* », lut-il avec un grand souci d'exactitude.

« Mettons seize mille, mettons seize mille, » dit Klakee-Nah, très grand seigneur, « les chiffres ronds évitent les complications.

---

7. **note** : en terme de commerce = **note of hand** : *reconnaissance de dette* ; aussi, sens de *note* : **I must make a note to buy some bread.**

8. **round** : cf. **give it to me in round figures.**

9. **odd numbers** : ici, *ce qui est dépareillé, ce qui reste*, comme dans **odd man out** : *celui qui est en trop, l'exception* ; autres sens : 1) **some odd 10 pounds** : *10 et quelques livres ;* 2) **odd numbers** : *nombres impairs* (**even number** : *nombres pairs*) ; 3) **odd** = **queer, strange.**

10. **worry** : *trouble.*

And now—and it is for this that I have sent for you—make me out a new note for sixteen thousand, which I shall sign. I have no thought of the interest. Make it as large as you will, and make it payable in the next world, when I shall meet you by the fire of the Great Father of all Indians[1]. Then the note will be paid. This I promise you. It is the word of Klakee-Nah."

Porportuk looked perplexed, and loudly the laughter arose and shook the room. Klakee-Nah raised his hands. "Nay," he cried. "It is not a joke. I but speak in fairness[2]. It was for this I sent for you, Porportuk. Make out the note."

"I have no dealings with the next world," Porportuk made answer slowly.

"Have you no thought to meet me before the Great Father!" Klakee-Nah demanded. Then he added, "I shall surely be there".

"I have no dealings with the next world," Porportuk repeated sourly[3].

The dying man regarded him with frank amazement.

"I know naught[4] of the next world, " Porportuk explained. "I do business in this world."

Klakee-Nah's face cleared. "This comes of sleeping cold of nights[5]," he laughed. He pondered for a space, then said, "It is in this world that you must be paid.

---

1. **the Great Father of all Indians**: sans doute création très personnelle de Klakee-Nah et bon exemple de syncrétisme ; toutefois, London semble avoir en tête cet autre personnage des romans où apparaissent des Indiens, le Grand Manitou, esprit du bien chez certains peuples algonquins, qui n'est guère à sa place chez les Indiens de l'Alaska où la croyance en une sorte d'Être suprême ne semble pas exister. Quoi qu'il en soit, la cocasserie de ce libre commentaire sur « mon royaume n'est pas de ce monde » montre que Klakee-Nah, sincère ou non, sait fort bien utiliser les leçons des bons pères au service de ses propres intérêts.

2. **fairness : honesty, reasonableness;** adj. **fair,** cf. **fair play** ; aussi **fine,** cf. **fair weather**.

Maintenant — et c'est pour cela que je t'ai fait venir — établis-moi un nouveau bon pour seize mille dollars que je vais te signer. Je n'ai aucune idée du montant des intérêts, compte-les au taux que tu voudras, le tout payable dans l'autre monde où je te donne rendez-vous auprès du feu du Grand Ancêtre, le Père de tous les Indiens. Alors, je m'acquitterai de ma dette. Je te le promets solennellement. Tu as la parole de Klakee-Nah. »

Devant l'air perplexe de Porportuk, s'éleva un rire formidable qui ébranla la salle. Klakee-Nah leva les mains. « Arrêtez ! » s'écria-t-il. « Il ne s'agit pas d'une plaisanterie. Je parle en toute honnêteté. C'est pour cela que je t'ai envoyé chercher, Porportuk. Établis-moi ce bon.

— Je ne fais pas commerce avec l'autre monde », répondit lentement Porportuk.

« Comment, tu ne crois pas que tu me retrouveras devant le Grand Ancêtre ! » dit Klakee-Nah avec insistance, puis il ajouta : « Pourtant, j'y serai, c'est sûr.

— Je ne fais pas commerce avec l'autre monde », répéta Porportuk avec aigreur.

Le mourant le considéra avec une sincère stupéfaction.

« Je ne sais rien de l'autre monde », expliqua Porportuk. « C'est dans celui-ci que je traite mes affaires. »

Le visage de Klakee-Nah se rasséréna. « Cela vient de ces nuits où tu as dormi dans le froid », dit-il en riant. Il réfléchit un instant et ajouta : « C'est donc en ce monde qu'il faut te payer.

---

3. **sourly** : adj. **sour** ; cf. **sour bread** : *le pain (aigre)* sans levain dont devaient se contenter les hommes du Grand Nord la plupart du temps ; **sour dough** [dou] (de **dough** : *pâte*) était le surnom donné aux "anciens" qui avaient l'expérience de la piste, les "**old timers**" des westerns.

4. **naught** : arch. = **nothing** ; aussi *le zéro* (G.B.) (U.S. : **zero**).

5. **of nights** : litt. **at night, during so many nights**.

There remains to me this house. Take it, and burn the debt in the candle there."

"It is an old house and not worth the money," Porportuk made answer.

"There are my mines on the Twisted[1] Salmon."

"They have never paid to work," was the reply.

"There is my share[2] in the steamer *Koyukuk*. I am half owner."

"She is at the bottom of the Yukon."

Klakee-Nah started. "True, I forgot. It was last spring when the ice went out." He mused for a time, while the glasses remained untasted, and all the company waited upon his utterance.

"Then it would seem I owe you a sum of money which I cannot pay... in this world?" Porportuk nodded and glanced down the table[3].

"Then it would seem that you, Porportuk, are a poor businessman," Klakee-Nah said slyly[4].

And boldly Porportuk made answer, "No; there is security yet untouched."

"What!" cried Klakee-Nah. "Have I still property? Name it, and it is yours, and the debt is no more."

"There it is." Porportuk pointed at El-Soo.

Klakee-Nah could not understand. He peered down the table, brushed his eyes, and peered again.

---

1. **twisted**: cf. **to twist**: *tordre*; aussi, *déformer, fausser le sens*; **he twisted my words into a totally different meaning**, ou encore *enrouler*; **she can twist him round her little finger**: *elle en fait ce qu'elle veut*.

2. **share**: cf. **to share**: *partager*: **I share your opinion**; **share**: *part*: **the cake was divided into so many shares**, d'où *actions*: **share certificate**: *titre* (in a business).

3. **glanced down the table**: l'importance du public dans toute cette scène est capitale, ce sont les spectateurs qui donnent à Klakee-Nah la force de survivre jusqu'à la fin d'un duel dont il doit sortir (provisoirement) vainqueur; comme dans la séquence de la vente aux enchères, c'est également ce qui pousse Porportuk à aller jusqu'au

Il me reste cette maison. Prends-la et brûle le bon à la flamme de cette chandelle là-bas.

— C'est une vieille baraque qui ne vaut pas tout cet argent, » répondit Porportuk.

« J'ai encore des mines sur la rivière du Saumon Sinueux.

— On ne peut rien en faire, elles n'ont jamais rien rapporté.

— Il y a aussi ma part du vapeur *Koyokuk*. J'en possède la moitié.

— Il est au fond du Yukon. »

Klakee-Nah tressaillit. « Juste. Je l'avais oublié. C'est arrivé au printemps dernier, à la fonte des glaces. » Il resta songeur un moment ; personne ne pensait à boire et l'assistance était suspendue à ses lèvres.

« Alors, je te dois apparemment une somme que je ne peux pas rembourser... en ce monde ? » Porportuk hocha la tête et parcourut la table d'un coup d'œil.

« Alors, tu n'es apparemment pas très doué pour les affaires », dit Klakee-Nah d'un air madré.

Sans se laisser intimider, Porportuk déclara : « Si, tu possèdes toujours une caution encore intacte.

— Quoi ! » s'écria Klakee-Nah. « Il me reste encore quelque chose ? Dis-moi ce que c'est. Je te le donne et je ne te dois plus rien.

— C'est cela », dit Porportuk en désignant El-Soo.

Sans comprendre, Klakee-Nah examina toute la tablée avec attention, se passa la main devant les yeux et recommença.

---

bout ; l'essentiel est de ne pas perdre la face (*Lost Face* se trouve être le titre du recueil, d'après celui de la première nouvelle).

4. **slyly** : adj. **sly** = **ingenious; crafty, cunning**.

"Your daughter El-Soo—her will I take and the debt be no more. I will burn the debt there in the candle."

Klakee-Nah's great chest began to heave[1]. "Ho! Ho!—a joke—Ho! Ho! Ho!" he laughed homerically. "And with your cold bed and daughters old enough to be the mother of El-Sool! Ho! Ho! Ho!" He began to cough and strangle, and the old slaves smote him on the back. "Ho! Ho!" he began again, and went off into another paroxysm[2].

Porportuk waited patiently, sipping from his glass and studying the double row of faces down the board. "It is no joke," he said finally. "My speech is well meant[3]."

Klakee-Nah sobered and looked at him, then reached for his glass, but could not touch it. A slave passed it to him, and glass and liquor he flung into the face of Porportuk.

"Turn him out!" Klakee-Nah thundered to the waiting table that strained[4] like a pack of hounds[5] in leash. "And roll him in the snow!"

As the mad riot[6] swept past him and out of doors he signaled to the slaves, and the four tottering old men supported him on his feet as he met the returning revelers[7], upright, glass in hand, pledging[8] them a toast to the short night when a man sleeps warm.

It did not take long to settle the estate of Klakee-Nah. Tommy, the little Englishman, clerk at the trading post, was called in by El-Soo to help.

---

1. **to heave**: prét. et part. pas. **heaved**, sauf lorsqu'il est utilisé comme terme de marine où le prét. est **hove**: *lever* ou *soulever* (avec effort); **to heave into sight**: *poindre à l'horizon* (bateau), **the ship hove to**: *le vaisseau se mit en panne.*

2. **paroxysm**: cf. **fit**: *attaque.*

3. **well meant**: cf. **to mean** [mi:n], **meant** [ment], **meant**: *vouloir dire, signifier*: **he means a lot to me** (understatement for "I love him"); *avoir l'intention de*: **I really mean it**: *je parle sérieusement*: **this book is meant to be** (= supposed to) **a great novel**; généralement, **well-meant** signifie: *fait avec les meilleures intentions.*

4. **strained**: **to strain**: *faire des efforts, peiner pour faire qqch.*; sous-entendu: **strained at the leash**; cf. plus loin: **Porportuk... strained after her.**

5. **hounds**: *chiens de chasse*; **greyhound**: *lévrier.*

« Ta fille El-Soo — je vais la prendre et tu ne me devras plus rien. Je brûlerai la dette à la flamme de cette chandelle là-bas. »

La vaste poitrine de Klakee-Nah se souleva. « Ho ! Ho ! — elle est bien bonne — Ho ! Ho ! » Il partit d'un rire homérique. « Toi ? avec ton lit glacé et des filles assez vieilles pour être la mère d'El-Soo ! Ho ! Ho ! Ho ! » Il se mit à tousser, s'étrangla et les vieux esclaves lui tapèrent dans le dos. « Ho ! Ho ! » ; il recommença et fut repris d'une autre crise.

Porportuk attendait avec patience en sirotant son verre et en observant la double rangée de visages autour de la table. « Ce n'est pas une plaisanterie », dit-il enfin. « Je pense ce que je dis. »

Klakee-Nah se calma, le regarda, puis il essaya d'attraper son verre sans y parvenir. Un esclave le lui tendit et il le lança avec ce qu'il contenait à la figure de Porportuk.

« Jetez-le dehors ! » hurla-t-il d'une voix de tonnerre à ses invités impatients qui avaient du mal à se retenir, comme une meute de chiens tenus en laisse. « Roulez-le dans la neige ! »

Comme le flot furieux passait devant lui pour se précipiter à la curée, il fit signe à ses esclaves ; les quatre vieillards le remirent sur ses pieds en vacillant et, à leur retour, les joyeux lurons le trouvèrent debout, le verre à la main, pour leur proposer de célébrer la nuit brève où un homme dort au chaud.

La succession de Klakee-Nah ne fut pas longue à liquider. Pour l'y aider, El-Soo fit appel à Tommy, le petit Anglais employé à la factorerie.

---

6. **riot** : *manifestation violente, émeute ;* également, comme ici, terme de chasse = la *poursuite* par les chiens d'un gibier dont le chasseur ne veut pas, alors que **quarry** (aussi : *curée*) désigne les morceaux qu'on leur abandonne.

7. **revelers** : cf. **revel** : *divertissement, bombance, orgie.*

8. **pledged** : cf. **pledge** : *promesse, engagement* ; **to pledge a toast, one's word.**

There was nothing[1] but debts, notes overdue[2], mortgaged[3] properties, and properties mortgaged but worthless. Notes and mortgages were held by Porportuk. Tommy called him a robber many times as he pondered the compounding of the interest.

"Is it a debt, Tommy?" El-Soo asked. "It is a robbery," Tommy answered.

"Nevertheless, it is a debt," she persisted.

The winter wore away, and the early spring, and still the claims of Porportuk remained unpaid. He saw El-Soo often and explained to her at length, as he had explained to her father, the way the debt could be canceled[4]. Also he brought with him old medicine men, who elaborated[5] to her the everlasting damnation of her father if the debt were not paid. One day, after such an elaboration, El-Soo made final announcement to Porportuk.

"I shall tell you two things," she said. "First, I shall not be your wife. Will you remember that? Second, you shall be paid the last cent of the sixteen thousand dollars——"

"Fifteen thousand nine hundred and sixty-seven dollars and seventy-five cents," Porportuk corrected.

"My father said sixteen thousand," was her reply. "You shall be paid."

"How?"

"I know not how, but I shall find out how. Now go, and bother me no more. If you do"—she hesitated to find fitting penalty—"if you do, I shall have you rolled in the snow again as soon as the first snow flies."

---

1. On ne verra pas la mort de Klakee-Nah, de toute évidence victime de la tuberculose, comme plus loin les Mackenzie (et les Poissons Blancs). Ses derniers moments deviennent un combat héroïque, livré à une mort allégorisée, en présence d'une assistance nombreuse, comme le dernier tournoi de ce roi-chevalier exotique.

2. **overdue** : littéralement *dont l'échéance était passée depuis long-temps* ; se réfère au temps : **my train is due at 6**; ou la direction, cf. plus loin **the sun was due north** ; autre sens : *qui convient* : **in due form** (cf. **proper**).

Il ne restait que des dettes, des bons impayés, des biens hypothéqués dont certains ne valaient rien. Les bons et les hypothèques étaient entre les mains de Porportuk. À maintes reprises, Tommy le traita de voleur en évaluant la somme des intérêts accumulés.

« Il s'agit bien d'une dette, Tommy ? » demanda El-Soo.

« C'est du vol », répondit Tommy.

« Ce n'en est pas moins une dette », dit-elle avec obstination.

L'hiver passa et le printemps revint sans que Porportuk eût été remboursé. Il voyait souvent El-Soo et, comme il l'avait fait avec son père, il lui expliquait longuement comment annuler la dette. Il se faisait aussi accompagner de vieux sorciers qui lui décrivaient en détail les tourments éternels qui attendaient son père si elle ne s'en acquittait pas. Un jour, après l'une de ces séances, El-Soo convoqua Porportuk pour un ultime entretien.

« J'ai deux choses à te dire », déclara-t-elle. « D'abord, je ne serai jamais ta femme. J'espère que tu t'en souviendras. Ensuite, les seize mille dollars te seront payés jusqu'au dernier *cent*...

— Quinze mille neuf cent soixante-sept dollars et soixante-quinze *cents* », rectifia Porportuk.

« Mon père a dit seize mille, et tu seras remboursé.

— Comment ?

— Je n'en sais rien, mais je trouverai bien un moyen. À présent, va-t'en et cesse de m'importuner. Sinon... » — elle hésita pour trouver le châtiment adéquat — « sinon, je te ferai rouler dans la neige encore une fois, dès qu'apparaîtra le premier flocon. »

---

3. **mortgaged** : cf. **to clear (to pay off) a mortgage** ; cf. le français *mort gage*.

4. **canceled** : **to cancel an order** (*une commande*), **a reservation, an appointment,** etc.

5. **elaborated** : **to elaborate = to work out in detail, to develop**; cf. adj. **an elaborate style** : *recherché, travaillé.*

This was still in the early spring, and a little later El-Soo surprised the country. Word went up and down the Yukon from Chilkoot to the Delta, and was carried from camp to camp to the farthermost camps that in June, when the first salmon ran[1], El-Soo, daughter of Klakee-Nah, would sell herself at public auction to satisfy the claims of Porportuk. Vain were the attempts to dissuade her. The missionary at St. George wrestled[2] with her, but she replied:

"Only the debts to God are settled[3] in the next world. The debts of men are of this world, and in this world are they settled."

Akoon wrestled with her, but she replied: "I do love thee, Akoon; but honor is greater than love, and who am I that I should blacken my father?" Sister Alberta journeyed all the way up from Holy Cross on the first steamer, and to no better end[4].

"My father wanders in the thick and endless forests," said El-Soo. "And there will he wander, with the lost souls crying, till the debt be paid. Then, and not until then, may[5] he go on to the house of the Great Father."

"And you believe this?" Sister Alberta asked.

"I do not know," El-Soo made answer. "It was my father's belief."

---

1. Le moment choisi est important en raison du cycle calendaire qu'il inaugure et qui prend fin à la mort des saumons après le frai. La pêche du premier saumon (qui n'est jamais consommé entièrement) est l'occasion de cérémonies propitiatoires complexes chez toutes les populations du nord de l'Amérique ; (cela explique le délai de deux heures entre la première prise et la vente aux enchères.) Cf. Claude Lévi-Strauss : « Tous les mythes de cette région de l'Amérique conçoivent les saumons, nourriture des hommes par excellence, comme des êtres anthropomorphes et même surhumains... » (*L'Homme nu*, Plon, 1971 p.433).

2. **to wrestle** : littéralement *lutter* ; **wrestling** = *catch*.

3. **settled** : to settle : *s'installer, coloniser ;* cf. **the first settlers were poor immigrants;** pris ici dans le sens de *régler* ; **to settle an account with somebody**: *régler ses comptes avec qqn* ; **that's settled!**: *affaire conclue !*

On était encore au début du printemps, et un peu plus tard, El-Soo causa une grande surprise dans tout le pays. Dans toute la vallée du Yukon, de Chilkoot jusqu'au Delta, d'un camp à l'autre jusqu'aux plus éloignés, se répandit la nouvelle qu'au mois de juin, à l'apparition du premier saumon, El-Soo, fille de Klakee-Nah, se mettrait en vente aux enchères publiques pour rembourser la créance de Porportuk. C'est en vain que l'on tenta de l'en dissuader. Le missionnaire de Saint Georges batailla avec elle mais elle répondit :

« Seules les dettes de Dieu se règlent dans l'autre monde. Les dettes des hommes appartiennent à celui-ci, et c'est en ce monde qu'il convient de les régler. »

Akoon argumenta aussi, mais elle lui dit : « Je t'aime, Akoon ; mais l'honneur est plus grand que l'amour, et que serais-je donc si je ternissais le nom de mon père ? » La sœur Alberta fit le long voyage depuis la Sainte Croix sur le premier vapeur, mais ne réussit pas davantage.

« Mon père erre dans les forêts épaisses et sans limites, et il est condamné à y errer en pleurant avec les âmes perdues jusqu'à l'extinction de la dette. Alors, et seulement alors, il lui sera permis de pénétrer dans la maison du Grand Ancêtre.

— Et c'est ça que tu crois ? » demanda la sœur Alberta.

« Je n'en sais rien », répondit El-Soo, « mais c'était ce que croyait mon père ».

---

4. **to no better end** = **to no better conclusion.**
5. **may** : dans le sens de *être autorisé à...*

Sister Alberta shrugged her shoulders incredulously.

"Who knows but that[1] the things we believe come true?" El-Soo went on. "Why not? The next world to you may be heaven and harps... because you have believed heaven and harps; to my father the next world may be a large house where he will sit always at table feasting with God."

"And you?" Sister Alberta asked. "What is your next world?"

El-Soo hesitated but for a moment. "I should like a little of both," she said. "I should like to see your face as well as the face of my father."

The day of the auction came. Tamana Station was populous. As was their custom, the tribes had gathered to await the salmon run, and in the meantime[2] spent the time in dancing and frolicking[3], trading and gossiping[4]. Then there was the ordinary sprinkling[5] of white adventurers, traders, and prospectors, and in addition a large number of white men who had come because of curiosity or interest in the affair.

It had been a backward[6] spring, and the salmon were late in running. This delay but keyed up[7] the interest. Then, on the day of the auction, the situation was made tense by Akoon. He arose and made public and solemn announcement that whosoever bought El-Soo would forthwith[8] and immediately die.

---

1. **knows but that :** = **who knows if it is not the things we believe which come true.** Par cette remarquable tolérance, El-Soo révèle son indifférence profonde en matière de religion ; elle dit en fait que c'est l'homme qui crée Dieu et non l'inverse.

2. **in the meantime :** or **in the meanwhile.**

3. **frolicking :** to frolic : *gambader, batifoler ;* cf. adj. **frolicsome :** *folâtre, espiègle.*

4. **gossiping :** cf. **the gossip column** (in a newspaper), **an old gossip** *(commère) ;* c'était l'occasion d'échanger des nouvelles pour des tribus réparties sur un vaste territoire.

5. **sprinkling :** to sprinkle : *asperger, saupoudrer, parsemer.*

La sœur Alberta haussa les épaules pour marquer son incrédulité.

«Qui sait ? Peut-être bien que les choses que nous croyons se réalisent», poursuivit El-Soo. «Pourquoi pas ? Peut-être que vous vous représentez l'autre monde comme le paradis avec des harpes... parce que vous avez toujours cru au paradis et aux harpes ; peut-être que pour mon père l'autre monde est une grande maison où il passera l'éternité à table à faire la fête avec Dieu.

— Et toi ?» demanda la sœur Alberta. «Quelle idée te fais-tu de l'autre monde ?

— J'aimerais qu'il soit un peu des deux», dit-elle après un moment d'hésitation. «J'aimerais y voir ton visage tout comme celui de mon père.»

Le jour de la vente aux enchères arriva. Il y avait foule à Tanana. Selon la coutume, les tribus s'y étaient rassemblées pour attendre la remontée des saumons, et occupaient le temps à danser, à folâtrer, à faire des affaires et à échanger des ragots. Mêlé aux Indiens, l'habituel contingent de Blancs comprenait des aventuriers, des marchands, des chercheurs d'or, plus un bon nombre d'autres Blancs venus par curiosité ou par intérêt pour cette affaire.

C'était un printemps tardif et les saumons se faisaient attendre. Ce retard redoublait d'autant l'intérêt. Lorsque vint le jour des enchères, Akoon créa une tension dans l'atmosphère. Il se leva pour avertir solennellement l'assistance que quiconque achèterait El-Soo se condamnerait sur-le-champ à une mort instantanée.

6. **backward**: sens propre et fig. ; **backward ideas**: *idées rétrogrades* ; **a backward child**: *un enfant arriéré*.

7. **keyed up**: terme de musique ; **to key the strings of a violin**: *accorder* (tourner les clefs) *un violon* ; avec **up**: *tendre au maximum*, d'où *excité*, au sens fig.

8. **forthwith**: *aussitôt*, style soutenu, utilisé ici ironiquement avec redondance (**immediately**).

He flourished[1] the Winchester[2] in his hand to indicate the manner of taking off. El-Soo was angered thereat; but he refused to speak with her, and went to the trading post to lay in extra ammunition.

The first salmon was caught at ten o'clock in the evening, and at midnight the auction began. It took place on top of the high bank alongside the Yukon. The sun was due north just below the horizon, and the sky was lurid red. A great crowd gathered about the table and the two chairs that stood near the edge of the bank. To the fore[3] were many white men and several chiefs. And most prominently to the fore, rifle in hand, stood Akoon. Tommy, at El-Soo's request, served as auctioneer, but she made the opening speech and described the goods[4] about to be sold. She was in native costume, in the dress of a chief's daughter, splendid and barbaric, and she stood on a chair, that she might be seen to advantage.

"Who will buy a wife?" she asked. "Look at me. I am twenty years old and a maid[5]. I will be a good wife to the man who buys me. If he is a white man, I shall dress in the fashion of white women; if he is an Indian, I shall dress as"—she hesitated a moment—"a squaw[6]. I can make my own clothes, and sew[7], and wash, and mend. I was taught for eight years to do these things at Holy Cross Mission.

---

1. **flourished:** cf. **flourish**: *fioriture, ornement, paraphe* (d'une signature); **with a flourish** désigne tout geste destiné à être remarqué.

2. **Winchester:** chasseur de profession, Akoon possède une arme sophistiquée et redoutable, le fusil que l'on a appelé **"the gun that won the West"** dont le brevet fut déposé par Henry Winchester en 1860, le premier d'une longue série dont le plus célèbre fut le 73.

3. **to the fore** = **in the foreground:** *au premier plan*.

4. **goods** (remarquer le pluriel): *biens, articles, marchandises*.

5. **maid:** (cf. **maidens** in "The League...??) **the Maid of Orleans**, *la Pucelle*; employé dans la langue courante aujourd'hui dans l'expression **old maid**, ou dans le sens de *domestique*, surtout dans un hôtel.

6. C'est par des détails comme celui-ci, qui semble être en contradiction avec le choix de la date, que le narrateur suggère les complexités du processus d'acculturation.

Il brandit sa Winchester avec ostentation pour montrer comment il s'y prendrait pour occire le coupable. El-Soo en conçut de la colère, mais il refusa de lui adresser la parole et s'en fut à la factorerie faire provision de munitions supplémentaires.

Le premier saumon fut capturé à dix heures du soir, et à minuit, la vente aux enchères commença. Elle avait lieu au sommet de la haute berge du Yukon. Juste en dessous de l'horizon, le soleil poursuivait sa course vers le nord dans un ciel rougeoyant. Une foule se pressait autour de la table et des deux chaises disposées près du bord de la berge. En avant, se trouvaient de nombreux Blancs et plusieurs chefs indiens. Et, bien en évidence au premier rang, se tenait Akoon, sa carabine à la main. À la demande d'El-Soo, Tommy faisait office de commissaire-priseur, mais ce fut elle qui ouvrit la séance par un discours décrivant la marchandise mise en vente. Elle portait le costume indigène d'une splendeur primitive qui convient à la fille d'un chef, et elle se tenait debout sur une chaise pour mieux se mettre en valeur.

« Qui veut acheter une femme ? » demanda-t-elle. « Regardez-moi bien. J'ai vingt ans et je suis vierge. Je serai une bonne épouse pour l'homme qui m'acquerra. Si c'est un Blanc, je m'habillerai à la mode des Blanches, si c'est un Indien, je m'habillerai comme... » — elle hésita un moment — « une squaw. Je sais faire mes vêtements moi-même, coudre, laver et raccommoder. On m'a enseigné tout cela pendant huit ans à la mission de la Sainte Croix.

---

7. **to sew** [sou], **sewed**, **sewn** [soun] (et **sewed**) : *coudre* ; ne pas confondre avec **to sow** [sou] **sowed, sown** : *semer* et **to saw** [sɔ:], **sawed, sawed** (et **sawn**) : *scier*.

I can read and write English, and I know how to play the organ. Also I can do arithmetic[1] and some algebra—a little. I shall be sold to the highest bidder[2], and to him I will make out a bill of sale[3] of myself. I forgot to say that I can sing very well, and that I have never been sick in my life. I weigh one hundred and thirty-two pounds; my father is dead and I have no relatives[4]. Who wants me?[5]"

She looked over the crowd with flaming audacity and stepped down. At Toomy's request she stood upon the chair again, while he mounted the second chair and started the bidding.

Surrounding El-Soo stood the four old slaves of her father. They were age-twisted and palsied, faithful to their meat, a generation out of the past that watched unmoved[6] the antics[7] of younger life. In the front of the crowd were several Eldorado and Bonanza kings[8] from the upper Yukon, and beside them, on crutches, swollen with scurvy, were two broken prospectors. From the midst of the crowd, thrust out[9] by its own vividness, appeared the face of a wild-eyed squaw from the remote regions of the upper Tanana; a strayed Sitkan from the coast stood side by side with a Stick from Lake Le Barge, and, beyond, a half-dozen French-Canadian voyageurs[10], grouped by themselves. From afar came the faint cries of myriads of wild fowl on the nesting grounds.

---

1. **arithmetic :** [ærıθ'metik].
2. **bidder :** de **to bid, bid** (ou **bade**), **bidden** (ou **bid**) : *ordonner* (cf. **to forbid** : *défendre, interdire*) et aussi *faire une enchère*.
3. **bill of sale :** (cf. précédemment : **ran up a heavy bill**) **bill** désigne un grand nombre de documents écrits, par ex. : *la note* (d'hôtel), **bill of fare :** *menu*, **Bill of Rights :** *Déclaration des Droits* (les dix premiers amendements à la Constitution des États-Unis ou la Déclaration de 1689 en Angleterre), ou encore un *projet de loi*, ou une *affiche*.
4. **relatives :** *parents*, autres que **parents :** *le père et la mère*.
5. Il semblerait que cette remarquable publicité vise plutôt les Blancs, (plus susceptibles de payer le prix fort que les Indiens) à l'exception du bulletin de santé à la fin du discours.

Je sais lire et écrire l'anglais, je sais jouer de l'orgue. Je connais aussi l'arithmétique et un peu d'algèbre. Je serai adjugée au plus offrant et je lui signerai moi-même un acte de vente pour ma personne. J'ai oublié de dire que je chante fort bien et que je n'ai jamais été malade de ma vie. Je pèse cent trente-deux livres; mon père est mort et je n'ai pas de famille. Qui veut de moi? »

Elle promena sur la foule un regard enflammé et intrépide avant de descendre de sa chaise. Tommy la pria d'y remonter et grimpa sur la seconde pour commencer les enchères.

Entourant El-Soo se trouvaient les quatre vieux esclaves de son père; tordus par l'âge et agités de tremblements, fidèles à la main qui les avait nourris, ces représentants d'une génération issue du passé considéraient d'un œil impassible les facéties de la jeunesse. Au premier rang de la foule, il y avait plusieurs de ces rois de l'Eldorado et du Bonanza du haut Yukon et, à côté d'eux, appuyés sur des béquilles, bouffis et brisés par le scorbut, deux chercheurs d'or. Au centre, remarquable par son expressivité, se détachait le visage aux yeux farouches d'une squaw venue des régions lointaines du haut Tanana; un Sitkan de la côte qui s'était égaré là voisinait avec un Stick du lac Le Barge et plus loin, une demi-douzaine de voyageurs canadiens français formaient un groupe à part. D'une grande distance, parvenaient les cris assourdis de myriades d'oiseaux sauvages rassemblés sur leur territoire de nidification.

---

6. **unmoved**: cf. **to move** dans le sens d'*émouvoir*.

7. **antics**: *bouffonneries, singeries*.

8. Cf. "The League of the Old Men".

9. **thrust out**: cf. **to thrust, thrust, thrust**, littéralement *projeté*.

10. **voyageurs**: employés par une compagnie pour le transport des marchandises et des personnes vers les régions reculées du Nord-Ouest canadien.

Swallows[1] were skimming[2] up overhead from the placid surface of the Yukon, and robins were singing. The oblique rays of the hidden sun shot through the smoke, high-dissipated from forest fires[3] a thousand miles away, and turned the heavens to somber red, while the earth shone red in the reflected glow. This red glow shone in the faces of all, and made everything seem unearthly[4] and unreal.

The bidding began slowly. The Sitkan, who was a stranger in the land and who had arrived only half an hour before, offered one hundred dollars in a confident[5] voice, and was surprised when Akoon turned threateningly upon him with the rifle. The bidding dragged. An Indian from the Tozikakat, a pilot, bid one hundred and fifty, and after some time a gambler, who had been ordered out of the upper country, raised the bid to two hundred. El-Soo was sadened; her pride was hurt; but the only effect was that she flamed more audaciously upon[6] the crowd.

There was a disturbance among the onlookers[7] as Porportuk forced his way to the front. "Five hundred dollars!" he bid in a loud voice, then looked about him proudly to note the effect.

He was minded to[8] see his great wealth as a bludgeon[9] with which to stun[10] all competition at the start. But one of the voyageurs, looking on El-Soo with sparkling eyes, raised the bid a hundred.

---

1. **swallows**: *hirondelles de mer*, ou *sternes*, qui accompagnent la remontée des saumons ; à distinguer des **"wild fowl"** de la page précédente, c'est-à-dire les canards, les oies et les cygnes sauvages ; la région du delta et celle du moyen Yukon (the Flats), au confluent du Yukon et du Porcupine à une centaine de miles au nord-est de Tanana, sont parmi les plus grands territoires de nidification du monde.

2. **skimming**: to skim: littéralement *écrémer le lait*, d'où *effleurer* ; fig. : **he skimmed through the book**.

3. **forest fires**: phénomène fréquent en raison de l'abondance des résineux.

4. **unearthly**: **which does not seem to belong to this earth**.

5. **confident**: subst. **confidence**: *confiance*.

Rasant la surface paisible du Yukon, les hirondelles s'élevaient au-dessus des têtes, et l'on entendait le chant des rouges-gorges. Les rayons obliques du soleil invisible transperçaient les nuages de fumée qui s'élevaient de feux de forêts à un millier de kilomètres ; ils coloraient le ciel d'une sombre lumière cuivrée dont les reflets enveloppaient la terre d'une lueur rouge qui empourprait tous les visages et conférait à l'ensemble une apparence irréelle et fantomatique.

Les enchères commencèrent très bas. Le Sitkan, étranger à la région où il n'était arrivé que depuis une demi-heure, fit une offre de cent dollars d'une voix assurée, et fut tout surpris de voir Akoon tourner vers lui sa carabine d'un air menaçant. Les enchères traînaient. Un pilote indien du Tozikakat proposa cent cinquante dollars et, après un certain temps, un joueur professionnel, interdit de séjour dans le Haut Yukon, monta jusqu'à deux cents. El-Soo en était affligée et blessée dans son orgueil, ce qui ne l'incita que davantage à défier la foule avec une flamme et une audace renouvelées.

Une bousculade se produisit dans l'assistance lorsque Porportuk se fraya un chemin jusqu'au premier rang. «Cinq cents dollars», annonça-t-il d'une voix forte, puis il regarda autour de lui d'un air satisfait pour juger de l'effet produit.

Il se plaisait à imaginer sa grande fortune comme une massue qui éliminerait toute concurrence dès le départ. Mais, l'un des voyageurs, qui regardait El-Soo d'un œil étincelant, fit monter les enchères de cent dollars.

---

6. **flamed... upon** : looked at them with flaming eyes.

7. **onlookers = spectators,** avec une nuance de passivité.

8. **he was minded to** : to be minded to : *avoir une disposition, une tendance à...*

9. **bludgeon** : littéralement *gourdin, matraque*.

10. **to stun** : *assommer* ; sens fig. : *époustouflant*, ex : **a stunning beauty.**

"Seven hundred!" Porportuk returned promptly.

And with equal promptness came the "Eight hundred" of the voyageur.

Then Porportuk swung[1] his club[2] again. "Twelve hundred!" he shouted.

With a look of poignant disappointment the voyageur succumbed. There was no further bidding. Tommy worked hard but could not elicit[3] a bid.

El-Soo spoke to Porportuk. "It were good, Porportuk, for you to weigh well your bid. Have you forgotten the thing I told you—that I would never marry you!"

"It is a public auction," he retorted. "I shall buy you with a bill of sale. I have offered twelve hundred dollars. You come cheap[4]."

"Too damned cheap!" Tommy cried. "What if I am[5] auctioneer? That does not prevent me from bidding. I'll make it thirteen hundred."

"Fourteen hundred," from Porportuk.

"I'll buy you in to be my—my sister[6]," Tommy whispered to El-Soo, then called aloud, "Fifteen hundred!"

At two thousand one of the Eldorado kings took a hand, and Tommy dropped out.

A third time Porportuk swung the club of his wealth, making a clean[7] raise of five hundred dollars. But the Eldorado king's pride was touched. No man could club him[8]. And he swung back another five hundred.

---

1. **swung**: to swing, swung, swung = littéralement *balancer*.

2. **club**: même genre d'instrument contondant que **bludgeon** : *massue, matraque* ; le narrateur passe de **bludgeon** à **club**, vraisemblablement pour utiliser plus loin le verbe **to club**, plus courant, surtout dans ce contexte, que **to bludgeon** (no man could club him).

3. **elicit**: *obtenir avec effort, arracher ;* **it was impossible to elicit a single word from him**.

4. **you come cheap**: où **come** est employé dans le sens de *se trouver* lorsqu'il est suivi d'un adj.: cf. **fruit come less expensive this year** ; avec cette construction, signifie aussi *devenir* (cf. précédemment : **the things we believe which come true**).

« Sept cents ! » riposta Porportuk sur-le-champ.

Avec la même promptitude, l'autre monta à huit cents.

Alors, Porportuk brandit de nouveau sa matraque. « Douze cents », hurla-t-il.

Avec un air déçu qui faisait peine à voir, le voyageur succomba sous le coup. Les enchères s'arrêtèrent là, malgré les efforts déployés par Tommy pour les susciter.

El-Soo s'adressa à Porportuk. « Tu ferais bien, Porportuk, de peser ton offre soigneusement. Tu as sans doute oublié ce que je t'ai dit — que je ne t'épouserais jamais !

— Il s'agit d'une vente aux enchères publiques », répliqua-t-il. « J'ai l'intention de t'acheter avec un acte de vente. J'ai proposé douze cents dollars. Tu ne vaux pas bien cher.

— Pas assez, nom de Dieu ! » s'écria Tommy. « J'ai beau être le commissaire-priseur, je ne vois pas ce qui m'empêche de faire une offre. Je dis, treize cents.

— Quatorze cents », dit Porportuk.

« Je vais t'acheter, et tu deviendras ma... sœur », murmura Tommy à l'oreille d'El-Soo, puis il annonça bien fort : « Quinze cents ! »

À deux mille, l'un des rois de l'Eldorado entra dans le jeu, et Tommy abandonna la partie.

Pour la troisième fois, Porportuk agita la matraque de sa fortune et monta de cinq cents dollars d'un coup. Mais le roi de l'Eldorado se sentit atteint dans son honneur. Celui qui le matraquerait n'était pas né. Rendant coup pour coup, il proposa cinq cents dollars de plus.

————————
5. **what if I am** = what does it matter if I am...

6. **my sister** : Tommy est anglais, donc très gentleman, égaré parmi ces êtres grossiers.

7. **clean** : *clair et net*.

8. Encore une de ces formes intermédiaires entre le discours du personnage et le commentaire du narrateur.

El-Soo stood at[1] three thousand. Porportuk made it thirty-five hundred, and gasped when the Eldorado king raised it a thousand dollars. Porportuk again raised it five hundred, and again gasped when the king raised a thousand more.

Porportuk became angry. His pride was touched; his strength was challenged[2], and with him strength took the form of wealth. He would not be ashamed for weakness before the world[3]. El-Soo became incidental. The savings and scrimpings[4] from the cold nights of all his years were ripe[5] to be squandered[6]. El-Soo stood at six thousand. He made it seven thousand. And then, in thousand-dollar bids, as fast as they could be uttered, her price went up. At fourteen thousand the two men stopped for breath.

Then the unexpected happened. A still[7] heavier club was swung. In the pause that ensued the gambler, who had scented[8] a speculation and formed a syndicate[9] with several of his fellows, bid sixteen thousand dollars.

"Seventeen thousand," Porportuk said weakly.

"Eighteen thousand," said the king.

Porportuk gathered his strength. "Twenty thousand."

The syndicate dropped out. The Eldorado king raised a thousand, and Porportuk raised back; and as they bid, Akoon turned from one to the other, half menacingly, half curiously, as though to see what manner of man it was that he would have to kill.

---

1. **stood at**: *en était arrivée au point où elle valait...*

2. **was challenged**: cf. **to take up a challenge**: *relever un défi*, **it was a challenge to his honor; I challenge you to do it.**

3. Ironiquement, Porportuk va désormais jouer le même rôle que Klakee-Nah, poussé par le même sentiment et le même besoin d'ostentation, oubliant du coup son désir de prendre sa revanche et de posséder El-Soo, pour se retrouver dans la même situation que sa victime.

4. **saving and scrimping**: autre expression allitérative; **to save:** *économiser*; cf. **Saving Bank:** *Caisse d'Épargne*; **to scrimp:** *être chiche de, lésiner* (se trouve surtout dans cette tournure).

5. **ripe**: littéralement *mûr* (sens propre et fig.).

El-Soo était maintenant à trois mille dollars. Porportuk alla jusqu'à trois mille cinq cents et faillit s'étrangler lorsque le roi surenchérit de mille. Porportuk en remit cinq cents et s'étrangla derechef quand le roi monta encore de mille. La colère s'empara de Porportuk. Il souffrait dans son orgueil, son pouvoir se trouvait contesté, et pour lui, pouvoir était synonyme de richesse. Jamais il n'accepterait la honte de faire preuve de faiblesse aux yeux du monde. Désormais, El-Soo ne comptait plus guère. Le temps était venu pour lui de dilapider le fruit de ses économies et de ces privations endurées pendant les nuits glacées au cours de son existence. El-Soo atteignit six mille dollars. Il en proposa sept mille. Puis, mille dollars à la fois, en moins de temps qu'il ne faut pour le dire, son prix monta. À quatorze mille, les deux hommes s'arrêtèrent pour souffler.

C'est alors que l'inattendu se produisit en la personne du joueur qui leur assena un coup encore plus fort. Pendant la pause, il avait flairé une spéculation et formé une association avec plusieurs de ses congénères ; il attaqua à seize mille.

« Dix-sept mille », dit Porportuk d'une voix éteinte.

« Dix-huit mille », dit le roi.

Porportuk rassembla toutes ses forces. « Vingt mille. »

Les associés se retirèrent. Le roi de l'Eldorado monta encore de mille, Porportuk en fit autant ; et, pendant qu'ils renchérissaient, Akoon les regardait alternativement, d'un air mi-menaçant mi-curieux, comme pour voir quelle espèce d'homme il allait devoir occire.

---

6. **to squander** : plus fort que **to waste**.

7. **still heavier** : **still** : *encore* (adv.).

8. **scented** : vocabulaire de la chasse ; **to put dogs on the scent** : *sur la piste du gibier*, de **scent** : *parfum, odeur, odorat* ; cf. **a scented handkerchief**.

9. **syndicate** : terme de commerce : *association, coopérative* (à l'origine un groupe de syndics) ; *syndicat* : **(labor) union**.

When the king prepared to make his next bid, Akoon having pressed closer, the king first loosed[1] the revolver at his hip, then said:

"Twenty-three thousand."

"Twenty-four thousand," said Porportuk. He grinned viciously, for the certitude of his bidding had at last shaken the king. The latter[2] moved over close to El-Soo. He studied her carefully for a long while.

"And five hundred," he said at last.

"Twenty-five thousand," came Porportuk's raise.

The king looked for a long space and shook his head. He looked again and said reluctantly, "And five hundred."

"Twenty-six thousand," Porportuk snapped[3].

The king shook his head and refused to meet Tommy's pleading eye. In the meantime Akoon had edged[4] close to Porportuk. El-Soo's quick eye noted this, and while Tommy wrestled with the Eldorado king for another bid she bent and spoke in a low voice in the ear of a slave. And while Tommy's "Going... going... going[5]" dominated the air, the slave went up to Akoon and spoke in a low voice in his ear. Akoon made no sign that he had heard, though El-Soo watched him anxiously.

"Gone!" Tommy's voice rang out[6]. "To Porportuk, for twenty-six thousand dollars."

Porportuk glanced uneasily at Akoon. All eyes were centered upon Akoon, but he did nothing.

---

1. **loosed**: ne pas confondre avec to **lose** [lu:z], **lost** [lɔst], **lost**: *perdre*; to **loose** [lu:s] (ou **loosen**): *dénouer*; adj. **loose**: to get **loose**: *s'échapper*; to **turn sb. loose**: *libérer qqn*; a **loose page**: *une feuille volante*; fig. : to **be at a loose end**: *ne plus savoir quoi faire*; to **lead a loose life**: *mener une vie dissolue*.

2. **the latter**: *ce dernier*; utilisation du comparatif: on considère qu'il s'agit d'un ensemble de deux, le couple formé par **the former** (*le premier*) sous-entendu et **the latter** (cf. précédemment **the elder** man). Bien voir la différence avec **the last**: *le dernier* (d'une série). Ne pas confondre avec le comparatif de **late**: **later**: *plus tard*.

3. **snapped**: to **snap**, onomatopée: *claquer*; **the dog snapped at his hand**, to **snap one's fingers**; fig. : **make it snappy!**: *grouille-toi!*

Comme il s'apprêtait à reprendre les enchères et qu'Akoon s'était rapproché de lui, le roi commença par dégager le revolver qu'il portait sur la hanche avant d'annoncer :

« Vingt-trois mille.

— Vingt-quatre mille », dit Porportuk. Il grimaça un mauvais sourire, car son aplomb avait fini par ébranler l'assurance du roi qui s'approcha d'El-Soo pour l'examiner avec attention pendant un long moment.

« Cinq cents de plus », dit-il enfin.

« Vingt-cinq mille », surenchérit Porportuk.

Le roi observa longtemps et secoua la tête. Il la regarda encore, puis dit à contrecœur : « Cinq cents de plus.

— Vingt-six mille », dit Porportuk d'un ton cassant.

De nouveau, le roi secoua la tête en feignant de ne pas voir l'air suppliant de Tommy. Dans l'intervalle, Akoon s'était glissé vers Porportuk jusqu'à le toucher. Cette manœuvre n'avait pas échappé à la vigilance d'El-Soo et, tandis que Tommy s'efforçait de convaincre le roi de monter les enchères, elle se pencha pour parler tout bas à l'un de ses esclaves. On n'entendait plus que la voix de Tommy qui disait « Une fois... deux fois... trois fois... » pendant que l'esclave allait murmurer quelque chose à l'oreille d'Akoon qui resta imperturbable, malgré l'air inquiet d'El-Soo qui le surveillait.

« Adjugé ! » prononça Tommy d'une voix forte. « Adjugé à Porportuk pour la somme de vingt-six mille dollars. »

Mal à l'aise, Porportuk jeta un coup d'œil vers Akoon sur qui tous les yeux étaient fixés ; mais il ne fit pas un geste.

---

4. **edged : to edge** : mouvement effectué avec dissimulation (comme sur le bord de qqch.) ; **to edge back, away, out of a room**, etc.

5. **going** : littéralement *ça va toujours* ; **gone** : *c'est parti*, utilisé uniquement dans ce contexte.

6. **rang out** : like a bell, above the noise.

"Let the scales[1] be brought," said El-Soo.

"I shall make payment at my house," said Porportuk.

"Let the scales be brought," El-Soo repeated. "Payment shall be made here where all can see."

So the gold scales were brought from the trading post, while Porportuk went away and came back with a man at his heels, on whose[2] shoulders was a weight of gold dust in moosehide sacks[3]. Also, at Porportuk's back walked another man with a rifle, who had eyes only for Akoon.

"Here ar the notes and mortgages," said Porportuk, "for fifteen thousand nine hundred and sixty-seven dollars and seventy-five cents."

El-Soo received them into her hands and said to Tommy, "Let them be reckoned[4] as sixteen thousand."

"There remains ten thousand dollars to be paid in gold," Tommy said.

Porportuk nodded and untied the mouths of the sacks. El-Soo, standing at the edge of the bank, tore the papers to shreds[5] and sent them fluttering out over the Yukon. The weighing began, but halted.

"Of course, at seventeen dollars," Porportuk had said to Tommy as he adjusted the scales.

"At sixteen dollars," El-Soo said sharply.

"It is the custom of all the land to reckon gold at seventeen dollars for each ounce[6]," Porportuk replied. "And this is a business transaction."

---

1. **scales**: désignant un objet composé de deux éléments, ce mot prend toujours la marque du pluriel; cf. **trousers, pyjamas, glasses** *(lunettes)*, etc.

2. **on whose shoulders**: remarquer que le nom dont **whose** est complément n'est jamais précédé d'un article et que **whose** peut être précédé d'une préposition; par exemple: **the friend in whose house he was going to stay...**

3. **sack**: d'une taille très supérieure à **bag** et généralement fait d'un matériel grossier, utilisé pour le transport des marchandises; l'affaire a maintenant pris les proportions d'une véritable opération bancaire se déroulant dans une atmosphère de hold-up, comme le suggère la réapparition de Porportuk, accompagné de son garde du corps.

« Qu'on apporte la balance », dit El-Soo.

« Je payerai chez moi », dit Porportuk.

« Qu'on apporte la balance », répéta El-Soo. « J'exige que le paiement ait lieu ici même, en présence de tout le monde. »

On alla chercher à la factorerie la balance qui servait à peser l'or, cependant que Porportuk se rendait chez lui pour revenir bientôt avec, sur les talons, un homme qui portait sur ses épaules de gros sacs de peau d'élan contenant de la poudre d'or, et suivi d'un autre, armé d'une carabine, qui ne quittait pas Akoon des yeux.

« Voici », dit Porportuk, « les reconnaissances de dettes et les hypothèques pour la somme de quinze mille neuf cent soixante-sept dollars et soixante-quinze *cents*. »

El-Soo les reçut et dit à Tommy : « Que l'on compte seize mille dollars.

— Il en reste dix mille, payables en or », dit Tommy.

Porportuk acquiesça et dénoua les sacs. Debout au bord de la berge, El-Soo déchira les papiers en mille morceaux qu'elle envoya voltiger sur le Yukon. La pesée commença pour s'arrêter aussitôt, lorsque Porportuk dit à Tommy qui réglait la balance :

« À dix-sept dollars, bien entendu.

— À seize dollars », dit El-Soo d'un ton sec.

« Dans tout le pays, il est d'usage de compter l'or à dix-sept dollars l'once », protesta Porportuk. « Et nous sommes ici pour traiter une affaire. »

---

4. **reckoned** : to reckon : *compter, calculer* ; **reckoning:** *compte* ; également au sens figuré : *règlement de comptes* ; **the day of Reckoning:** *le jour du Jugement* ; autre sens : **to reckon = to think**.

5. **tore the papers to shreds :** to tear [tɛəʳ], **tore** [tɔːʳ] **torn; shred:** *lambeau* ; sens propre et fig. : **there was not a shred of truth in it.**

6. **ounce :** cf. "The Wisdom of The Trail".

El-Soo laughed. "It is a new custom," she said. "It began this spring. Last year, and the years before, it was sixteen dollars an ounce. When my father's debt was made it was sixteen dollars. When he spent at the store the money he got from you, for one ounce he was given sixteen dollars' worth[1] of flour, not seventeen. Wherefore shall[2] you pay for me at sixteen and not at seventeen." Porportuk grunted and allowed the weighing to proceed.

"Weigh it in three piles, Tommy," she said. "A thousand dollars here, three thousand here, and here six thousand."

It was slow work, and while the weighing went on Akoon was closely watched by all.

"He but waits till the money is paid," one said; and the word went around[3] and was accepted, and they waited for what Akoon should do when the money was paid. And Porportuk's man with the rifle waited and watched Akoon.

The weighing was finished, and the gold dust lay on the table in three dark yellow heaps. "There is a debt of my father to the company for three thousand dollars," said El-Soo. "Take it, Tommy, for the company. And here are four old men, Tommy. You know them. And here is one thousand dollars. Take it, and see that the old men are never hungry and never without tobacco."

---

1. **sixteen dollars' worth** : noter l'emploi du cas possessif (cf. précédemment, **a** (two) **miles' journey**) : littéralement *pour une valeur de 16 dollars*.

2. **shall** : prend ici toute sa signification : l'ordre et la prophétie à la fois. Où il est démontré que El-Soo a su combiner harmonieusement la science de l'arithmétique, apprise à la Sainte Croix, et l'autorité souveraine de son père, à laquelle vient s'ajouter un sens des affaires acquis par nécessité.

3. **the word went around** : plus encore que dans la scène du banquet, la foule — le chœur — joue un rôle essentiel : au-delà de la note pittoresque qu'elle apporte, sa présence contribue à créer une situation théâtrale et à renforcer le sentiment d'attente d'un événement dramati-

El-Soo se mit à rire. « C'est un usage récent qui date du début du printemps », dit-elle. « L'année dernière, et les précédentes, l'once valait seize dollars, et c'est à ce taux que mon père a contracté sa dette. Lorsqu'il dépensait à la factorerie l'argent que tu lui avais prêté, on lui donnait seize dollars de farine pour une once, pas dix-sept. Tu vas donc m'acheter à seize, et pas à dix-sept. » Tout en grommelant, Porportuk consentit à ce que la pesée continue.

« Fais-en trois tas, Tommy », dit-elle. « Ici, un de mille dollars, là, un de trois mille, et ici, un autre de six mille. »

L'opération prit du temps, et, pendant la pesée, tout le monde surveillait Akoon de près.

« Ce qu'il attend, c'est que tout l'argent soit payé », annonça quelqu'un ; cet avis fit le tour de l'assistance qui en tomba d'accord, et chacun attendit de voir ce que ferait Akoon une fois l'affaire terminée. L'homme de Porportuk qui portait la carabine ne relâchait pas sa surveillance.

La pesée finie, la poudre d'or formait sur la table trois tas d'un jaune sombre. « Il y a la somme que mon père devait à la compagnie, ce qui fait trois mille dollars », dit El-Soo. « Prends-les, Tommy, pour les leur donner. Il y a aussi ces quatre vieillards. Tu les connais bien, Tommy. Voici mille dollars. Prends-les, et tu veilleras à ce que les pauvres vieux n'aient jamais faim et ne manquent jamais de tabac. »

_____

que : ces hommes habitués au code brutal de cette ultime "frontière" espèrent (comme le lecteur ?) un règlement de comptes dans le style du western ; rien n'y manque : l'héroïne en danger, le bon et le méchant, l'honneur, la vengeance, les présages (le ciel sanglant, l'atmosphère fantomatique, comme dans la séquence finale de "Nam-Bok"). Ce n'est cependant pas selon ce schéma convenu que va se dérouler la suite de l'histoire.

Tommy scooped[1] the gold into separate sacks. Six thousand dollars remained on the table. El-Soo thrust the scoop into the heap and with a sudden turn whirled the contents out and down to the Yukon in a golden shower. Porportuk seized her wrist as she thrust the scoop a second time into the heap.

"It is mine," she said calmly. Porportuk released[2] his grip, but he gritted his teeth[3] and scowled darkly as she continued to scoop the gold into the river till none was left.

The crowd had eyes for naught but Akoon, and the rifle of Porportuk's man lay across the hollow of his arm, the muzzle[4] directed at Akoon a yard away, the man's thumb on the hammer. But Akoon did nothing.

"Make out[5] the bill of sale," Porportuk said grimly.

And Tommy made out the bill of sale, wherein all right and title in the woman El-Soo was vested in the man Porportuk. El-Soo signed the document, and Porportuk folded it and put it away in his pouch. Suddenly his eyes flashed, and in sudden speech he addressed El-Soo[6].

"But it was not your father's debt," he said. "What I paid was the price for you. Your sale is business of today and not of last year and the years before. The ounces paid for you will buy at the post today seventeen dollars of flour, and not sixteen.

---

1. **to scoop**: scoop: *petite pelle à main* (pour la farine, la glace, le sucre, etc.), *écope*; aussi son contenu, c'est-à-dire une quantité séparée du reste, d'où le sens du "scoop" journalistique.

2. **released**: to release = **to ease the pressure, to free**; sens fig.: *donner l'autorisation de publier*; **this fim will be released** *(sortira)* **next month**.

3. **gritted his teeth**: to grit ou gnash [næʃ] **one's teeth**; to grit dénote le bruit des *gravillons* (grit) qui crissent sous les pas.

4. **muzzle**: exactement *la gueule*; **the muzzle of a gun** *(d'un canon)*, **of a dog**; *canon d'un fusil* = **barrel**.

5. **make out**: *dresser* (une liste); **out** indique l'idée de totalité = sans rien oublier; aussi: **I can't make you out = I can't understand you; how are you making out?**: *comment vous débrouillez-vous?*

Avec une petite pelle, Tommy versa la poudre d'or dans des sacs séparés. Il restait encore six mille dollars sur la table. El-Soo enfonça la pelle dans le tas, puis, elle se retourna brusquement pour en précipiter le contenu dans le Yukon où il retomba en tourbillonnant telle une pluie dorée. Comme elle enfonçait la pelle une seconde fois, Porportuk lui saisit le poignet.

« Cet or m'appartient », dit-elle calmement. Porportuk relâcha son étreinte, mais il grinçait des dents, tout en la regardant d'un air sombre et sinistre déverser l'or dans le fleuve jusqu'à ce qu'il n'en reste rien.

La foule n'avait pas quitté Akoon des yeux, et l'homme à la carabine conservait son arme au creux de son bras, le canon pointé sur sa cible à un mètre de distance et le pouce sur le chien. Mais Akoon ne bronchait toujours pas.

« Établis l'acte de vente », dit Porportuk d'un air sévère.

Alors, Tommy rédigea un acte selon lequel tous les droits et les titres de propriété sur la femme El-Soo revenaient au sieur Porportuk. El-Soo signa le document, après quoi Porportuk le plia et le mit dans sa bourse. Soudain, son œil jeta un éclair, et il s'adressa à El-Soo à brûle-pourpoint :

« Mais... il ne s'agissait pas de la dette de ton père ; c'est pour t'acheter, toi, que j'ai payé. La vente a eu lieu aujourd'hui et n'a rien à voir avec les affaires de l'an passé ou des années précédentes. Aujourd'hui, l'or que j'ai donné pour toi vaut à la factorerie dix-sept dollars de farine et pas seize.

---

6. Autre indice des sentiments profonds de Porportuk : El-Soo lui fait oublier ses intérêts.

I have lost a dollar on each ounce. I have lost six hundred and twenty-five dollars[1]."

El-Soo thought for a moment, and saw the error she had made. She smiled, and then she laughed.

"You are right," she laughed. "I made a mistake. But it is too late. You have paid, and the gold is gone. You did not think quick. It is your loss. Your wit[2] is slow these days[3], Porportuk. You are getting old."

He did not answer. He glanced uneasily at Akoon and was reassured. His lips tightened, and a hint[4] of cruelty came into his face. "Come," he said, "we will go to my house."

"Do you remember the two things I told you in the spring?" El-Soo asked, making no movement to accompany him.

"My head would be full with the things women say, did I heed[5] them," he answered.

"I told you that you would be paid," El-Soo went on carefully. "And I told you that I would never be your wife."

"But that was before the bill of sale." Porportuk crackled[6] the paper between his fingers inside the pouch. "I have bought you before all the world. You belong to me. You will not deny that you belong to me."

"I belong to you," El-Soo said steadily.

"I own you."

"You own me."

---

1. Autre précision significative : la rapidité de ce calcul mental (qui ne doit rien à l'enseignement des bonnes sœurs) souligne le temps qu'il a fallu à Porportuk pour se remettre du choc et échapper à l'emprise d'El-Soo.

2. **wit** : première mention du mot en relation avec Porportuk ; il annonce son discours final et renvoie une première fois au titre de la nouvelle (qui n'en est pas éclairci pour autant).

3. **these days : this, these,** dans une expression de temps indique la proximité, alors que **that,** pl. **those,** indique l'éloignement ; **come here this moment = immediately; in those days:** *en ce temps-là, alors.*

J'ai donc perdu un dollar par once, ce qui fait au total six cent vingt-cinq dollars. »

El-Soo réfléchit un instant et comprit son erreur. Elle sourit, puis se mit à rire.

« Tu as raison, je me suis trompée. Mais c'est trop tard. Tu as payé et il ne reste plus d'or. Tu n'as pas réfléchi assez vite. C'est ta faute si tu as perdu. Tu as l'esprit lent ces temps-ci, Porportuk. Tu te fais vieux. »

Il ne répondit pas. Avec appréhension, il jeta un coup d'œil vers Akoon et vit qu'il n'avait rien à craindre. Il pinça les lèvres, et une ombre de cruauté parut sur son visage. « Viens », dit-il, « nous rentrons chez moi.

« Te souviens-tu des deux choses que je t'ai dites au printemps ? » demanda El-Soo sans faire le moindre geste pour le suivre.

« J'aurais la tête farcie de ce que racontent les femmes, si je leur prêtais attention », répondit-il.

« Je t'ai dit que tu serais payé », continua El-Soo avec circonspection. « Je t'ai dit aussi que je ne serais jamais ta femme.

— Ça, c'était avant l'acte de vente. » Porportuk froissa le papier qui se trouvait dans sa bourse. « Je t'ai achetée devant le monde entier. Tu m'appartiens. Tu ne peux pas dire le contraire.

— Oui, je t'appartiens », dit El-Soo posément.

« Tu es à moi.

— Je suis à toi. »

---

4. **a hint** : littéralement *une allusion ; faire une allusion* : **to drop a hint, to hint at...** : *faire allusion à...*

5. **heed : to heed** = **to pay attention to** (**heedless** : *étourdi*) ; style soutenu.

6. **crackled : to crackle** (+ compl. désigne moins le geste que le bruit) : *pétiller* (feu), *grésiller, craquer*.

Porportuk's voice rose slightly and triumphantly. "As a dog[1], I own you[2]."

"As a dog, you own me," El-Soo continued calmly. "But, Porportuk, you forget the thing I told you. Had any other man bought me, I should have been that man's wife. I should have been a good wife to that man. Such was my will. But my will with you was[3] that I should never be your wife. Wherefore, I am your dog."

Porportuk knew that he played with fire[4], and he resolved to play firmly. "Then I speak to you not as El-Soo but as a dog," he said; "and I tell you to come with me." He half reached[5] to grip her arm, but with a gesture she held him back[6].

"Not so fast, Porportuk. You buy a dog. The dog runs away. It is your loss. I am your dog. What if I run away?"

"As the owner of the dog, I shall beat you——"

"When you catch me?"

"When I catch you."

"Then catch me."

He reached swiftly for her, but she eluded him. She laughed as she circled around the table. "Catch her!" Porportuk commanded the Indian with the rifle, who stood near to her. But as the Indian stretched forth his arm to her the Eldorado king felled him with a fist blow under the ear. The rifle clattered[7] to the ground.

---

1. **as a dog** = as I would own a dog...
2. **own**: to own: *posséder*, owner: *propriétaire* ; autre sens : *admettre, reconnaître* ; **to own one's mistakes**.
3. **my will with you was...** = I had made up my mind that, as far as you are concerned...
4. **played with fire** : cette métaphore banalisée par l'usage prend ici un certain relief si on la met en relation avec le portrait d'El-Soo ; Porportuk sait qu'elle est plus redoutable que la winchester d'Akoon.
5. **half reached** : employé absolument **to reach** signifie *atteindre* ; **within reach**: *à portée de main* ; en composition, il désigne le geste, dont le résultat est indiqué par la postposition ou l'adverbe qui l'accom-

En signe de triomphe, Porportuk éleva légèrement la voix. « Tu es à moi comme un chien.

— Je suis à toi comme un chien », poursuivit El-Soo sans s'émouvoir. « Mais Porportuk, tu oublies ce que je t'ai dit. Si n'importe quel autre homme m'avait achetée, je serais devenue la femme de cet homme. J'aurais été pour lui une bonne épouse. J'en avais ainsi décidé. Mais, en ce qui te concerne, j'avais décidé que je ne serais jamais ta femme. Je suis donc ton chien. »

Sachant qu'il jouait avec le feu, Porportuk était résolu à faire preuve de fermeté. « Aussi, n'est-ce pas à El-Soo que je m'adresse, mais à mon chien », dit-il ; « et je t'ordonne de venir avec moi. » Il esquissa un mouvement pour l'empoigner par le bras, mais d'un geste, elle le retint.

« Pas si vite, Porportuk. Tu achètes un chien. Le chien se sauve. C'est tant pis pour toi. Je suis ton chien. Suppose que je me sauve.

— Je suis le maître du chien, je te battrai…

— Quand tu m'attraperas ?

— Quand je t'attraperai.

— Alors, attrape-moi. »

Il tendit vivement la main pour la saisir, mais elle lui échappa et, en riant, se mit à courir autour de la table. « Attrape-la ! » ordonna Porportuk à l'Indien à la carabine qui se trouvait près d'elle. Mais, comme l'Indien allongeait le bras dans sa direction, le roi de l'Eldorado l'envoya par terre d'un coup de poing derrière l'oreille. La carabine tomba avec un bruit métallique.

---

pagne : **half reached** = il fait le mouvement à moitié ; cf. plus loin **he reached for her** = il avance la main, et dernière page : **he reached down** (≠ **he reached up**).

6. **held him back : to hold, held, held:** changements de sens de même nature : **to hold back :** *retenir,* **to hold up:** *retarder, arrêter.*

7. **clatter :** bruit que fait tout objet en métal ; **the clatter of knives and forks, of horses'hoofs on the road,** etc.

Then was Akoon's chance. His eyes glittered[1], but he did nothing.

Porportuk was an old man, but his cold nights retained for him his activity. He did not circle the table. He came across suddenly, over the top of the table. El-Soo was taken off her guard. She sprang back with a sharp cry of alarm, and Porportuk would have caught her had it not been for Tommy. Tommy's leg went out[2]. Porportuk tripped and pitched forward[3] on the ground. El-Soo got her start[4].

"Then catch me," she laughed over her shoulder as she fled away.

She ran lightly and easily, but Porportuk ran swiftly and savagely. He outran her[5]. In his youth he had been swiftest of all the young men. But El-Soo dodged in a willowy[6], elusive way. Being in native dress, her feet were not cluttered[7] with skirts, and her pliant body curved a flight that defied the gripping fingers of Porportuk.

With laughter and tumult the great crowd scattered out to see the chase. It led through the Indian encampment; and ever dodging, circling, and reversing, El-Soo and Porportuk appeared and disappeared among the tents. El-Soo seemed to balance herself against the air with her arms, now one side, now on the other, and sometimes her body, too, leaned out[8] upon the air far from the perpendicular as she achieved her sharpest curves.

---

1. **glittered** : comme **to clatter** indique le bruit du métal, **to glitter** désigne une lueur métallique ; cf. le proverbe : **All that glitters is not gold**.

2. **went out** : littéralement *il lança la jambe ; faire un croc-en-jambe* : **to trip** (= *faire trébucher*) **sb.**

3. **pitched forward** : **to pitch**: sens de *tomber*.

4. **start** : terme de sport ; **to give sb. a ten yards' start, to be lined up for the start**: *être sur la ligne de départ*.

5. **outran** : où **out** indique l'idée de surpasser ; **outdo**: *surpasser* ; **outgrow**: *devenir trop grand pour* **(he has outgrown his coat)** ; **outlive**: *survivre à...* ; **outnumber**: *être supérieur en nombre* ; **outstanding**: *remarquable, exceptionnel* ; **outwit**: *être plus malin que...*

Pour Akoon, c'était le moment propice. Ses yeux étincelèrent, mais il ne fit rien.

Porportuk était vieux, mais les nuits passées dans le froid lui avaient conservé son agilité. Au lieu de tourner autour de la table, il passa soudain par-dessus. Prise à l'improviste et tout effarouchée, El-Soo fit un bond en arrière en poussant un cri perçant, et Porportuk l'aurait rattrapée si Tommy n'était intervenu. Il fit un croc-en-jambe à Porportuk qui trébucha et piqua du nez, ce qui permit à El-Soo de prendre de l'avance.

« Et maintenant, attrape-moi », jeta-t-elle, railleuse, par-dessus son épaule en s'enfuyant.

Elle courait légèrement et sans effort, mais Porportuk était rapide et d'une volonté farouche ; dans sa jeunesse, il battait tous les jeunes braves à la course. Il la dépassa, mais, ondulante et insaisissable, El-Soo l'évitait toujours. Comme elle était vêtue à l'indienne, aucun jupon n'entravait ses pieds et, dans sa fuite, son corps flexible décrivait des courbes qui lui permettaient d'échapper aux doigts crochus de Porportuk.

Dans les éclats de rire et le tumulte, la cohue des spectateurs se dispersa pour assister à la chasse qui se continuait dans le camp indien où El-Soo et Porportuk exécutaient une ronde faite d'esquives et de retours sans fin, apparaissant pour disparaître aussitôt entre les tentes. El-Soo semblait prendre équilibre sur l'air qu'elle battait de ses bras, à gauche, puis à droite, et parfois, son corps même se tendait pour s'y appuyer dans une position presque horizontale lorsqu'elle effectuait un virage particulièrement abrupt.

---

6. **willowy** : de **willow** : *saule*.

7. **cluttered** : cf. "Nam-Bok" : **Their canoes would clutter the sea**.

8. **leaned out** : to lean : *s'appuyer* **(against a wall)** ; lean out : *se pencher au-dehors* ; **lean back** : *s'adosser, se pencher en arrière* ; **lean over** : *se pencher sur, par-dessus* (cf. plus loin **The squaw leaned over the rail**).

And Porportuk, always a leap behind, or a leap this side or that, like a lean hound strained after her.

They crossed the open ground beyond the encampment and disappeared in the forest[1]. Tanana Station waited their reappearance, and long and vainly it waited.

In the meantime Akoon ate and slept, and lingered much at the steamboat landing, deaf to the rising resentment of Tanana Station in that he did nothing. Twenty-four hours later Porportuk returned. He was tired and savage[2]. He spoke to no one but Akoon, and with him tried to pick a quarrel. But Akoon shrugged his shoulders and walked away. Porportuk did not waste time. He outfitted[3] half a dozen of the young men, selecting the best trackers and travelers, and at their head plunged into the forest.

Next day the steamer *Seattle*[4], bound[5] upriver, pulled in[6] to the shore and wooded up. When the lines were cast off and she churned out[7] from the bank Akoon was on board in the pilothouse. Not many hours afterward, when it was his turn at the wheel, he saw a small birchbark canoe put off from the shore. There was only one person in it. He studied it carefully, put the wheel over, and slowed down.

The captain entered the pilothouse.

"What's the matter?" he demanded. "The water's good." Akoon grunted. He saw a larger canoe leaving the bank, and in it were a number of persons.

---

1. Comme dans *Le Dernier des Mohicans*, l'histoire ne peut se conclure que dans la nature sauvage ; après la séquence intermédiaire du vapeur, où la machine effectue la transition entre la civilisation et le monde naturel, les personnages se retrouvent dans leur environnement primitif. Toutefois, le paysage et les éléments seront rapidement situés, alors qu'ils jouent un rôle de premier plan dans les autres récits, afin de concentrer toute l'attention sur l'affrontement final.

2. **savage** : (comme **wild**) = savage with anger.

3. **outfitted** : où **out** n'a pas la même valeur que dans **outrun**, mais indique l'idée d'une opération menée jusqu'au bout ; **outfit** (subst.) : *équipement* (sens général, peut être qualifié par d'autres mots).

4. **Seattle** : du nom de la ville la plus importante de l'État de Washington où s'embarquait la majorité des prospecteurs venus des États-Unis.

Et, toujours en retard d'un bond, tantôt derrière elle, tantôt d'un côté, tantôt de l'autre, Porportuk s'acharnait à la poursuite comme un chien de chasse efflanqué.

Finalement, ils franchirent l'espace découvert au-delà des limites du camp et disparurent dans la forêt... Tout Tanana se mit à attendre leur retour, mais la longue attente fut vaine. Cependant, Akoon mangeait, dormait, passait de longs moments à traîner du côté du débarcadère, sourd au ressentiment grandissant de Tanana devant son inaction. Vingt-quatre heures plus tard, Porportuk reparut, l'air fatigué et fou de colère. Il n'adressa la parole à personne, sauf à Akoon à qui il essaya de chercher noise. Akoon se contenta de hausser les épaules et quitta les lieux. Sans perdre de temps, Porportuk équipa une troupe d'une demi-douzaine de jeunes Indiens, choisis parmi les meilleurs traqueurs et coureurs de pistes, et s'enfonça à leur tête dans la forêt.

Le lendemain, le vapeur *Seattle* qui remontait le fleuve accosta pour faire provision de bois. Quand il largua les amarres et que le moteur se mit à brasser l'eau, Akoon se trouvait à bord au poste de pilotage. À peine quelques heures plus tard, alors qu'il prenait son tour au gouvernail, il vit un petit canot d'écorce de bouleau quitter la berge avec un seul occupant. Il l'examina avec attention, et tourna la roue du gouvernail pour ralentir.

Le capitaine entra dans la cabine de pilotage.

« Qu'est-ce qui se passe ? » demanda-t-il. « Le tirant d'eau est suffisant. » Akoon répondit par un grognement. Il vit un plus grand canot contenant plusieurs personnes s'éloigner du bord.

---

5. **bound :** *à destination de* ; contexte : **train, plane, ship, traveler, parcel, bound for Seattle.**

6. **pulled in :** voir dans ce passage toute une série de termes de marine : **pulled in ≠ put off; the lines were cast off** (et page suivante).

7. **she churned out :** noter le féminin, de rigueur pour les bateaux ; **to churn :** *faire tourner un moteur*, se dit aussi de l'eau qui *bouillonne* (de **churn :** *baratte* ; **to churn :** *baratter, battre, fouetter*).

As the *Seattle* lost headway[1] he put the wheel over some more.

The captain fumed. "It's only a squaw," he protested.

Akoon did not grunt. He was all eyes for the squaw and the pursuing canoe. In the latter six paddles were flashing, while the squaw paddled slowly.

"You'll be aground," the captain protested, seizing the wheel.

But Akoon countered his strength on the wheel and looked him in the eyes. The captain slowly released the spokes.

"Queer beggar[2]," he sniffed to himself[3].

Akoon held the *Seattle* on the edge of the shoal water and waited till he saw the squaw's fingers clutch the forward rail. Then he signaled for full speed ahead and ground the wheel over. The large canoe was very near, but the gap between it and the steamer was widening.

The squaw laughed and leaned over the rail. "Then catch me, Porportuk!" she cried.

Akoon left the steamer at Fort Yukon. He outfitted a small poling boat and went up the Porcupine River. And with him went El-Soo. It was a weary journey, and the way led across the backbone[4] of the world; but Akoon had traveled it before.

---

1. **lost headway** : ≠ **to make headway**, littéralement *marche* (d'un bateau), *avance* ; **put the wheel over** (= **turned it to one side**); **ground** (de **to grind, ground, ground** : *écraser*) **the wheel over** qui dénote la force qu'il y met ; **spokes** (aussi *les rayons* d'une roue de vélo) ; **the forward rail; full speed ahead!** Cri des pilotes des vapeurs, notamment sur le Mississippi.

2. **queer beggar** : encore une marque d'anglais britannique ; **poor beggar = poor fellow, poor chap** (littéralement *mendiant*).

3. Cette évasion est évidemment le résultat du plan imaginé par El-Soo, communiqué à Akoon par l'intermédiaire du vieil esclave et qui explique sa passivité pendant la vente aux enchères.

4. **the backbone of the world** : il leur faut en effet franchir la ligne de partage des eaux ; il existe dans cette partie des Rocheuses qui sépare le

Comme le *Seattle* perdait de la vitesse, il tourna un peu plus le gouvernail.

Le capitaine s'emporta. «Ce n'est qu'une squaw», protesta-t-il. Cette fois, Akoon ne grogna même pas. Il concentrait toute son attention sur la squaw et ses poursuivants. Leurs six pagaies étincelaient au soleil, tandis que la squaw avançait lentement.

«Tu vas nous faire échouer», protesta le capitaine en saisissant le gouvernail.

Akoon se contenta de résister à la pression tout en le regardant droit dans les yeux. Le capitaine relâcha lentement les poignées.

«Drôle d'oiseau», marmonna-t-il en reniflant de dégoût.

En maintenant le *Seattle* à la limite du banc de sable, Akoon attendit que la squaw s'agrippe à la rambarde du gaillard d'avant. Alors, il donna le signal «en avant toute», et pesa de toutes ses forces sur la roue du gouvernail en sens inverse. Le grand canot était tout proche, mais la distance qui le séparait du vapeur augmentait rapidement.

La squaw se mit à rire et se pencha par-dessus la rambarde. «Maintenant, attrape-moi si tu peux, Porportuk», s'écria-t-elle.

Akoon débarqua à Fort Yukon. Il équipa une petite barque qui marchait à la gaffe et remonta le Porcupine en compagnie d'El-Soo. Ce fut un voyage harassant où il leur fallut franchir l'axe central du monde, mais Akoon avait déjà parcouru cet itinéraire.

Yukon des Territoires du Nord-Ouest au Canada une chaîne appelée Backbone Range ; London joue sur le mot, puisque **backbone** désigne *l'épine dorsale* et la chaîne principale d'un massif montagneux. Ce voyage inouï, effectué sur une distance considérable, est expédié en quelques lignes puisque l'amour triomphe de tous les obstacles.

When they came to the head waters of the Porcupine they left the boat and went on foot across the Rocky Mountains.

Akoon greatly liked to walk behind El-Soo and watch the movement of her. There was a music in it that he loved. And especially he loved the well-rounded calves[1] in their sheaths[2] of soft-tanned leather, the slim ankles, and the small moccasined feet that were tireless through the longest days[3].

"You are light as air," he said, looking up[4] at her. "It is no labor for you to walk. You almost float, so lightly do your feet rise and fall[5]. You are like a deer[6], El-Soo; you are like a deer, and your eyes are like deer's eyes, sometimes when you look at me, or when you hear a quick sound and wonder if it be danger that stirs. Your eyes are like a deer's eyes now as you look at me."

And El-Soo, luminous and melting, bent and kissed Akoon.

"When we reach the Mackenzie[7] we will not delay," Akoon said later. "We will go south before the winter catches us. We will go to the sun where there is no snow. But we will return. I have seen much of the world, and there is no land like Alaska, no sun like our sun, and the snow is good after the long summer."

"And you will learn to read," said El-Soo.

---

1. **calves**: sing. **calf**; ne pas confondre avec **calf (calves)**: *veau*.

2. **sheath**: **of a knife or a sword**; aussi **a sheath dress** (or **skirt**).

3. On a déjà remarqué (cf. "The Wisdom of the Trail") le rôle essentiel du pied et de la chaussure sous ces climats; ici, plus que l'expression d'un certain fétichisme, cette description minutieuse des jambes d'El-Soo, singulièrement la mention de ses chevilles, a une fonction narrative essentielle qui apparaîtra à la fin.

4. **up**: puisqu'ils gravissent la montagne et qu'elle marche devant.

5. **rise and fall**: suggère les modulations de la voix dans le chant; aussi *grandeur et décadence*.

6. **deer**: terme générique désignant un grand nombre de cervidés, (ne prend pas la marque du pluriel): *cerf, biche, daim*; employé en composition lorsqu'il s'agit de spécifier, ex.: **roe-deer**: *chevreuil*.

Lorsqu'ils parvinrent à la source du Porcupine, ils abandonnèrent la barque et traversèrent les Montagnes Rocheuses à pied.

Akoon ressentait un grand plaisir à marcher derrière El-Soo et à observer ses mouvements. Il y décelait comme une musique qu'il adorait. Il aimait particulièrement la rondeur de ses mollets dans leur fourreau de cuir souple, la minceur de ses chevilles et ses pieds menus chaussés de mocassins, toujours infatigables, même au cours des journées les plus longues.

« Tu es aussi légère que l'air », dit-il en levant les yeux vers elle. « Pour toi, ce n'est pas un effort de marcher. Le rythme de tes pas est si léger qu'on dirait que tu flottes. Tu ressembles à une biche, El-Soo ; tu es comme une biche, et, parfois, tu me regardes avec des yeux de biche lorsque tu entends un bruit furtif et que tu te demandes si ce n'est pas le signal d'un danger. C'est avec ces yeux-là que tu me regardes en ce moment. »

Et El-Soo, rayonnante et attendrie, se pencha pour l'embrasser.

« Quand nous serons arrivés au Mackenzie, il ne faudra pas perdre de temps », dit Akoon un peu plus tard. « Nous nous dirigerons vers le sud avant d'être pris par l'hiver. Nous irons vers les pays du soleil où il n'y a pas de neige. Mais nous reviendrons. J'ai beaucoup parcouru le monde, et il n'existe pas d'autre pays comme l'Alaska, pas de soleil comme notre soleil, et la neige est douce après le long été.

— Et tu apprendras à lire », dit El-Soo.

---

7. **the Mackenzie** : le plus long fleuve du Canada, exploré par Alexander Mackenzie en 1789 ; situé dans les territoires du Nord-Ouest, il prend sa source en Colombie britannique et coule vers le nord-ouest pour se jeter dans la mer de Beaufort dans l'océan Arctique, près du territoire du Yukon.

And Akoon said, "I will surely learn to read."

But there was delay when they reached the Mackenzie. They fell in with a band of Mackenzie Indians and, hunting, Akoon was shot by accident. The rifle was in the hands of a youth. The bullet broke Akoon's right arm and, ranging farther[1], broke two of his ribs. Akoon knew rough surgery, while El-Soo had learned some refinements at Holy Cross. The bones were finally set, and Akoon lay by the fire for them to knit[2]. Also he lay by the fire so that the smoke would keep the mosquitoes away.

Then it was that Porportuk, with his six young men, arrived. Akoon groaned in his helplessness and made appeal to the Mackenzies. But Porportuk made demand[3], and the Mackenzies were perplexed. Porportuk was for seizing upon El-Soo, but this they would not permit. Judgment must be given[4], and, as it was an affair of man and woman, the council of the old men was called—this that warm judgment might not be given by the young men, who were warm of heart.

The old men sat in a circle about the smudge fire[5]. Their faces were lean and wrinkled, and they gasped and panted for air. The smoke was not good for them. Occasionally they struck with withered hands at the mosquitoes that braved the smoke. After such exertion they coughed hollowly and painfully. Some spat blood, and one of them sat a bit apart with head bowed forward, and bled slowly and continuously at the mouth;

---

1. **ranging farther :** littéralement *en portant plus loin*.
2. **to knit :** littéralement *nouer ensemble* (**knot:** *nœud*), *tricoter*.
3. **made demand :** sens fort de *exigence*.
4. Ici encore, il s'agit du respect de la loi, c'est-à-dire de la loi coutumière ; comme pour le procès d'Imber, il est évident que le jugement sera "**a foregone conclusion**", ce que laisse prévoir **judgement must be given; must** exprime une pression exercée sur le sujet (de l'énoncé) que le locuteur prend à son compte, mais la forme passive rend son identité incertaine : si c'est le narrateur, il se contente d'une constatation (« leur loi l'exige »), si ce sont les Mackenzie, ils énoncent

Et Akoon répondit : « J'apprendrai sûrement à lire. »

Mais ils prirent du retard lorsqu'ils eurent atteint le Mackenzie. Ils rencontrèrent une bande d'Indiens Mackenzie et, pendant une partie de chasse, Akoon fut blessé accidentellement par la carabine d'un jeune garçon. La balle lui fractura le bras droit et, poursuivant sa trajectoire, lui brisa encore deux côtes. Il possédait des rudiments de chirurgie, et El-Soo en avait appris un peu plus à la Sainte Croix. Ils parvinrent à remettre les os en place et, en attendant qu'ils se ressoudent, Akoon dut rester allongé près du feu dont la fumée éloignait les moustiques.

C'est alors qu'arriva Porportuk accompagné de ses six recrues. Akoon se désolait de son impuissance et demanda l'aide des Mackenzies. Mais Porportuk fit valoir ses droits, et les Mackenzies se trouvèrent fort embarrassés. Porportuk aurait volontiers mis la main sur El-Soo, mais ils s'y opposèrent. La situation exigeait un jugement, et comme l'affaire concernait un homme et une femme, on convoqua le conseil des vieillards afin de protéger la justice de l'ardeur des passions qui agitent le cœur des jeunes gens.

Les vieillards siégeaient autour du feu qui se consumait lentement. Le visage ridé et émacié, le souffle haletant, ils avaient du mal à respirer. La fumée ne leur valait rien. De temps à autre, ils chassaient de leurs mains flétries les moustiques qui passaient au travers. Après de tels efforts, ils étaient pris d'une toux pénible et caverneuse. Certains crachaient le sang, et l'un d'entre eux restait assis un peu à l'écart, la tête penchée en avant, un filet de sang ininterrompu s'écoulant lentement de sa bouche.

---

l'inévitable (« notre loi le veut »), mais dans les deux cas, il y a soumission à une contrainte extérieure.

5. **smudge fire** : smudge : *fumée épaisse, étouffante* (U.S.) : feu à combustion lente utilisé par les campeurs pour éloigner les moustiques grâce à ses vertus fumigènes.

the coughing sickness had gripped them. They were as dead men[1]; their time was short. It was a judgment of the dead.

"And I paid for her a heavy price," Porportuk concluded his complaint[2]. "Such a price you have never seen. Sell all that is yours—sell your spears and arrows and rifles, sell your skins and furs, sell your tents and boats and dogs, sell everything, and you will not have maybe a thousand dollars. Yet did I pay for the woman, El-Soo, twenty-six times the price of all your spears and arrows and rifles, your skins and furs, your tents and boats and dogs. It was a heavy price."

The old men nodded gravely, though their wizened[3] eye slits widened with wonder that any woman should be worth such a price. The one that bled at the mouth wiped his lips. "Is it true talk?" he asked each of Porportuk's six young men. And each answered that it was true.

"Is it true talk?" he asked El-Soo, and she answered, "It is true."

"But Porportuk has not told that he is an old man," Akoon said, "and that he has daughters older than El-Soo."

"It is true, Porportuk is an old man," said El-Soo.

"It is for Porportuk to measure the strength of his age," said he who bled at the mouth. "We be old men. Behold! Age is never so old as youth would measure it."

---

1. **dead men** : noter qu'un adj. (ou un part. pas.) ne peut être employé comme nom sans le support d'un substantif lorsqu'il désigne « une certaine quantité de » : voir ici la différence entre **they were as dead men** = le groupe constitué par les vieillards et **it was a judgement of the dead** = terme générique qui désigne la catégorie tout entière ; cf. par ex. : **a few wounded men** : *quelques blessés* et **the wounded** : *les blessés*. Comme il a déjà été dit à propos de la marque du pluriel (cf. "The Wisdom of the Trail"), l'américain emploie certains adj. très usuels comme des noms ordinaires, essentiellement (et significativement) : a White, a Black, a Red.

2. Ellipse remarquable, comparable à la succession de deux plans sans transition dans un film. Après l'évocation des vieillards qui

La maladie de la toux les tenait pour ne plus les lâcher. Ils étaient comme morts ; leur temps était compté. On allait assister au jugement des morts.

« Et je l'ai payée au prix fort » dit Porportuk pour conclure ses doléances. « À un prix dont vous n'avez pas idée. Vendez tout ce qui vous appartient, vendez vos lances, vos flèches et vos carabines, vendez vos peaux et vos fourrures, vendez vos tentes, vos bateaux et vos chiens, vendez tout, et il est probable que vous n'en tirerez pas mille dollars. Eh bien moi, j'ai payé pour la femme El-Soo vingt-six fois le prix de vos lances, de vos flèches et de vos carabines, de vos peaux et de vos fourrures, de vos tentes, de vos bateaux et de vos chiens. C'était cher payé. »

Gravement, les vieillards hochèrent la tête, mais leurs yeux bridés aux paupières flétries s'élargirent de stupéfaction à l'idée qu'une femme puisse valoir une somme pareille. Celui qui saignait de la bouche s'essuya les lèvres. « A-t-il dit la vérité ? » demanda-t-il à chacun des six jeunes gens qui accompagnaient Porportuk, et chacun répondit que c'était vrai.

« A-t-il dit la vérité ? » demanda-t-il à El-Soo qui répondit : « C'est la vérité. »

Akoon intervint : « Mais Porportuk n'a pas dit qu'il était vieux et qu'il a des filles plus âgées qu'El-Soo.

— C'est vrai, Porportuk est un vieillard », dit El-Soo.

« C'est à Porportuk qu'il revient de mesurer la force de son âge », déclara celui qui saignait de la bouche. « Vois, nous sommes vieux, mais la vieillesse n'atteint jamais la mesure que la jeunesse se plaît à lui donner. »

---

commence avec le concret et le macabre pour s'élargir à la dimension du destin de la race, on entend la fin du discours de Porportuk ; cette deuxième version de la vente aux enchères, destinée aux Mackenzie, n'est pas redondante : elle relativise en effet la notion de valeur, tout en dénonçant implicitement l'attitude des deux sociétés envers la femme.

3. **wizened** : *desséché* (cf. **withered**) : **slit** : *fente*, **slit-eyed** : *aux yeux bridés*.

And the circle of old men champed[1] their gums, and nodded approvingly, and coughed.

"I told him that I would never be his wife," said El-Soo.

"Yet you took from him twenty-six times all that we possess?" asked a one-eyed old man.

El-Soo was silent.

"Is it true?" And his one eye burned and bored into her[2] like a fiery[3] gimlet[4].

"It is true," she said.

"But I will run away again," she broke out passionately a moment later. "Always will I run away."

"That is for Porportuk to consider,[5]" said another of the old men. "It is for us to consider the judgment."

"What price did you pay for her?" was demanded of Akoon.

"No price did I pay for her," he answered. "She was above price[6]. I did not measure her in gold dust, nor in dogs and tents and furs."

The old men debated among themselves and mumbled in undertones. "These old men are ice," Akoon said in English. "I will not listen to their judgment, Porportuk. If you take El-Soo, I will surely kill you."

The old men ceased and regarded him suspiciously[7]. "We do not know the speech you make," one said.

---

1. **champed**: to champ: littéralement *mâchonner*. Où l'on voit que le contact avec une autre civilisation a fait oublier à Akoon et El-Soo le respect dû à leurs aînés, sans leur apprendre pour autant la prudence et la diplomatie.

2. **bored into her**: to bore (ne pas confondre avec le prét. de **to bear, bore, born**): *creuser* (avec un instrument), *forer, sonder*; **to bore for oil**; autre sens: *ennuyer, assommer*; **to be bored to death**.

3. **fiery**: adj. correspondant à **fire**.

4. **gimlet**: la comparaison avec le regard est une image banalisée.

5. **to consider**: employé avec un compl. direct, dénote la réflexion, la méditation; cf. autres verbes déjà rencontrés: **to muse on to ponder over**; autre construction: **I consider him as a brother**: *Je te considère comme un frère*.

Et les vieillards, toujours assis en rond, marmottèrent de leurs gencives édentées en approuvant de la tête, puis se mirent à tousser.

« Je l'avais prévenu que je ne serais jamais sa femme », dit El-Soo.

« Et malgré cela, tu lui as pris vingt-six fois ce que nous possédons ? » demanda un borgne.

El-Soo ne répondit rien.

« Est-ce vrai ? » Et son œil unique brûlait d'une flamme qui la transperçait comme une vrille.

« Oui », dit-elle. « C'est vrai.

» Mais je m'échapperai encore », s'écria-t-elle soudain avec passion, un moment plus tard. « Je m'échapperai toujours.

— Cela, c'est l'affaire de Porportuk », dit un autre vieillard. « Notre affaire à nous, c'est de réfléchir au jugement que nous allons rendre. »

On interrogea Akoon : « Quel prix l'as-tu payée ?

— Je n'ai rien payé », répondit-il. « Elle n'a pas de prix. Je n'ai pas compté ce qu'elle valait en poudre d'or, en chiens, en tentes ou en fourrures. »

Les vieillards tinrent un conciliabule en marmonnant à voix basse. « Ces vieux sont des blocs de glace », dit Akoon en anglais. « Je refuse d'écouter leur jugement, Porportuk. Si tu reprends El-Soo, tu peux être sûr que je te tuerai. »

Les vieillards s'interrompirent et le considérèrent d'un air soupçonneux. « Nous ne connaissons pas le langage que tu parles », dit l'un d'eux.

---

6. Cri du cœur, mais aussi remarque incongrue qui montre une fois de plus l'influence étrangère ; Akoon accumule les gaffes, ce qui humanise la scène et la rend plus crédible pour le lecteur.

7. **suspiciously** : adj. **suspicious**, subs. **suspicion**, verbe **to suspect**.

"He but said that he would kill me," Porportuk volunteered. "So it were well to take from him his rifle, and to have some of your young men sit[1] by him, that he may not do me hurt. He is a young man, and what are broken bones to youth!"

Akoon, lying helpless, had rifle and knife taken from him, and to either side of his shoulders sat young men of the Mackenzies. The one-eyed old man arose and stood upright. "We marvel at the price paid for one mere woman," he began; "but the wisdom of the price is no concern of ours. We are here to give judgment, and judgment we give. We have no doubt. It is known to all that Porportuk paid a heavy price for the woman El-Soo. Wherefore does the woman El-Soo belong to Porportuk and none other.[2]" He sat down heavily and coughed. The old men nodded and coughed.

"I will kill you," Akoon cried in English.

Porportuk smiled and stood up. "You have given true judgment," he said to the council, "and my young men will give to you much tobacco. Now let the woman be brought to me."

Akoon gritted his teeth. The young men took El-Soo by the arms. She did not resist, and was led, her face a sullen flame, to Porportuk.

---

1. **to have some of the young men sit** : = **to make (them) sit** : (**to have** et **to make** ont ici un emploi résultatif): littéralement = *de les faire rester assis* ; cf. plus loin, **Akoon had rifle and knife taken from him**. Dans le premier cas **sit** est un inf. actif, puisque le complément (**young men**) accomplit l'action, dans le second, **taken** est un part. pas. puisque le compl. n'est pas un agent. On utilise cette construction dans des tournures usuelles comme : **to have one's hair cut** *(se faire couper les cheveux)*, **to have a house built, a picture taken**, etc. Résultatif également (et toujours suivi de l'inf. sans **to**), l'emploi de **let** exprimant un ordre : **let the woman be brought to me**.

2. Selon la règle de tout tribunal, et avec beaucoup d'à propos, les juges s'en tiennent rigoureusement à l'objet de la plainte déposée par Porportuk : ni son âge, ni sa situation de mari potentiel, ni sa "sagesse" ne sont à prendre en considération, ce qui les amènerait sans doute à

«Il a tout simplement dit qu'il me tuerait», traduisit obligeamment Porportuk. «Vous feriez bien de lui ôter sa carabine et d'ordonner à quelques-uns de vos jeunes gens de rester assis près de lui pour l'empêcher de me faire du mal. Il est jeune, et quelques os brisés ne comptent pas pour la jeunesse !»

Akoon était toujours allongé et incapable de bouger ; on lui ôta sa carabine et son couteau et deux jeunes Mackenzies vinrent s'asseoir au niveau de ses épaules, un de chaque côté. Le vieux borgne se leva et se tint bien droit.

«Nous nous émerveillons du prix payé pour une simple femme», commença-t-il, «mais la sagesse de cette affaire ne nous concerne pas. Nous sommes ici pour rendre un jugement, et ce jugement, le voici : pour nous, il n'y a aucun doute, il est reconnu par tout le monde que Porportuk a payé une somme considérable pour la femme El-Soo. Il s'ensuit que la femme El-Soo appartient à Porportuk et à nul autre.» Il se rassit lourdement et fut pris d'une quinte de toux. Les vieillards acquiescèrent en toussant aussi.

«Je vais te tuer», cria Akoon en anglais.

Porportuk sourit et se leva. «Vous avez rendu un jugement équitable», dit-il au conseil, «et mes jeunes hommes vont vous donner beaucoup de tabac. À présent, qu'on m'amène la femme.»

Akoon grinça des dents lorsque les jeunes gens saisirent El-Soo par les bras. Le visage en feu et l'air buté, elle ne résista pas quand on la conduisit devant Porportuk.

---

faire des critiques que leur interdit la solidarité. Outre qu'il prépare le dénouement en plaçant Porportuk et El-Soo irrémédiablement face à face, le procès a aussi pour fonction de mettre en évidence la déraison du barbon amoureux.

"Sit there at my feet till I have made my talk," he commanded. He paused a moment. "It is true," he said, "I am an old man. Yet can I understand the ways of youth[1]. The fire has not all gone out of me. Yet am I no longer young, nor am I minded to[2] run these old legs of mine through all the years that remain to me. El-Soo can run fast and well. She is a deer. This I know, for I have seen and run after her. It is not good that a wife should run so fast. I paid for her a heavy price, yet does she run away from me. Akoon paid no price at all, yet does she run to him.

"When I came among you people of the Mackenzie, I was of one mind. As I listened in the council and thought of the swift legs of El-Soo, I was of many minds. Now am I of one mind again, but it is a different mind from the one I brought to the council. Let me tell you my mind. When a dog runs once away from a master, it will run away again. No matter how many times it is brought back, each time it will run away again. When we have such dogs we sell them. El-Soo is like a dog[3] that runs away. I will sell her. Is there any man of the council that will buy?"

The old men coughed and remained silent.

"Akoon would buy[4]," Porportuk went on, "but he has no money.

1. **the ways of youth**: pour la première fois, Porportuk dévoile ce qu'il pense ; sa sincérité révèle une certaine générosité et une capacité d'autocritique qui, à ce stade, peuvent laisser présager un compromis honorable.

2. **minded to**: noter la différence de sens entre **to mind**: *prêter attention* (**mind what you are doing**), *exprimer une objection* (**I don't mind**: *ça m'est égal*) et **to be minded** = **to intend**; **mind** (subst.): *avis*: **they were of one mind**: *ils étaient d'accord*. Dans cette démonstration méthodique où Porportuk concrétise la progression de la logique en démultipliant son "esprit" pour retrouver son unité première, **mind** est répété six foix et **yet** ponctue la série de thèse/antithèse, contradictions irréductibles dont il faudra bien faire la synthèse pour parvenir à la conclusion.

«Reste ici, assise à mes pieds jusqu'à ce que j'en aie fini avec ce que j'ai à dire», ordonna-t-il. Il s'interrompit un moment. «C'est vrai», dit-il, «je suis un vieil homme, mais je comprends les façons de la jeunesse. Le feu en moi n'est pas encore tout à fait éteint. Pourtant, je ne suis plus jeune, et je n'ai pas l'intention d'user mes vieilles jambes à courir pendant toutes les années qui me restent à vivre. El-Soo est agile et rapide comme un daim. Je le sais pour l'avoir constaté en la poursuivant. Il n'est pas bon qu'une épouse coure aussi vite. Je l'ai payée un prix considérable, mais elle s'obstine à me fuir. Akoon, lui, n'a rien payé, mais elle s'obstine à courir vers lui.

» Quand je suis arrivé parmi vous, peuple du Mackenzie, je n'avais qu'une idée en tête. En écoutant le conseil et en songeant aux pieds rapides d'El-Soo, il m'en est venu plusieurs. Maintenant, j'en suis revenu à une seule, mais elle est différente de celle que j'ai exposée devant ce conseil. Laissez-moi vous l'expliquer. Une fois qu'un chien s'est sauvé de chez son maître, on peut être sûr qu'il recommencera. On aura beau le ramener, il se sauvera toujours. Lorsqu'on tombe sur un chien pareil, on le vend. El-Soo appartient à la même espèce et j'ai l'intention de la vendre. Y a-t-il dans ce conseil un homme qui veuille l'acheter?»

Les vieillards se mirent à tousser sans répondre.

«Akoon l'achèterait volontiers», poursuivit Porportuk, «mais il n'a pas d'argent.

---

3. **like a dog**: cette reprise de la comparaison vient à point pour rappeler le caractère dangereux de la femme, en raison de ses affinités avec la nature animale.

4. **Akoon would buy her** = would like to buy her.

Wherefore I will give El-Soo to him, as he said, without price. Even now will I give her to him."

Reaching down, he took El-Soo by the hand and led her across the space to where Akoon lay on his back.

"She has a bad habit, Akoon," he said, seating her[1] at Akoon's feet. "As she has run away from me in the past, in the days to come she may run away from you. But there is no need to fear that she will ever run away, Akoon. I shall see to that. Never will she run away from you—this the word of Porportuk. She has great wit. I know, for often has it bitten into me. Yet am I minded myself to give my wit play[2] for once. And by my wit will I secure[3] her to you, Akoon."

Stooping, Porportuk crossed El-Soo's feet, so that the instep of one lay over that of the other; and then, before his purpose could be divined, he discharged his rifle through the two ankles. As Akoon struggled to rise against the weight of the young men there was heard the crunch of the broken bone rebroken.

"It is just," said the old men, one to another.

El-Soo made no sound. She sat and looked at her shattered[4] ankles, on which she would never walk again[5].

"My legs are strong, El-Soo," Akoon said. "But never will they bear me away from you."

---

1. **seating her**: à distinguer de **to sit**; verbe transitif: *faire asseoir*; cf. l'expression assez solennelle: **be seated**: *prenez un siège*.
2. **to give my wit play**: expression qui s'emploie pour les facultés, les sentiments, les émotions: **give free play to one's imagination, passion,** etc. Ayant amplement démontré — y compris à lui-même — l'inanité de sa "sagesse", Porportuk s'en remet aux ressources de son esprit tortueux, plaçant ainsi le duel qui l'oppose à El-Soo sur un terrain différent, de nature plus symbolique.
3. **I will secure**: adj. **secure**: *solide, bien attaché*: **to make a rope secure**; aussi *en sécurité, à l'abri, protégé* (sens propre et fig.): **to feel secure** (≠ **insecure**).
4. **shattered**: **to shatter**: *briser, (faire) voler en éclats* (sens propre et fig.): **shattered glass, shattered nerves**.

Par conséquent, je vais lui donner El-Soo, puisqu'il a dit qu'elle n'avait pas de prix. Je vais la lui donner à l'instant même. »

Il baissa le bras, prit El-Soo par la main, l'amena jusqu'à l'endroit où Akoon était allongé et la fit asseoir à ses pieds.

« Elle a une bien mauvaise habitude, Akoon, elle se sauve ; elle l'a fait avec moi dans le passé, et elle peut fort bien recommencer avec toi dans l'avenir. Mais n'aie crainte, Akoon, elle ne se sauvera plus jamais, j'y veillerai. Jamais elle ne t'échappera, tu as la parole de Porportuk. Elle a beaucoup d'esprit. Je le sais, car il m'en a cuit souvent. Cependant, j'ai bien envie de laisser libre cours au mien, pour une fois. Et, grâce à mon esprit, je vais l'attacher à toi définitivement, Akoon. »

Il se pencha vers El-Soo et lui fit croiser les pieds, de façon que leurs faces antérieures reposent l'une sur l'autre ; puis, avant que l'on puisse deviner ses intentions, il déchargea sa carabine et lui transperça les deux chevilles. Comme Akoon s'efforçait de se relever en se débattant contre les jeunes gens qui pesaient sur lui de tout leur poids, on entendit un craquement d'os brisés pour la deuxième fois.

« Cela est juste », dirent les vieillards entre eux.

Pas un son n'échappa à El-Soo. Assise à terre, elle regardait ses chevilles fracassées qui ne la soutiendraient plus jamais pour marcher.

« Mes jambes sont robustes, El-Soo », dit Akoon. « Mais jamais elles ne m'entraîneront loin de toi. »

---

5. **never walk again** : on peut épiloguer sur les motifs (avarice, jalousie, orgueil, vengeance) qui incitent Porportuk à épargner la vie d'El-Soo pour lui faire subir cette brutale mutilation ; toutefois, ce qui importe ici n'est pas une "psychologie" nécessairement rudimentaire, mais le rappel de l'inéluctabilité d'un retour à l'état sauvage qui commence avec la poursuite pour s'achever dans la violence.

El-Soo looked at him, and for the first time in all the time he had known her Akoon saw tears in her eyes[1].

"Your eyes are like deer's eyes, El-Soo," he said.

"Is it just?" Porportuk asked, and grinned from the edge of the smoke as he prepared to depart.

"It is just," the old men said. And they sat on in the silence.

---

1. **tears in her eyes** : ainsi finit l'histoire d'El-Soo, pour qui désormais le reste est silence, en sa double qualité de femme et d'Indienne. L'effet de choc produit par cette chute inattendue, dénuée de tout commentaire de la part d'un narrateur qui montre sans démontrer, opère un changement de registre soudain dans un récit souvent cocasse, qui met en scène de nombreuses péripéties, l'amour et l'aventure. Contée sur le mode du grotesque, l'arrivée chez les Mackenzie, c'est-à-dire dans le monde des morts, n'en est pas moins un présage plus sûr que le ciel sanglant qui sert de toile de fond à la bouffonnerie de la vente aux

El-Soo le regarda, et pour la première fois depuis qu'il la connaissait, il vit des larmes dans ses yeux.

« Tu as des yeux de biche, El-Soo », dit-il.

« Est-ce équitable ? » demanda Porportuk, et son large sourire apparut à la limite du nuage de fumée, comme il se préparait à partir.

« Cela est équitable », dirent les vieillards. Et ils demeurèrent assis, imperturbables, dans le silence retrouvé.

---

enchères : la cruauté du châtiment que subit El-Soo est le prix qu'il lui faut payer pour avoir tenté d'harmoniser deux cultures antagonistes et voulu utiliser la loi des hommes pour la retourner contre eux ; en la mutilant, Porportuk la renvoie à sa condition de dépendance et affirme la solidarité d'une communauté d'hommes (à laquelle Akoon appartient aussi) que l'on sait destinée à disparaître, ce qui rend la solution inventée par son "esprit" singulièrement dérisoire et finalement pitoyable. En semblant lui donner le premier rôle, de préférence à El-Soo, le titre souligne peut-être cette ironie et cette ambiguïté.

Textes enregistrés

Composition réalisée par COMPOFAC - PARIS

IMPRIMÉ EN FRANCE PAR BRODARD ET TAUPIN
Usine de La Flèche (Sarthe).
LIBRAIRIE GÉNÉRALE FRANÇAISE - 6, rue Pierre-Sarrazin - 75006 Paris.

ISBN : 2 - 253 - 05139 - x   ✦ 30/8726/9